ars vivendi

n. 2

ZUBIN MEHTA

LA PARTITURA DELLA MIA VITA

raccolta da
Renate Matuschka

excelsior 1881

Titolo originale:
Zubin Mehta mit Renate Matuschka,
Die Partitur meines Lebens. Erinnerungen,
Droemer Verlag, München 2006

Traduzione di Arianna Ghilardotti

ISBN 978-88-6158-007-7
PRINTED IN ITALY

Via Lanzone, 2 - 20123 Milano
e-mail: info@excelsior1881.eu
sito web: www.excelsior1881.eu

Prefazione

Raccontare la propria vita, farsi in un certo senso misura di se stessi, costituisce un'impresa di cui non ero sicuro, e che altri hanno dovuto convincermi ad affrontare. Sicuramente ho esitato a lungo anche perché un compito simile richiede un'attenta indagine retrospettiva – un'occupazione che non rientra assolutamente tra quelle che preferisco.

Da quasi cinquant'anni mi dedico a quella che secondo me è la più bella professione del mondo. Sono direttore d'orchestra. Sono costantemente circondato da un mondo di capolavori e bellezza. Al tempo stesso, devo continuamente, prima di ogni nuovo impegno musicale, volgere lo sguardo in avanti, alla meta da raggiungere: il prossimo allestimento operistico, il futuro concerto, la tournée programmata, i nuovi solisti, il nuovo lavoro di un compositore. Anche ciò che è apparentemente vecchio diventa nuovo: la musica infatti è sempre fuggevole, già nel momento stesso in cui nasce, la nota che si è appena udita porta già alla successiva, il divenire dell'insieme non può essere fissato e tuttavia alla fine deve risultare un'impressione d'insieme, per chi ascolta. Per questo prima di ogni esecuzione bisogna provare e riprovare, esercitarsi, parlare e forse anche correggersi. Per me, in quanto direttore, ciò significa comunque dover affrontare uno studio dettagliato e approfondito della partitura, anche dopo molti decenni di pratica e per quanto precisa possa essere la mia conoscenza dell'opera in questione. E proprio per questo mi riesce così difficile occuparmi del passato e guardare indietro, invece che avanti – verso il futuro.

Eppure la mia vita musicale mi ha regalato così tante esperienze e incontri degni di nota e forieri di gioia, che mi fa piacere raccontarli e condividerli.

Il mio romanzo con l'Italia è iniziato ed ha coinciso con i primi passi della mia carriera, intorno agli anni Sessanta. Il mio primo respiro italiano è stato a Siena, nel 1956, all'Accademia Chigiana, dove per la prima volta mi sono trovato di fronte al pubblico italiano per dirigere un movimento della Quinta Sinfonia *di Čajkovskij. Nel '61 da Siena ho visitato Firenze, la città italiana a cui mi avrebbe legato il destino; nel '62 il primo concerto alla Scala, invitato da Siciliani (il sovrintendente Ghiringhelli temeva, date le mie origini, che dirigessi indossando il turbante...), con il pubblico che rumorosamente abbandonava i palchi durante i* Sei Pezzi *di Webern: quanto è cambiato ora l'interesse verso la musica del nostro tempo, grazie al grande lavoro compiuto da Abbado e da Muti!*

La prima opera che ho affrontato in Europa – Traviata, *1964 – l'ho diretta a Firenze: sarò sempre riconoscente a persone come Remigio Paone, che mi fatto debuttare nel '69 al Maggio Musicale, e a Massimo Bogianckino, che da Parigi a Firenze mi ha aiutato e consigliato come una figura paterna. Indimenticabili sono state le esperienze con Andrea Andermann, che mi ha convinto a realizzare per la televisione, dal vivo, le opere nei luoghi in cui sono ambientate: insieme abbiamo creato* Tosca nei luoghi e nelle ore di Tosca *e* Traviata a Parigi. *Firenze è diventata la mia casa anche perché la città e i fiorentini mi hanno subito accolto, ed è l'unica città al mondo i cui sindaci mi hanno tutti dimostrato amicizia, lavorando a porte aperte per il mio Teatro e per me. A Firenze sono stato letteralmente adottato da alcune famiglie, e non posso dimenticare i preziosi collaboratori che in tanti anni trascorsi nel Teatro fiorentino mi hanno assistito artisticamente e nell'organizzazione.*

Quel respiro italiano non si è mai interrotto: da più di vent'anni ormai sono Direttore Principale, ora anche Onorario, del Maggio Musicale, dove mi accingo ad affrontare nuovamente la Tetralogia wagneriana: per un musicista, avere la possibilità di dirigere due volte nell'arco della vita, nella stessa città, l'intero ciclo del Ring *è un'opportunità eccezionale, e adesso che ho una dimora mia mi sento definitivamente a casa,* camaleonticamente *felice qui come a Bombay e a Los Angeles.*

Spero, con questi ricordi e riflessioni, di trasmettere qualche conoscenza musicale, e di incoraggiare i giovani musicisti a perseguire con tenacia la missione cui si sentono chiamati: fare musica e dedicare alla musica tutta la loro vita.

Questo mio libro non sarebbe potuto uscire in Italia senza il prezioso apporto della mia amica Susanna Colombo, che desidero ringraziare.

Z.M.

Scalo sull'isola South Georgia, nell'Atlantico del Sud, durante una crociera, 1987 (fotografia scattata da mia moglie Nancy). I pinguini ed io, vestiti allo stesso modo...

Prima della partenza di mio padre Mehli Mehta per l'America (da sinistra a destra: Zubin, mia madre Tehmina, mio fratello Zarin, mio padre Mehli).

Infanzia e giovinezza in India

Sono nato in India in tempi politicamente agitati. Tuttavia, la mia famiglia mi circondò sempre di tanto calore e protezione che da bambino non mi resi praticamente conto degli immani rivolgimenti politici che l'India dovette attraversare negli anni Trenta e dei problemi che il mio paese fu costretto ad affrontare – un processo che nei decenni successivi non poté dirsi ancora concluso. Quando nacqui, il 29 aprile 1936, il dominio inglese sull'India non era più incontestato già da tempo, tuttavia esisteva ancora. Il Mahatma Gandhi fu per la prima volta presidente del Congresso Nazionale Indiano dal 1924 al 1937 e guidò il Movimento per l'indipendenza dell'India; alla fine la sua politica di resistenza non violenta trionfò, ma il paese era dilaniato internamente e continuò ad esserlo ancora per molto tempo, ben oltre la conquista dell'indipendenza, ottenuta nell'agosto del 1947. La mia giovane età trascorse serenamente, non turbata da questi eventi. Sono cresciuto protetto e felice; i miei ricordi sono popolati da una madre amorevole, teneramente sollecita, e da un padre straordinario. Non riesco a rammentarmi esattamente quando ho ascoltato musica per la prima volta. Per il resto, sono stato un bambino assolutamente normale; ero piuttosto impertinente e incline agli scherzi e alle zuffe tipici dell'età, ma anche ai divertimenti infantili. A soli tre anni, a seguito di una disputa feroce, ricevetti la mia prima cicatrice. Più tardi sviluppai un interesse entusiastico per il cricket.

E poi c'era mio padre – Mehli Mehta, nato nel 1908, rampollo di produttori di cotone e destinato fin da piccolo a entrare nell'impresa familiare; mio padre, però, cominciò ben presto a coltivare una passione travolgente per la musica. Naturalmente, a quei tempi – sto parlando degli anni Venti e Trenta del secolo scorso – la musica era molto meno fruibile di quanto non lo sia oggi: per goderne, bisognava suonare personalmente uno strumento, oppure, quando se ne presentava l'opportunità, andare ad ascoltare i grandi solisti, che cominciavano a venire a esibirsi anche in India. A quell'epoca, per i musicisti non era ancora abituale viaggiare in ogni parte del mondo.

Mio padre ebbe occasione di ascoltare Jascha Heifetz, il più grande violinista del XX secolo, e Jan Kubelik, padre del direttore d'orchestra Rafael Kubelik, un violinista ceco, che intraprendeva volentieri lunghe tournée e fece tappa a Bombay sulla strada per Shangai. Concerti come quelli lasciarono un'impressione profonda su mio padre; l'universo musicale che gli si schiudeva davanti, per il quale si sentiva sempre più portato e cui sentiva di appartenere, era quello che avrebbe determinato sempre di più la sua vita. La musica che ascoltò lo entusiasmò a un punto tale che volle assolutamente imparare a suonare il violino – cosa che, per un giovane indiano che aveva studiato da contabile all'università, non era affatto abituale. Mio padre proveniva da un'antica famiglia di religione parsi. Tra i parsi, a quei tempi, il desiderio di diventare musicista era sicuramente visto con più tolleranza che nell'ambito di altre tradizioni indiane; tuttavia, non c'è dubbio che la grande passione di mio padre per la musica fosse inusuale anche per il suo ambiente.

Nonostante tutto, Mehli Mehta era deciso a realizzare il suo sogno di diventare violinista. Si procurò quindi un violino e imparò a suonarlo – senza alcuna guida, senza un maestro: imparò tutto da solo. Mio padre era dotato di una musicalità straordinaria e di un talento e una forza di volontà altrettanto notevoli, tanto che raggiunse una tale padronanza dello strumento da essere in grado di eseguire il *Concerto per violino* di Beethoven.

Questo è dunque l'ambiente in cui sono cresciuto – tra i brani che mio padre studiava nel soggiorno di casa e le partiture sparse dappertutto, che contemplavo già volentieri, quando ancora non sapevo leggere. Ma soprattutto, mio padre possedeva un oggetto fantastico: un grammofono, grazie al quale era possibile ascoltare musica meravigliosa.

Naturalmente quel grammofono era una vera mostruosità. I dischi di allora avevano una durata incredibilmente breve: per ascoltare una sinfonia o un quartetto, ogni cinque minuti bisognava cambiare il disco e mettere sul piatto il successivo. I dischi in vinile a solchi sottilissimi, su cui era possibile incidere opere monumentali, non esistevano ancora, né tanto meno i CD. Non poche sinfonie erano compresse in quattro o cinque dischi, e così, per ascoltarle integralmente, si doveva correre di continuo al grammofono, collocarvi con estrema cura un altro di quei fragili dischi neri, che oltretutto si graffiavano facilmente, e azionare una "testina" incredibilmente pesante. Ciò avveniva negli anni Quaranta del secolo scorso.

Mio padre possedeva una raccolta di dischi piuttosto ampia per gli standard dell'epoca, il che mi permetteva di ascoltare ininterrottamente una quantità di splendida musica. Inizialmente, dato che non sapevo ancora leggere, distinguevo i brani grazie ai diversi colori delle etichette dei dischi. Così, cominciai ad ascoltare sinfonie fin da piccolo, mi familiarizzai con Beethoven e Brahms ed ebbi modo di accostarmi anche a qualche brano di Mahler. Più tardi, a volte mi capitò addirittura di rinunciare al mio sport preferito, il cricket, quando a casa mia si faceva musica.

Nel 1935 mio padre aveva fondato l'Orchestra Sinfonica di Bombay e in seguito il Quartetto d'Archi di Bombay, i cui membri provavano anch'essi a casa nostra. Ero letteralmente avvolto e circondato dalla musica; la musica era il mio divertimento quotidiano. Tutto questo – i dischi, le prove del Quartetto e il suono del violino di mio padre – rappresentava né più né meno, per me, che un accesso assai precoce al Paradiso. Ho avuto la fortuna di entrare molto giovane in questo giardino dell'Eden musicale, e finora nulla e nessuno è mai riuscito a scacciarmi da lì.

Discendo da una famiglia di antica tradizione parsi. Qui si impone una spiegazione. I parsi sono una comunità religiosa, il cui fondatore Zarathustra (Zoroastro) visse in Persia intorno al 600 a.C., nella regione corrispondente all'attuale Iran orientale. Questa religione antichissima, col nome di zoroastrismo, fu la religione di Stato persiana dal III al VII secolo d.C., sotto la dinastia dei Sasanidi. In seguito alla conquista della Persia da parte degli arabi, molti fedeli seguaci della dottrina di Zarathustra emigrarono in India, soprattutto nella regione a nord di Bombay, e qui vennero chiamati parsi, a causa della loro provenienza persiana. Il tratto fondamentale di questa religione monoteistica, ossia il conflitto tra luce e tenebre, tra verità e menzogna, richiama l'apocalittica giudaica. Tuttavia, non si può dire con certezza se vi sia stato un influsso effettivo del parsismo sulla religione giudaica; la questione è tuttora molto discussa tra gli studiosi.

Il nome del sacerdote Zarathustra significa all'incirca "cammelli" (*ustra*) "che sono in buone condizioni" (*zarath*), e si riferisce al fatto che discendeva da una famiglia di allevatori – il che non ha molto a che fare con i miti e con la creazione della leggenda zarathustriana, che in realtà nacque molto tempo dopo, grazie fra l'altro a Kant e a Nietzsche.

Da duemilacinquecento anni i parsi hanno adottato come suprema massima un precetto del profeta Zarathustra che si può riassumere così: «Pensare bene, parlare bene, agire bene». Oggi in tutto il mondo sono rimasti all'incirca poco più di 80.000 parsi, e io sono uno di loro. Quando mi trovo in India, sono in primo luogo parsi, e solo in secondo luogo indiano; quando mi trovo all'estero, è esattamente il contrario. Parsi non si diventa, nel senso che non si può decidere di convertirsi o farsi battezzare: l'appartenenza alla comunità religiosa parsi si può solo ereditare dal padre. Questa è una delle ragioni per cui i parsi sono sempre meno. Nella comunità coesistono due correnti in forte contrasto tra loro, ossia i cosiddetti liberali e i conservatori, il che crea continui problemi. Per parte mia, io appartengo ai primi e sono dell'opinione che un bambino possa diventare parsi anche se uno dei genitori non lo è – ammesso che si sia sostanzialmente d'accordo. I conservatori, invece, ritengono che la fede parsi possa essere trasmessa solo a bambini i cui genitori siano entrambi parsi. Io temo che, in queste condizioni, tra un secolo i parsi saranno completamente scomparsi.

In India si parlano molte lingue e innumerevoli dialetti. Io parlo un dialetto della lingua *gujarati*, il cui nome deriva dalla provincia di Gujarat, a nord di Bombay. Tra l'altro, il *gujarati* era anche la lingua madre del Mahatma Gandhi.

Mio padre, che era molto critico nei confronti di se stesso, sapeva di dover migliorare il suo modo di suonare, e sapeva anche che per farlo aveva bisogno di un maestro, con cui formarsi e perfezionarsi – un maestro che gli trasmettesse i principi di una grande scuola di violino. E così nel 1945, durante la fase finale della Seconda Guerra Mondiale, decise di imbarcarsi sulla prima nave in partenza per gli Stati Uniti, per andare a New York a cercarsi un maestro. Mia madre restò a Bombay con me e con mio fratello Zarin, di due anni più giovane; rimase quattro anni da sola con noi due, mentre mio padre studiava a New York. Aveva ottenuto una borsa di studio da una fondazione benefica parsi (il TATA Endowment Fund), ma poiché era già troppo vecchio per essere ammesso alla prestigiosa Juilliard School, dovette prendere lezioni private; ebbe però la fortuna di capitare con uno dei massimi insegnanti di violino dell'epoca, ossia Ivan Galamian.

Galamian era di origini armene e veniva dalla scuola russa di Leopold Auer; fu il maestro di violinisti del calibro di Michael Rabin, Itzhak Perlman e Pinchas Zukerman, destinati a raggiungere una fama notevole. Insomma, un personaggio leggendario.

Quei quattro anni furono indubbiamente un periodo difficile per tutti noi – ma soprattutto per mia madre: non era facile per lei sapere il marito a New York e dover allevare da sola due figli piccoli. Io avevo nove anni, quando mio padre partì per gli Stati Uniti. Certo, mia madre non era tormentata da gravi difficoltà economiche, dato che veniva da una famiglia piuttosto agiata, ma non poteva contare su nessun sostegno finanziario da parte del marito, che a New York faceva già abbastanza fatica a sbarcare il lunario da solo. Mia madre prese in casa un pensionante e riuscì comunque a far fronte perfettamente alla situazione.

A New York, mio padre ebbe l'opportunità di perfezionare il suo innato talento musicale grazie alla rigorosa formazione impartitagli da un grande maestro, e di maturare nell'ambito della celebre scuola violinistica russa. Ci spediva i programmi di tutti i concerti ai quali assisteva, chiosati con commenti sui brani e sugli artisti.

A Bombay frequentavo una scuola retta da gesuiti spagnoli. So che può sembrare strano, ma questa scelta aveva un motivo molto semplice: in India le scuole dei gesuiti erano considerate le migliori, e soprattutto, le lezioni si tenevano in inglese – un elemento cui i miei genitori davano molta importanza.

Per me la Saint Mary's School fu importante soprattutto per un'esperienza che si rivelò determinante per la mia vita: vi erano accolti studenti di tendenze diversissime, soprattutto per quanto riguarda la religione. Era una situazione unica nel suo genere, ma al tempo stesso anche indicativa della semplicità e naturalezza con cui in India si trattano le religioni – il che, purtroppo, non si applica al conflitto ancestrale tra musulmani e indù. I circa quaranta scolari della mia classe appartenevano a sei o sette religioni diverse; tra di noi c'erano indù e musulmani, parsi e sikh, ebrei e cristiani, e si conviveva tutti insieme pacificamente. Nessuno ha mai cercato di convertirci al cattolicesimo; studiavamo i Vangeli e ci piaceva – tutto qui. Credo che frequentare quella scuola mi abbia instillato sin da piccolo l'attenzione ai molteplici aspetti dell'umanità e il rispetto per la diversità. Allora ho avuto modo di imparare, in modo del tutto semplice e naturale, come si possa andare d'accordo senza problemi anche provenendo da circostanze e ambienti completamente diversi, purché si accetti che la diversità non comporta automaticamente l'estraneità – il che desta troppo facilmente la diffidenza.

Mi sembra che un aspetto della mia vita successiva, che mi ha portato in ogni angolo della terra e mi ha messo in contatto con le persone più diverse, abbia avuto origine proprio qui. D'altra parte, a tutt'oggi mi considero indiano, e per questo motivo non ho mai voluto rinunciare al mio passaporto indiano. Sento, ora come allora, di appartenere alla terra da cui sono nato – ossia l'India.

Quando mio padre ritornò da New York, cominciò ad occuparsi intensamente della vita musicale di Bombay; dava molti concerti, organizzava esecuzioni e invitava artisti importanti. A casa nostra si riprese a fare molta musica; mio padre mi insegnò parecchie cose nuove – a quell'epoca avevo tredici anni – tra cui la lettura delle partiture. Imparai velocemente e dopo non molto tempo conoscevo veramente bene tutte le sinfonie più importanti, seppure, in molti casi, solo nella trascrizione per pianoforte. Ciò mi fu piuttosto utile in seguito, benché mi mancasse completamente un elemento determinante: l'opera.

In ogni caso, la musica sinfonica mi è sempre piaciuta, e ho pensato molto presto che avrei potuto diventare direttore d'orchestra. In realtà sono diventato musicista proprio perché ho sempre desiderato di poter dirigere le quattro sinfonie di Brahms o i poemi sinfonici di Richard Strauss; li conoscevo a fondo, grazie ai dischi e anche alle trascrizioni per pianoforte. Anche se, naturalmente, la qualità della riproduzione sonora dei dischi di allora non era certo paragonabile a quella attuale, la collezione di dischi in continuo aumento di mio padre mi dava almeno l'opportunità di ascoltare alcuni dei direttori più importanti, ossia Toscanini – di cui però c'erano solo pochissime incisioni – Stokowski e Furtwängler. Ascoltavo anche dischi di Jascha Heifetz, che contenevano gran parte del suo repertorio per violino; per me erano una vera rivelazione musicale, ma a mio padre servivano da modello, per capire meglio come si doveva suonare.

Quando c'era di mezzo la musica, mio padre era spesso molto severo con me. Quando avevo circa quindici anni, Yehudi Menuhin venne a Bombay. Menuhin, che era amico del primo ministro indiano Jawaharlal Nehru ed era molto ben disposto verso l'India, dichiarò che si sarebbe esibito volentieri con l'Orchestra Sinfonica di Bombay. Ora, questa orchestra, che era stata fondata da mio padre, era formata da una miscela molto variegata di musicisti, nessuno dei quali professionista; tra di loro c'erano diversi emigrati, alcuni dei quali molto dotati, ma nel complesso l'orchestra non era di altissimo livello. Comprendeva un certo numero di fuorusciti ebrei; i parsi erano tutti dilettanti. Tra gli archi c'erano alcuni musicisti professionisti, dei cristiani di Goa; i legni e gli ottoni appartenevano alla Marina militare indiana e suonavano in uniforme, anche durante i concerti. Naturalmente mio padre aveva cercato, per quanto poteva, di preparare l'orchestra per Menuhin; era in programma il *Concerto per violino* di Johannes Brahms. Si fecero prove su prove, senza tregua. Durante le prove, mio padre suonava la parte solistica; a me a un certo punto fu affidato il compito di tenere insieme l'orchestra, ovvero di dirigerla, mentre mio padre era impegnato a suonare. Quella fu la prima volta in assoluto in cui mi cimentai con la direzione d'orchestra. Per quanto fossi in grado di ascoltare e conoscessi la partitura, nell'insieme la mia prestazione fu alquanto miserevole. Venni aspramente rimproverato, perché mi ero completamente dimenticato di dare l'attacco al terzo corno – o all'oboe. Quella fu dunque la prima volta in cui mi trovai davanti a un'orchestra, e il risultato non fu affatto incoraggiante.

Anche qui, mio padre fu autodidatta; come aveva imparato da solo a suonare il violino, imparò anche a dirigere un'orchestra. Questa capacità di apprendimento totalmente autonoma era un suo talento particolare. Nei suoi quattro anni a New York, era andato ai concerti quasi ogni sera, aveva visto e ascoltato molto, e avuto l'occasione di assistere a esecuzioni di grandi direttori; e così aveva imparato, osservando, che cosa doveva fare.

La prima volta in cui diressi davanti a un vero pubblico fu quando accompagnai mio padre a una registrazione radiofonica a Bombay; lui eseguì il *Concerto in la minore* di Bach, e in aggiunta io diressi un concerto di musica da camera – a memoria, tra l'altro. Avevo studiato quel brano a lungo e profondamente con mio padre, e avevo un'idea molto precisa di come dovesse essere suonato. Oggi non sono più in grado di dire se poi io l'abbia effettivamente diretto nel modo corretto, ma per me fu un'esperienza bellissima. Suonare insieme a mio padre era comunque un'esperienza straordinaria.

Qualche tempo dopo, Yehudi Menuhin ritornò un'altra volta a Bombay e interpretò insieme a mio padre il *Doppio Concerto* di Bach; dunque il grande Menuhin, che all'epoca era già una leggenda vivente, non disdegnò di suonare di nuovo insieme a Mehli Mehta...

Tutto questo, apparentemente, fa subito pensare alla mia successiva carriera musicale, ma in quel momento non se ne parlava neanche. Intanto avrei dovuto migliorare il mio modo di suonare il pianoforte (il violino avevo già smesso di studiarlo quando mio padre era partito per gli Stati Uniti), ma devo ammettere che non mi sono mai visto come strumentista. Tra l'altro mi dovevano sempre un po' spronare perché mi esercitassi: in altre parole, ero troppo pigro. A volte, a dire il vero, anteponevo al pianoforte il mio adorato cricket! Del resto, il cricket è ancora oggi una delle mie passioni.

Quanto alla possibilità che io seguissi l'esempio di mio padre e diventassi musicista, non se ne parlava proprio; la famiglia aveva deciso che avrei dovuto studiare medicina. Era del tutto normale che si accettassero le decisioni prese dalla famiglia; per un indiano, la tradizione e la coesione familiare sono cose estremamente importanti e determinanti. Di conseguenza, mio fratello a sedici anni venne mandato a Londra a studiare ragioneria, mentre per me era stata scelta la professione medica. Secondo la tradizione, in India solo alcune professioni sono accettabili per una determinata casta, tra cui, appunto, queste. Iniziai perciò a studiare medicina – senza protestare, naturalmente.

Tuttavia, in capo a soli due semestri fu chiaro che la medicina non era la scelta giusta per me. Per mia fortuna, mi trovavo nelle condizioni di poterlo dire ai miei genitori, e anche di esprimere la mia richiesta di poter dedicare anch'io la mia vita alla musica. Alla fine, mio padre e mia madre acconsentirono e mi aiutarono, come hanno sempre fatto ogni volta che ho chiesto loro consiglio o quando mi sono trovato di fronte a decisioni importanti; mi incoraggiavano, oppure valutavano se una cosa era buona per me oppure no. Quella volta approvarono il mio desiderio di diventare musicista, e da quel momento in poi la mia vita assunse un corso del tutto nuovo e decisamente fuori dal comune.

Già in precedenza, per desiderio di mio padre, avevo cominciato a studiare teoria della musica con un anziano insegnante italiano di nome Oddone Savini, che a suo tempo aveva dato lezioni anche a lui. Questo Savini abitava a Poona, il che voleva dire che una volta alla settimana dovevo fare un viaggio di tre ore in treno, per poter coltivare i miei studi.

Tuttavia, i miei genitori avevano ben altri progetti per la mia formazione vera e propria – progetti che mi portarono molto lontano da casa, in un paese straniero e su un altro continente. Sarei andato a Vienna, dove mio cugino Dady Mehta stava già studiando pianoforte con il professor Bruno Seidlhofer, un insegnante di alto livello.

E così, a diciott'anni partii per una nazione ignota, che in seguito sarebbe diventata sotto molti aspetti la mia seconda patria, e che dal punto di vista musicale ha continuato fino ad oggi a trasmettermi forza e ispirazione, autentico fondamento della mia professione.

Visita dei miei genitori a Vienna, in occasione di un concerto di violino di mio padre.

Anni di apprendistato a Vienna

Nel 1954 il viaggio da Bombay a Vienna costituiva ancora una grande avventura e richiedeva molto tempo. Il mio viaggio si svolse in diverse tappe. A Bombay salii in primo luogo a bordo di una nave che mi portò fino a Genova. Fino a quel momento avevo vissuto felicemente nell'ambito della mia famiglia a Bombay, conducendo un'esistenza più o meno protetta; il che significa, tra l'altro, che non dovevo occuparmi delle necessità della vita quotidiana né provvedere al mio mantenimento.

Ora, di colpo, tutto questo cambiò. I miei genitori avevano scelto Vienna come luogo dei miei studi anche perché là si trovava mio cugino Dady, il quale viveva già da molto tempo all'estero; aveva studiato pianoforte a Parigi e poi si era trasferito a Vienna. Chiaramente i miei genitori speravano che Dady, che aveva qualche anno più di me, mi "tenesse d'occhio" e mi aiutasse a inserirmi in quell'ambiente per me totalmente nuovo. Chi dei due abbia poi tenuto effettivamente d'occhio l'altro, in retrospettiva è impossibile dire... Nel frattempo, mio cugino è diventato un noto e stimato professore di pianoforte in Michigan. Ha due figli, Bejun e Navi; Bejun è un controtenore richiesto in tutto il mondo e canta in tutti i maggiori teatri lirici, mentre Navi fa il violinista e il direttore d'orchestra negli Stati Uniti.

Dunque ero partito per questo lungo viaggio. Tutto, per me, era nuovo ed eccitante. Sulla nave conobbi altri ragazzi, diretti anche loro in Europa; eravamo ancora molto giovani, non avevamo nessuna esperienza – in nessun campo – ma naturalmente ci sentivamo molto adulti. Una volta sbarcati a Genova, abbiamo combinato una quantità di sciocchezze. In fondo era la prima volta che uscivamo dal controllo dei genitori; non c'era nessuno che ci imponesse dei limiti o volesse educarci. Provavamo una sensazione di libertà sconfinata, come probabilmente ogni giovane che venga lasciato a se stesso per la prima volta. Naturalmente pensavamo molto, e intensamente, anche alle ragazze, che non erano certo quelle che avremmo potuto incontrare a Bombay nell'ambito delle nostre famiglie o del nostro ambiente... Ma ciò fa parte dell'educazione sentimentale, o di come vogliamo chiamarla.

Da Genova proseguii in treno per Vienna. Non sapevo il tedesco, però parlavo inglese. A dire il vero, non mi preoccupavo molto di come avrei affrontato il futuro e di ciò che mi attendeva; sapevo che mio cugino mi stava aspettando e confidavo, semplicemente, che Dady mi avrebbe aiutato in qualche modo a cavarmela. Il mio vero obiettivo lo avevo ben chiaro in mente: volevo iscrivermi all'Accademia Musicale di Vienna e iniziare subito i miei studi, volevo finalmente imparare bene tutto ciò che in India avevo appreso ad amare, nel corso di molti anni, e per cui mio padre aveva destato in me un tale entusiasmo che avevo deciso di farne la mia professione. Da quel momento in poi, la musica avrebbe determinato il tempo della mia vita.

In una grigia giornata di novembre dell'anno 1954 arrivai alla Westbahnhof di Vienna. Là tutto mi era un po' estraneo. La vivacità traboccante di Bombay non era paragonabile al traffico regolare e ordinato e al silenzio sorprendente che caratterizzavano la fisionomia di Vienna; in ogni caso, questa fu l'impressione che ne ricavai. Da lontano, naturalmente, non avevo potuto farmi un'idea dell'aspetto reale della città, ma soprattutto non mi aspettavo di trovare ancora così tante case bombardate e distrutte nove anni dopo la fine della Seconda Guerra Mondiale. Vienna era una città europea pesantemente colpita dalla guerra, ma era rimasta viva e animata grazie alla gente, che aveva un'aria alquanto serena e malgrado le circostanze difficili evidentemente guardava avanti, con un atteggiamento decisamente positivo.

Presi per buono, semplicemente, il quadro che mi si presentò – del resto, che altro avrei dovuto fare? Mi servii del privilegio della gioventù di dare per scontati i dati di fatto, per concentrarmi meglio su me stesso e sulla mia vita – sul mio futuro musicale, ma anche sulle tante esperienze nuove che mi aspettavano a Vienna: l'ambiente, le persone, la lingua.

La cosa più bella, naturalmente, era poter ascoltare musica nel momento stesso in cui veniva effettivamente eseguita, ma mi provocò una specie di shock culturale, perché suonava tutta diversa da come l'avevo nell'orecchio. Andavo ai concerti pensando di conoscere i brani in programma; ma le mie fonti, cioè i dischi paterni, all'epoca avevano ovviamente una resa sonora di qualità estremamente scarsa e solo lontanamente paragonabile alla realtà. Assistetti a concerti sinfonici e recital e andai all'opera. Le opere mi erano totalmente estranee; non ne avevo mai ascoltate, sicuramente anche perché a mio padre interessavano poco. Non conoscevo nessuna aria, né di Mozart, né di Verdi o Wagner, e nemmeno di Richard Strauss. Nei primi anni Cinquanta le incisioni complete di opere su disco non erano ancora molto diffuse, sicché sotto questo aspetto la mia preparazione era inesistente. La prima opera della mia vita fu il *Fidelio* di Beethoven diretto da Karl Böhm.

C'era però un campo in cui ero più esperto dei miei compagni di studi: conoscevo molta più musica da camera di loro, poiché avevo avuto modo di ascoltarne qualche brano praticamente ogni giorno, quando i membri del Quartetto d'Archi di Bombay (Bombay String Quartet) si trovavano a casa nostra per esercitarsi con mio padre. Conoscevo molti quartetti di Haydn, Brahms, Beethoven e Schubert. La musica da camera era stata, per così dire, il mio pane quotidiano, oltre che un metodo sicuramente eccellente per educare il mio orecchio musicale.

Non dimenticherò mai il primo concerto sinfonico al quale assistetti. Si svolse nella sala del Musikverein; i Wiener Philharmoniker eseguirono, tra l'altro, la *Prima Sinfonia* in do minore di Brahms sotto la direzione di Karl Böhm. Era un pezzo che credevo di conoscere alla perfezione; lo avevo ascoltato tante volte a casa, a Bombay, e la partitura mi era familiare. Mi trovavo quindi nelle condizioni ideali per l'ascolto; tuttavia, ciò che udii quella sera in quella che per me è ancora oggi una delle più belle sale da concerto del mondo, era così incommensurabilmente lontano dal suono gracchiante che usciva dai miei dischi che quasi non riuscivo a capacitarmene. Che esperienza straordinaria, poter ascoltare una delle orchestre migliori del mondo, dal vivo, senza rumori di sottofondo e con un grande direttore sul podio! Un suono così non lo avevo mai udito prima di allora; e fu così che poco per volta cominciai a capire in quale avventura mi sarei imbarcato, se volevo diventare anch'io direttore d'orchestra. Del resto, il mio desiderio aveva avuto origine proprio da questo: dall'idea che un giorno sarei stato capace di dirigere le quattro sinfonie di Brahms.

Erano tempi politicamente difficili per l'Austria del dopoguerra. Le forze di occupazione erano ancora sul territorio; Vienna era divisa in quattro zone di occupazione, e soprattutto con i russi c'era poco da scherzare. Mi ricordo di certe passeggiate durante le quali avevamo incontrato dei soldati russi, che mi erano sembrati terribilmente stranieri; fu solo quando li vidi che mi resi pienamente conto di che cosa significasse veramente la parola "occupazione" per l'Austria. Tra le più gravi devastazioni lasciate dalla guerra vi era la Wiener Staatsoper, distrutta dalle bombe nel marzo del 1945, quando il conflitto stava ormai volgendo al termine: il teatro era bruciato completamente. I lavori di ricostruzione erano iniziati già nel 1948; l'inaugurazione della nuova Staatsoper era prevista per il

1955. Perciò assistetti ai miei primi spettacoli d'opera in una sede di ripiego, al Theater an der Wien.

Avevo trovato un alloggio in subaffitto nel Wienerwald; era una dimora modesta, ma compatibile con la somma che mia madre metteva a mia disposizione ogni mese. Mi mandava la metà di un piccolo appannaggio che aveva ereditato da suo padre; mio fratello Zarin, a Londra, doveva cavarsela con la stessa somma di cui disponevo io a Vienna – e in un modo o nell'altro ce la facevamo, anche se verso la fine del mese eravamo sempre un po' a corto di soldi.

Il mio unico desiderio si era realizzato, e con esso anche la mia ragione di vita a Vienna: ero stato accettato all'Accademia Musicale. Logicamente, nel primo anno del mio corso di studi non si parlava ancora di direzione d'orchestra. Dovetti decidermi a studiare uno strumento; inoltre era previsto che ne padroneggiassi bene un secondo, per cui mi accinsi anche a studiare a fondo la teoria. Avevo molto da recuperare, e dovetti superare qualche difficoltà al riguardo. Vero è che mio padre mi aveva fatto ascoltare musica a non finire, ma a livello analitico non poteva trasmettermi nulla; tra l'altro, essendo un violinista, non ne era nemmeno capace.

Uno dei miei insegnanti più apprezzati e brillanti era Karl Schiske, un musicista davvero notevole. Non ho mai conosciuto nessuno che fosse dotato di una musicalità altrettanto straordinaria. Suonava il pianoforte in un modo fantastico: bastava dargli un tema qualsiasi e lui lo suonava come una fuga di Bach o nello stile di Brahms, come un notturno di Chopin o un valzer di Schubert. La sua capacità di modulare era incredibile, così come le idee che sviluppava mentre suonava. Non ho mai più incontrato nulla di simile. Schiske era un insegnante rigido e severissimo, ma trasmetteva ai suoi allievi in modo straordinario tutto ciò che è fondamentale per un musicista.

Avevo deciso di studiare il contrabbasso, più il pianoforte come strumento complementare; non potevo fare diversamente. A dire il vero, ebbi chiaro fin dall'inizio che non sarei mai diventato uno strumentista; e d'altronde – devo purtroppo ammetterlo – non sono mai stato abbastanza diligente per il pianoforte. Seppi fin da subito, peraltro, che volevo diventare direttore d'orchestra, ma durante il mio primo anno all'Accademia questo era ancora fuori discussione, giacché oltre agli strumenti dovevo essenzialmente studiare la teoria. Anche per questo ho sempre un po' trascurato il piano, perché non ho mai voluto diventare maestro collaboratore, il che fa comunque parte della normale formazione di un direttore d'orchestra. Il metodo europeo per imparare a dirigere un'orchestra passa, devo dire molto sensatamente, per questa tappa obbligata, che a me peraltro è stata risparmiata: ho avuto presto la fortuna di poter diventare direttore direttamente. Per il momento, però, ero ancora sulla strada per arrivarci.

Il contrabbasso lo avevo scelto per una ragione molto semplice e pragmatica: per me era lo strumento con cui avrei potuto entrare in un'orchestra il più velocemente possibile. Finché non potei finalmente iniziare a frequentare un corso di direzione d'orchestra, questo rimase il mio più grande e ardente desiderio: far parte di un'orchestra, lavorare a far nascere un pezzo, dargli un suono e farlo ascoltare.

Avevo un insegnante di contrabbasso straordinario, oltre che umanamente formidabile: Otto Rühm. Era solista dei Wiener Philharmoniker, il che mi mise nell'ambitissima situazione di poter assistere a tutte le prove dell'orchestra. Rühm mi schiuse le porte di un mondo musicale totalmente nuovo, grandioso e meraviglioso per me, facendomi conoscere i celebri Wiener Philharmoniker, che ben presto divennero degli amici.

Molti anni dopo, quando ero diventato effettivamente direttore d'orchestra, Otto Rühm suonò una volta in orchestra sotto la mia direzione, nella *Prima Sinfonia* di Mahler, in cui si trova un assolo per contrabbasso. Rühm ha poi affermato di essersi sentito terribilmente nervoso in quell'occasione.

Un evento musicale dei primi tempi trascorsi a Vienna è rimasto vivo nella mia memoria: passavo davanti alla Musikverein e, seguendo un impulso, mi infilai nell'ingresso posteriore, così, semplicemente, spinto dalla curiosità. Udii della musica: era la *Quarta Sinfonia* di Čajkovskij. È sempre la stessa storia: io quel pezzo lo conoscevo, mi era familiare grazie a uno dei dischi di mio padre, un'incisione della Boston Symphony Orchestra diretta da Serge Koussevitzky. Ma la musica che arrivava alle mie orecchie – anche così, da dietro le porte – aveva un suono del tutto nuovo, e ancora una volta provai la solita sensazione di stupore: poter ascoltare musica in modo così puro e immediato mi pareva un miracolo. Percorsi un tratto del corridoio e giunsi a una porta con una finestrella rotonda, attraverso la quale potei gettare un'occhiata in sala – e sul podio vidi Herbert von Karajan. Non lo avevo mai visto dal vivo prima di quel momento, lo conoscevo solo dalle foto, ma era lui, non c'erano dubbi. Sgusciai attraverso la porta più silenziosamente che potei, mi sedetti nella prima poltrona e ascoltai meravigliato. Nessuno si era accorto di me e mi aveva buttato fuori; ormai ero lì, e ci rimasi fino alla fine. Fu così che scoprii Karajan, e una volta di più sentii le mie orecchie aprirsi prepotentemente, ascoltando nel modo giusto la musica giusta.

E così feci nuovamente la conoscenza di brani musicali che credevo di conoscere già – non saprei come dirlo diversamente. Solo allora tutto ciò che pensavo mi fosse già familiare cominciò finalmente a chiarirsi. Spesso il suono nuovo che ascoltavo era molto lontano da quello che avevo in testa o nell'orecchio. Facevo continuamente nuove scoperte; mi sentivo come una specie di Colombo alla scoperta della musica – mettevo piede in un mondo nuovo, che mi era noto a grandi linee e tuttavia si rivelava completamente diverso da come lo conoscevo. Fu un periodo ricco, affascinante, in cui vennero gettate le fondamenta di tutto ciò che ho costruito in seguito.

A Bombay avevo ascoltato molta musica, ma logicamente non avevo potuto sottrarmi a una certa unilateralità nelle scelte musicali, dovuta alle preferenze molto personali di mio padre. Così, per esempio, posso dire di aver veramente conosciuto Mozart solo a Vienna, e quindi, per fortuna, direttamente nel modo giusto.

Può sembrare strano, ma nel corso dei miei studi ho ascoltato poco Bach; allora non lo si eseguiva tanto spesso. Il Concentus Musicus non esisteva più da tempo, e non c'erano nemmeno più specialisti del Barocco, sicché devo ammettere, molto seriamente, che Bach costituisce una lacuna nella mia formazione musicale. Amo Bach, lo ascolto molto volentieri. In seguito anch'io ho diretto qualche volta la *Passione secondo Matteo*, il *Magnificat* o le Cantate, ma non sono in grado di trasmettere agli orchestrali una mia visione di Bach; è una mia carenza, perciò preferisco lasciare questo compito ad altri colleghi.

Oltre all'Accademia, allo studio degli strumenti e della teoria, facevo anche parte del Coro del Wiener Singverein; ero riuscito ad entrarci senza troppe difficoltà, poco tempo dopo aver iniziato i miei studi, e avevo partecipato a spettacoli meravigliosi. Se penso che ho cantato il *Requiem* di Mozart sotto la direzione di Bruno Walter... Molti anni dopo, quando io stesso ero da tempo direttore di un'orchestra, incontrai Walter negli Stati Uniti e glielo raccontai; lui naturalmente non si ricordava più di me, però posseggo una foto di quella serata in cui mi si riconosce, proprio ai margini.

Il mio primo concerto con il Singverein fu la *Nona* di Beethoven, diretta da Karajan. Nel frattempo mi ero discretamente familiarizzato con il tedesco e riuscivo a farmi capire bene, ma l'*Inno alla gioia* di Schiller era per me un autentico scioglilingua, e per di più non ne capivo completamente il nesso logico; per cui quando

Karajan, dopo la prima prova, ci ingiunse di imparare tutto il testo a memoria per il giorno dopo, fui colto dal panico. Ero terrorizzato all'idea di non riuscire a ricordarmelo, sicché trascorsi metà della notte a leggere e rileggere l'intero inno e a cercare di ficcarmi in testa «Freude, schöner Götterfunken». In qualche modo deve aver funzionato; in ogni caso, non ricordo di aver fatto pasticci.

Durante quel primo anno, in Austria si verificarono mutamenti politici decisivi. Il 15 maggio 1955 a Vienna venne firmato il Trattato di Stato che restituiva all'Austria la piena sovranità e indipendenza, in adempimento del quale le truppe di occupazione si ritirarono. Mi ricordo bene come quello storico giorno una colonna di automezzi sia passata accanto a me, diretta al Belvedere, dove i quattro Ministri degli Esteri Molotov, Dulles, Macmillan e Pinay avrebbero firmato il Trattato di Stato austriaco, in base al quale l'Austria dichiarò successivamente la propria neutralità permanente. Fu un momento grandioso anche per un non-austriaco come me, allorché il Ministro degli Esteri Figl uscì sul balcone del Belvedere, stringendo in mano la cartella delle firme, e gridò alla folla: «L'Austria è libera!».

Neanche in sogno avrei potuto immaginarmi – e anzi mi sarebbe parso un pensiero del tutto assurdo – che cinquant'anni dopo avrei diretto in quella stessa città i Wiener Philharmoniker in un "Concerto per l'Europa", con cui gli austriaci avevano voluto esprimere anche musicalmente la loro gratitudine ai quattro Stati firmatari di allora; eppure così è avvenuto, in una gelida giornata di giugno del 2005, in un concerto all'aperto a Schönbrunn davanti a un pubblico di 90.000 persone.

A quel tempo, tuttavia, non ero altro che un giovanotto di origini indiane, che studiava musica a Vienna e già si stava dando da fare per passare con successo l'esame di ammissione al corso di direzione d'orchestra, che avrebbe avuto luogo l'autunno seguente.

Dopo i primi due semestri a Vienna, molti dei miei compagni ritornarono a casa o trascorsero le vacanze da qualche parte. Non era il mio caso; rimasi a Vienna, giacché i miei modesti mezzi non mi avrebbero permesso di intraprendere un viaggio. Inoltre avevo molto da studiare, giacché volevo cercare di ottenere un posto nella classe di eccellenza del miglior insegnante di direzione allora disponibile – Hans Swarowsky.

A tutt'oggi sono molto grato a Swarowsky, ed è doveroso che in questa sede io parli di lui come merita. È diventato famoso come direttore d'orchestra, e ancora di più come un insegnante straordinario, di grande talento. Intere generazioni di direttori sono andate a lezione da lui: i miei colleghi Claudio Abbado, Mariss Jansons, Giuseppe Sinopoli e molti, molti altri. La sua sensibilità era caratterizzata da un profondo rispetto per l'opera musicale; insisteva sulla necessità di un'assoluta fedeltà all'originale e non ammetteva esperimenti di sorta. Ungherese di nascita, aveva studiato composizione a Vienna con Arnold Schönberg e Anton Webern, ed era stato allievo e in seguito anche amico di Richard Strauss; alla sua cerchia di amicizie appartenevano anche Clemens Krauss e Felix Weingartner. Nelle sue lezioni, riusciva a trasmettere agli studenti la sua esperienza diretta, facendone un evento unico e straordinario. C'erano due modi di apprendere: o si assorbiva tutto a livello teorico e poi si imparava a destreggiarsi in qualche modo con la pratica, oppure si incontrava un vero maestro e si diventava un suo discepolo, un suo apprendista. Così, tra l'insegnante e l'allievo si tessevano fitti legami e rapporti molto stretti. Questo è un modo molto intimo di imparare, con cui viene trasmesso un modello di esperienza, un pezzo di verità, il che a livello teorico non si può proprio fare. In questa sorta di mediazione o trasmissione diretta, Swarowsky era un maestro impareggiabile; e nel campo della musica il modo migliore di imparare è proprio attraverso l'influenza di un'esperienza immediata e anche molto personale. Chi altri avrebbe mai potuto dirmi come Richard Strauss dirigeva Mozart, per non parlare di come dirigeva le *sue* opere? Chi avrebbe potuto trasmettermi le idee e le riflessioni di Schönberg sul suo *Moses und Aron*?

Swarowsky era severo e inflessibile. Criticava noi giovani aspiranti direttori, ma ci incoraggiava anche, quando lo riteneva opportuno. Nonostante tutto il suo rigore, era in tutto e per tutto un uomo del presente; già la sua amicizia con i rappresentanti della Seconda Scuola Viennese lo rendeva molto "moderno", e infatti teneva alta – si parla della metà degli anni Cinquanta! – la bandiera di quella musica del tutto nuova. Quando invece si trattava di classici, una delle sue convinzioni incrollabili era che un Andante, in Mozart, non potesse mai diventare un Adagio; preferiva tempi rapidi – differenziandosi completamente, in questo, da molti altri direttori d'orchestra del suo tempo.

Swarowsky, che era stato adottato da un banchiere viennese, fece sempre mistero delle sue vere origini. Correva la voce – che lui stesso, del resto, tendeva a fomentare – che fosse un rampollo illegittimo della dinastia asburgica. Non so se questa diceria corrispondesse alla realtà, ma in fin dei conti non ha molta importanza.

Swarowsky faceva anche in modo che i suoi allievi imparassero veramente a dirigere, che avessero l'opportunità di fare concerti. Davamo concerti con altri studenti dell'Accademia, sotto questa insegna: «Studenti eseguono concerti con allievi-direttori» – una buona occasione per accumulare esperienze. Le mie prime prove come direttore furono senza alcun dubbio semplicemente spaventose. Certo, ero sempre stato molto attento alle lezioni di Swarowsky, avevo studiato a fondo la tecnica direttoriale e sapevo tutto da quello che c'era da sapere; tuttavia, quando poi ci si ritrova improvvisamente sul podio, davanti all'orchestra, la situazione è tale da confondere le idee, ed è facile, nell'agitazione, dimenticare ciò che si è imparato. In quei primi concerti, ero un misto di Böhm e Karajan, i due direttori che a Vienna vedevo e ascoltavo di più. Gesticolavo furiosamente – me lo ricordo bene –, facevo movimenti irruenti e debordanti e alla fine ero completamente esausto. A questo proposito, una volta Swarowsky mi fece riflettere: come me la sarei cavata, se solo mi fosse capitato di dover dirigere Wagner – cinque o sei ore di fila? Non ce l'avrei fatta fisicamente!

Una volta, dopo una prova con l'orchestra studentesca, venne da me, mi afferrò per la manica della giacca e tenendomi il braccio ben fermo mi obbligò a ripetere i movimenti che dovevo fare, ma partendo solo dal polso; voleva che imparassi una buona volta a smettere di gesticolare come un matto. Da allora ho capito, e lo faccio: dirigo solo dal polso. Certo, per gli orchestrali non è molto motivante, ma si può fare. Non sempre servono due mani per dirigere; oggi tengo spesso la mano sinistra abbassata, semplicemente, per indicare che sono tranquillo e rilassato – e così anche l'orchestra si rilassa.

Fu un bel periodo, quello in cui studiavo con Swarowsky. Nell'autunno del 1955 i miei genitori vennero per la prima volta a trovarmi a Vienna e arrivò anche mio fratello da Londra, così ci potemmo finalmente rivedere tutti e quattro. Mio padre si esibì con il suo violino nella Sala Brahms, ottenendo ottime critiche. Voleva cercare di restare in Europa, poiché la situazione musicale di Bombay, in particolare, non gli bastava più. All'epoca nessuno di noi se la passava troppo bene, ma era comunque bello che la famiglia fosse di nuovo riunita.

In quel periodo ebbe luogo un grande evento, che noi quattro ci godemmo insieme – resistendo anche, letteralmente, fino alla fine. Il 5 novembre, terminata la ricostruzione, la nuova Staatsoper venne finalmente inaugurata, con il *Fidelio* diretto da Karl Böhm. C'eravamo anche noi, naturalmente nei posti in piedi – altrimenti non ce lo saremmo potuto permettere. Che festa meravigliosa! Anton Dermota e Martha Mödl come Florestano e Leonora, Irmgard Seefried come Marcellina, e l'orchestra della Wiener Staatsoper. Mi ero procurato i biglietti per quasi tutte le rappresentazioni e un giorno, dopo il *Fidelio*, assistetti al *Don Giovanni*, sempre diretto da Karl Böhm: Dermota e Seefried cantavano i ruoli di Don Ottavio e Zerlina, Lisa Della Casa era Donna Anna. Quella sera Masetto fu interpretato da Walter Berry, che alcuni giorni dopo cantò il *Wozzeck*, ancora diretto da Karl Böhm. Furono giorni straordinari, in cui non mi sarei mai stancato di continuare ad ascoltare musica. Una mattina Bruno Walter diresse il *Te Deum* e la *Nona* di Anton Bruckner: non dimenticherò mai quel concerto a Vienna.

Anticipo di nuovo gli eventi: cinquant'anni dopo, il 5 novembre 2005, ho partecipato come direttore d'orchestra alla festa per il cinquantenario della riapertura della Wiener Staatsoper. Era stato previsto un programma in tre parti, che comprendeva brani delle sei prime inaugurali del novembre 1955; a me era toccato il *Don Giovanni*. Qualcuno che sapeva che ero stato lì presente anche cinquant'anni prima, quand'ero studente, scrisse: «Mehta *sta in piedi* ancora una volta alla Staatsoper» – in condizioni leggermente mutate, peraltro.

In quell'autunno del 1955, mio padre aveva proseguito per l'Inghilterra e aveva effettivamente trovato un posto come violinista a Glasgow; poco tempo dopo mia madre lo raggiunse. Per i miei genitori quello fu l'inizio di una vita completamente nuova, che negli anni successivi avrebbe riservato loro parecchie altre sorprese.

Frequentai molto e regolarmente la Staatsoper dopo la riapertura; mi ricordo spettacoli splendidi, ma anche assai singolari. Per esempio, mi ricordo ancora un *Boris Godunov* con George London che cantava in russo, mentre tutti gli altri cantavano in tedesco; a quell'epoca si eseguivano ancora molte opere interamente in tedesco, anche quelle italiane, il che era un'assurdità totale dal punto di vista del ritmo linguistico. Per quanto ne so, è stato Karajan il primo a farla finita con questa abitudine, quando fece rappresentare la *Tosca* in lingua originale. Stranamente, con il mio maestro Swarowsky non ho quasi studiato opere a fondo, tranne *Le nozze di Figaro*, il che ha senz'altro influito anche sulla mia carriera di direttore d'orchestra: infatti ho cominciato solo molto tempo dopo a occuparmi seriamente di opera. Quand'ero già a capo di un'orchestra, a Montreal e a Los Angeles, non avevo ancora fatto grandi progressi nel mio studio dell'opera.

La mia formazione orchestrale ad ogni modo si svolse esclusivamente e formativamente a Vienna. Tutto il retaggio musicale che porto in me viene da Vienna; là ho imparato veramente moltissimo, non solo grazie all'eccellente insegnamento che ho ricevuto, ma anche perché a Vienna ho potuto ascoltare ininterrottamente tutto ciò che c'era da ascoltare. E qui devo ripetermi: si può apprendere a livello teorico; si può, come nel mio caso e oggi ancora di più, imparare ascoltando registrazioni, ma il modo migliore e unicamente autentico di capire la musica è sempre attraverso un'esecuzione dal vivo. Questo consiglio è naturalmente diretto soprattutto a coloro che vogliono intraprendere una carriera musicale, in particolare ai futuri direttori d'orchestra.

Ho potuto imparare così tanto soprattutto perché ho assistito a tutte le prove possibili. Naturalmente seguivo tutto sulla partitura; solo così si poteva effettivamente imparare qualcosa. Oggi, quando mi capita di vedere degli studenti che assistono alle mie prove senza partitura, me ne stupisco molto; se uno vuole ascoltare e basta, può farlo anche a casa. Ma per capire tutto in ogni singolo dettaglio, anche gli errori – che naturalmente possono anche verificarsi –, si deve seguire la prova leggendo la partitura.

A dire il vero ho anche saltato diverse ore di lezione all'Accademia, perché correvo continuamente da una prova all'altra. Quando c'era "Storia della musica" o "Teoria della forma", poteva capitare che invece di assistere alla lezione io mi trovassi da qualche parte ad ascoltare dal vivo il *Concerto per pianoforte e orchestra in re minore* di Brahms. A Swarowsky ero sempre molto vicino. L'ho ammirato incondizionatamente, e a tutt'oggi lo considero il più grande intelletto che io abbia mai incontrato. Era il mio modello.

A parte Swarowsky, c'è un altro direttore d'orchestra che ha avuto un'enorme influenza su di me: Herbert von Karajan. Allora Karajan dirigeva i Wiener Symphoniker. A quei tempi era ancora avvertibile l'antica rivalità tra lui e Furtwängler, che non era assolutamente finita con la morte di quest'ultimo. Correva voce che Furtwängler fosse ossessionato da una vera e propria mania di persecuzione a proposito di Karajan. Il mio maestro di contrabbasso Rühm, che suonava con i Wiener Philharmoniker, disse dopo la morte di Furtwängler che i Wiener gli sarebbero rimasti fedeli, non come i Berliner, che non avevano neanche aspettato che fosse chiuso nella bara per chiamare Karajan. Tuttavia, non molto tempo dopo – nel 1956 – Karajan arrivò alla Wiener Staatsoper, e da quel momento in poi l'orchestra della Staatsoper e lui lavorarono bene insieme. Ci fu una specie di concerto di riconciliazione, l'*Ottava Sinfonia* di Bruckner, e in seguito sostanzialmente ogni cosa andò bene. Ho vissuto tutta l'era Karajan alla Staatsoper; cominciò con la

Tosca, e proseguì con la *Valkiria*. L'ho molto ammirato per il suo modo di dirigere; era molto chiaro negli attacchi, e inoltre sapeva motivare moltissimo tutti i suoi collaboratori. Anche Swarowsky lo stimava molto, pur essendo spesso amareggiato dal fatto che, a causa della guerra e di altre circostanze, professionalmente non aveva mai trovato piena soddisfazione, a differenza di Karajan e di qualche altro direttore diventato famoso. Erano tutti a Vienna a quei tempi – Kubelik, Mitropoulos, Böhm, Knappertsbusch o Krips – e io li ho sentiti tutti. Poter osservare all'opera musicisti di quel calibro mi dava continuamente stimoli sempre nuovi e mi indicava le strade da seguire, per continuare a studiare e a imparare nel modo più proficuo.

Le tante prove alle quali ho assistito non erano soltanto impressionanti, ma anche estremamente importanti per i miei progressi. Ho persino potuto vedere come Mitropoulos provava la *Sinfonia delle Alpi*; per me era sotto tutti gli aspetti una novità, e naturalmentemi mi ha influenzato e di sicuro anche insegnato molto: il tutto poi è probabilmente confluito nel mio lavoro musicale personale.

Il rigoroso metodo di Swarowsky poteva risultare arduo per alcuni di noi; la fedeltà all'originale da lui pretesa e anche la disciplina che esigeva da noi comportavano alcune difficoltà. Tuttavia, sebbene mi sia capitato a volte di sentire dei brani eseguiti diversamente da come egli ci aveva insegnato, gli sono sempre riconoscente per la chiarezza che il suo rigore apportava alle nostre idee musicali ancora immature. Mai questo insegnante ci avrebbe detto con noncuranza «Fate come volete»: era sempre, fin nei minimi dettagli, preciso e accurato con se stesso e con noi, suoi allievi.

Una delle mie prime esibizioni come direttore tirocinante fu uno dei succitati concerti, in cui gli studenti facevano musica tra di loro, al cospetto di altri studenti. Mi ero preparato un programma piuttosto difficile, che avrebbe dovuto essere eseguito alla Sala Brahms di Vienna, una delle sale più piccole del Musikverein. Naturalmente mancavano i soldi per affittare quella sala e anche per poter pagare gli orchestrali necessari, per cui avevo riflettuto a lungo su come finanziare il progetto. Il mio programma era interamente dedicato ad Arnold Schönberg; avremmo dovuto suonare, tra l'altro, la *Prima Sinfonia da camera* per 15 strumenti e il *Pierrot lunaire* per cinque solisti e voce recitante. Si trattava di pezzi alquanto difficili, e soprattutto di un programma audace per i tempi. Il *Pierrot lunaire* è uno dei lavori atonali più importanti di

Schönberg, di esecuzione estremamente ardua per i solisti, sia vocali che strumentali.

Mentre ero alla ricerca di un possibile finanziamento per pagare l'affitto della sala, mi venne un'idea che mi parve buona. Il mio professore di teoria della forma all'Accademia, Erwin Ratz, accanto all'attività di insegnante ricopriva anche la prestigiosa carica di segretario generale della Mahler Gesellschaft: gli chiesi allora se c'era la possibilità che questa organizzazione sostenesse il costo dell'affitto e dei compensi dei musicisti. Ratz fu subito d'accordo, e addirittura pensava che anch'io avessi diritto a un compenso; io, per parte mia, non lo ritenevo necessario, dato che il mio "onorario" era già, in fin dei conti, l'opportunità di dirigere e di affrontare l'immensa sfida costituita dai brani di Schönberg. Tuttavia, poiché Ratz insisteva, gli chiesi se poteva farmi avere una copia dell'originale dei *Kindertotenlieder*: era lui, infatti, il custode della raccolta completa delle partiture di Mahler, che all'epoca custodiva tutte sotto il suo letto. In effetti, ottenni il mio compenso, che fu anche il primo e probabilmente rimane ancora oggi il più emozionante che abbia mai ricevuto.

Il concerto ebbe grande successo, e qualcuno fece addirittura notare che quella era stata la prima esecuzione del *Pierrot lunaire* da quando lo stesso Schönberg lo aveva diretto a Vienna – un giornale scrisse che era da cinquant'anni che il pezzo non veniva più eseguito. Dopo il concerto andai a trovare Ruth Vasicek, che lavorava presso la Segreteria della Konzerthausgesellschaft e dalla sua posizione aveva sempre cercato molto efficacemente di collocare giovani artisti; le chiesi se poteva fare qualcosa per me, e da lì nacque effettivamente un lungo e fortunato sodalizio, perché non solo cominciò a raccomandarmi come musicista, ma trattò anche per me tutti i miei contratti durante molti anni. L'ultimo lavoro che Ruth fece per me fu, nel 1995, la stipulazione del contratto con la Bayerische Staatsoper di Monaco per il mio incarico di *Generalmusidirektor*.

A Bad Aussee in estate si teneva ogni anno una specie di Festival studentesco, in cui numerosi allievi di diverse accademie statali suonavano e festeggiavano insieme; c'era un'atmosfera meravigliosa, gaia e serena. Eravamo giovani e ci divertivamo un mondo; si suonava, si cucinava, si beveva, si scherzava e ci si godeva la vita, nuotando e andando in barca a vela. Avevamo tutti quanti grandi progetti per il nostro futuro – che prima o poi sarebbe finalmente cominciato. Io nel 1956 avevo giusto vent'anni e a Vienna mi ero innamorato di una studentessa di canto canadese, Carmen Lasky, che aveva qualche anno più di me.

La vita sembrava sorridermi. Del resto, le cose stavano andando bene anche ai miei genitori: infatti mio padre, che non era molto soddisfatto della sua situazione di violinista a Glasgow, aveva trovato un nuovo incarico ben più stimolante a Manchester, come primo violino di spalla, con John Barbirolli e la prestigiosa Orchestra Hallé.

Nel 1956 non trascorsi l'estate a studiare da solo a Vienna, ma ebbi la possibilità di frequentare un corso estivo all'Accademia Chigiana di Siena, sotto la direzione di Carlo Zecchi. Da quando avevo iniziato i miei studi, due anni prima, non ero praticamente mai uscito dall'Austria, e naturalmente ero eccitatissimo dalla prospettiva del soggiorno in Toscana. Là, tutto sarebbe stato nuovo per me: la gente, gli insegnanti, i dintorni – ero curiosissimo di ciò che mi aspettava.

A Siena non soltanto ho imparato veramente tantissimo, ma ho anche avuto modo di conoscere musicisti di tutto il mondo. Per esempio, il chitarrista John Williams mi portò dal famosissimo Andrés Segovia, una leggenda vivente della chitarra; altri sono diventati dei veri amici. Almeno due di queste amicizie le conservo tuttora: uno è Claudio Abbado, cui ben presto mi unì una profonda affinità umana, e l'altro è Daniel Barenboim, che è diventato uno dei miei amici più importanti. Ci telefoniamo il più spesso possibile, dovunque ci troviamo; scambiamo opinioni, parliamo di idee comuni, ma discutiamo anche di questioni politiche.

Vale la pena di raccontare come ho conosciuto Barenboim. Durante l'esame di ammissione al corso, in una luminosa giornata d'agosto, entrai in una sala immersa nella penombra e vidi sul palcoscenico, nella luce crepuscolare, un nano – o almeno così mi parve. Il nano dirigeva la *Quarta Sinfonia* di Robert Schumann. Avvicinandomi, mi resi conto che quello che stava là sul podio era poco più di un bambino; rimasi subito colpito dalla padronanza con cui dirigeva quel ragazzino, con tempi perfettamente calibrati. Ero senza parole e quasi non mi capacitavo di ciò che vedevo. Poco dopo ci ritrovammo a una lezione, quel "bambino" che era poi Daniel Barenboim ed io, e così ebbe inizio la nostra amicizia, che si è mantenuta viva fino a oggi.

Daniel allora aveva solo tredici anni, perciò si trovava lì in compagnia dei suoi genitori, che mi accolsero subito nell'ambito familiare e quasi mi "adottarono"; erano persone affettuose e premurose, che fino alla fine dei loro giorni si presero amorevolmente cura di me ogni volta che ci incontrammo. Soprattutto negli anni successivi, quando cominciai a recarmi in Israele, mi furono di grande aiuto, comportandosi sempre come amici sinceri e sostenendomi sotto ogni aspetto.

Malgrado la differenza di età, tra Daniel e me nacque rapidamente una solida amicizia. Mi aveva molto impressionato che Daniel già l'anno precedente avesse frequentato un corso di perfezionamento a Salisburgo con Markevitch. Anche lui voleva diventare direttore d'orchestra; il pianoforte lo aveva studiato solo col padre. In compenso, a quell'epoca si era già esibito in un concerto a New York, con Mitropoulos e la New York Philharmonic.

Negli anni seguenti non ci siamo incontrati spesso, ma il filo non si è mai spezzato; la nostra amicizia è continuata in modo meraviglioso per anni e anni, arricchendosi successivamente della presenza della fenomenale violoncellista Jacqueline Du Pré, la prima moglie di Daniel, morta precocemente e tragicamente. A loro due si sono poi uniti Pinchas Zukerman e Itzhak Perlman, ai quali sono legato da un'intensa e stretta amicizia, non solo musicale: abbiamo suonato tanto insieme, ma abbiamo anche attraversato insieme tempi difficili, dal punto di vista umano e politico.

Dopo quel primo corso estivo a Siena anche Claudio Abbado venne a Vienna, dove frequentò il corso di specializzazione del mio maestro Swarovsky ed entrò con me nel Coro della Gesellschaft der Musikfreunde. Non solo abbiamo cantato entrambi sotto i più grandi direttori di allora, ma eravamo addirittura così presuntuosi da farci vedere solo quando sul podio c'era Bruno Walter, o Josef Krips, o George Szell. Uno dei brani preferiti di Krips era *Das Buch mit sieben Siegeln* di Franz Schmidt, un compositore viennese oggi largamente dimenticato; però mi ricordo di averlo cantato volentieri.

La nostra arroganza, che ci spingeva a presentarci a cantare solo quando dirigevano i direttori più famosi e importanti, ebbe una conseguenza disastrosa e anche terribilmente imbarazzante: il maestro del coro Reinhold Schmidt intimò a me e ad Abbado, davanti a Karajan e a tutta l'orchestra, di non farci più vedere. Ci piaceva tirare fuori le uvette dalla torta, e venivamo solo quando sul podio c'erano dei grossi nomi, ma alle prove con lui non ci presentavamo mai; e allora era meglio che lasciassimo perdere. Aveva ragione, ma fu molto penoso per me subire quella pubblica lavata di capo.

E così si chiuse la mia carriera di corista (ero tra i bassi). Mi restava ancora quella di contrabbassista, che ero ancora meno intenzionato a proseguire, anche se i miei genitori avevano scoperto che con il contrabbasso avrei almeno avuto un'entrata stabile e una certa sicurezza, scarsa ma comunque maggiore che come direttore d'orchestra – carriera che appariva loro particolarmente incerta. Io però volevo aspettare ancora prima di decidere. In ogni caso non mi preoccupavo troppo della mia sussistenza nell'immediato futuro, e nemmeno in un futuro più lontano.

La musica era tutto per me, e volevo a tutti i costi diventare direttore d'orchestra – questo per me era un punto fermo.

Nell'autunno del 1956 mi si offrì nuovamente un'opportunità di soddisfare il mio desiderio di dirigere, anche se l'occasione fu una tragedia politica. A seguito della rivolta in Ungheria del novembre 1956, in Austria arrivarono moltissimi ungheresi in fuga dal loro paese, e qualcuno ebbe l'idea di far piacere a quei disperati, ricoverati a migliaia nei campi profughi, portando loro un po' di musica. Nella misera condizione in cui quei poveretti si trovavano poteva essere solo una magra consolazione, ma valeva la pena di tentare. Venne inviato un messaggio all'Accademia Musicale, e io fui scelto insieme ad altri studenti, per dare un concerto nelle vicinanze del confine con l'Ungheria. Mi è rimasto nella memoria un ricordo molto toccante di quell'esperienza: alla fine del concerto un prete ungherese, anch'egli profugo, diede a noi tutti la benedizione. Molti decenni dopo incontrai in California una coppia di ungheresi, che mi dissero di aver assistito anche loro a quel concerto nel campo profughi.

Itzhak Perlman e Pinchas Zukerman come solisti con la Israel Philharmonic Orchestra. (David Weiss Photography, Los Angeles)

Anni decisivi

Nella Vienna di quegli anni esisteva un'istituzione che era stata fondata nel 1949, la cui concezione originariamente veniva dal Belgio: si chiamava Jeunesse – Gioventù Musicale Austriaca, ed era diretta da Joachim Lieben. Ora fa parte di Jeunesses Musicales International (JMI), la più grande organizzazione musicale giovanile esistente al mondo. La Jeunesse da un lato permette ai giovani di avere accesso alla musica e dall'altro procura opportunità di esibizioni ai musicisti emergenti, che altrimenti si presenterebbero ben difficilmente a un giovane solista o direttore d'orchestra. Il mio maestro Swarowsky mi aveva consigliato questa organizzazione, e così ottenni nuovamente una chance di fare pratica nella direzione. Naturalmente a quell'epoca ero ben contento di qualsiasi opportunità che mi si presentasse; ero ancora giovane e quasi privo di esperienza.

La cosa più importante era comunque essere invitati a far musica, nel qual caso ovviamente si cercava di dare il meglio di sé, nella speranza di essere poi richiamati. Nel 1958 venni dunque inviato a Belgrado per un concerto, in qualità di "rappresentante viennese" della Jeunesse, per uno scambio con un direttore jugoslavo. Qualche tempo dopo fui invitato a Belgrado un'altra volta. Erano tutti primi tentativi, che non significavano ancora che avrei effettivamente fatto carriera come direttore d'orchestra. Molto tempo dopo, quando già potevo dirmi affermato, ho dato uno o due concerti per la Jeunesse ogni stagione.

Al termine del semestre estivo del 1957, il corso di specializzazione di Swarowsky giunse ufficialmente al termine. Il concerto conclusivo ebbe luogo nella gloriosa sala del Musikverein, ma ottenne scarsa attenzione; la critica musicale non ne parlò nemmeno, il che rattristò un po' noi giovani direttori – tra i quali c'era anche Claudio Abbado. Per noi un simile esordio, con un'orchestra già rinomata, aveva una grande importanza – per non parlare del lavoro musicale che richiese la sua preparazione. Come si può capire anche solo dalla menzione dei grandi nomi che erano soliti esibirsi a Vienna a quell'epoca, eravamo semplicemente troppo insignificanti perché qualcuno si accorgesse di noi. È del tutto normale che le cose vadano così, anche se si vorrebbe ottenere un certo apprezzamento, o quantomeno anche soltanto essere presi in considerazione.

L'estate del 1957 la trascorsi di nuovo a Siena con Claudio Abbado: stavolta il corso era tenuto da Alceo Galliera. Era completamente diverso da Zecchi e qualche volta mi portò sull'orlo della disperazione, perché secondo lui proprio non ne facevo mai una giusta.

Ricevetti buone notizie dei miei genitori dall'Inghilterra; la grande novità era che mio nonno Naorodji, allora novantunenne, che io veneravo, stava per trasferirsi dai miei genitori a Manchester. Non riuscivo proprio ad immaginarmelo, ed ero molto preoccupato; temevo che un uomo così anziano non fosse in grado di sopportare un cambiamento di vita così radicale. Dopo aver trascorso tutta la sua vita in India, mio nonno arrivò proprio all'inizio dell'inverno nel clima umido e freddo dell'Inghilterra settentrionale. I miei genitori avevano voluto che venisse a vivere con loro perché in patria era rimasto completamente solo, il che era per loro una fonte di preoccupazione costante. In effetti, mio nonno morì pochi mesi dopo il suo trasferimento a Manchester, nella primavera del 1958, il giorno successivo al mio matrimonio con Carmen Lasky.

Quando ritornai a Vienna, nell'autunno 1957, c'era da pensare seriamente al mio futuro. Occasionalmente suonavo il contrabbasso in orchestra e cercavo di ottenere dei piccoli ingaggi come direttore, ma non era molto, e le mie entrate non erano esattamente floride.

Fu allora che venni a sapere di un concorso per direttori d'orchestra a Liverpool; al vincitore veniva prospettata la possibilità di lavorare un anno come assistente di John Pritchard, il direttore della Royal Liverpool Philharmonic. Decisi di accettare la sfida e di iscrivermi al concorso. Se fossi riuscito a vincere, avrei potuto trascorrere un anno a Liverpool, il che avrebbe significato tornare a vivere vicino alla mia famiglia: i miei genitori abitavano ancora a Manchester, quindi non molto lontano da Liverpool, e mio fratello Zarin stava a Londra.

Il concorso ebbe luogo nel marzo 1958. Con mia grande gioia, lo vinsi e divenni effettivamente assistente di Pritchard per la stagione 1958-59.

Nel frattempo avevo sposato Carmen Lasky a Vienna, avevo terminato i miei studi e il nostro primo figlio era già in arrivo. Ora dovevo pensare a come provvedere al mio sostentamento – e così partimmo per l'Inghilterra, per Liverpool.

La vita con Pritchard e con l'orchestra si rivelò veramente dura, tutto sommato per entrambe le parti. La giuria del concorso era presieduta da William Steinberg, e fu lui che mi impose come vincitore, non Pritchard. All'epoca, Steinberg era il direttore della Pittsburgh Symphony Orchestra. In seguito, venni a sapere che a Steinberg era piaciuto come avevo risolto le corone nel primo movimento della *Quinta Sinfonia* di Beethoven; la cosa mi fece piacere anche perché le avevo fatte eseguire così come le avevo studiate con Swarowsky.

Durante quella stagione, Pritchard mi cedette la direzione di moltissimi concerti della normale attività concertistica. Allora io ero un giovane direttore totalmente inesperto, ma quasi sempre dovevo arrangiarmi con una sola prova. Anche oggi sarebbe per me di gran lunga troppo poco, ma allora era assolutamente impossibile che me la cavassi con piena soddisfazione di tutti – gli orchestrali, il direttore e il pubblico. Così non sapevo mai che cosa sarei riuscito a fare in una prova di tre ore e da dove era meglio cominciare, per raggiungere il risultato che volevo ottenere.

Durante il mio periodo a Liverpool, venni invitato ancora una volta a dirigere a Belgrado, e così ottenni la straordinaria e meravigliosa opportunità di lavorare anche con un'altra orchestra. A Belgrado mi concessero quattro prove, e solo allora mi resi conto delle possibilità che mi mancavano nel mio lavoro con l'orchestra di Liverpool. La scappata a Belgrado mi lasciò con la sensazione che qualcosa sapevo sicuramente fare, se solo mi avessero dato il tempo sufficiente.

Mi ricordo ancora perfettamente del mio primo programma a Liverpool: l'Ouverture della *Forza del desti-*

no, il *Concerto per violino e orchestra in la minore* di Glazunov, l'Adagio della *Quinta Sinfonia* di Mahler e la *Sesta Sinfonia* di Čajkovskij. Era un programma immenso, e se si considera che l'orchestra non conosceva affatto Glazunov né Mahler, ci si può immaginare che mole di lavoro questo significasse per me. Per caso, il pezzo di Glazunov per lo meno lo conoscevo; lì la salvezza mi venne da mio padre, che lo aveva suonato spesso a Bombay.

Tuttavia, nel complesso l'orchestra non era contenta di me, così come io non ero soddisfatto del lavoro che dovevo fare: entrambe le parti erano scontente. In fin dei conti, l'unico evento davvero lieto di quel periodo fu la nascita di nostra figlia Zarina. Avevo portato mia moglie a casa dei miei genitori a Manchester, dove era in ottime mani, molto meglio che da sola con me a Liverpool; mia madre, in particolare, si occupava di lei con molto affetto. La notizia della nascita di nostra figlia mi raggiunse nel bel mezzo di una prova; saltai subito sul primo treno e mi precipitai a Manchester, per vedere mia moglie e la bambina. La situazione che trovai là non era purtroppo delle migliori, e fui negativamente colpito dalle condizioni igieniche e dall'atmosfera impersonale del reparto maternità.

La mattina dopo Pritchard mi chiamò al telefono e mi chiese di sostituirlo all'ultimo momento in una prova. Una cosa simile avrebbe suscitato il malcontento degli orchestrali anche se si fossero trovati davanti un direttore dotato di molta più esperienza di quanta ne avevo io allora. In certi ambiti della vita, essere gettati repentinamente nell'acqua fredda può anche dare buoni risultati, ma nella musica non funziona affatto. Mi ricordo benissimo ancora oggi che genere di prova mi era stata rifilata senza preavviso: in programma c'erano brani come la *Prima Sinfonia* di Edward Elgar, *Vita d'eroe* di Richard Strauss e le *Variazioni per orchestra* di Schönberg. Naturalmente conoscevo il programma stabilito da Pritchard, ma non ero preparato a condurre la prova al posto suo, e quindi non ero nemmeno in grado di dirigere l'orchestra adeguatamente.

Le esperienze di quel periodo sono state per me una lezione di cui ho sempre tenuto conto fino ad oggi, e cioè non pretendere mai da un assistente che faccia qualcosa per cui non ha avuto modo di prepararsi. Sono convinto che per maturare ci voglia soprattutto tempo. A dirigere si impara soprattutto dal lavoro finito.

Di sicuro con le prove e basta non si arriva molto lontano e si ottengono solo risultati estremamente incerti. Fu importante per me riconoscerlo, anche se all'epoca non mi fece effettivamente progredire. Liverpool si rivelò pertanto un'esperienza piuttosto deludente, e questo – devo dirlo ancora una volta – per entrambe le parti, gli orchestrali e me.

Al termine della stagione ritornai a Vienna con la mia famiglia. Iniziava per me un periodo difficile; ormai non dovevo più mantenere soltanto me stesso, ma anche provvedere a mia moglie e a mia figlia. Di tanto in tanto ottenevo qualche piccolo ingaggio grazie alla Jeunesses Musicales International, ma non c'era molto da fare per me, sicché i miei genitori intervennero e ci aiutarono quanto meglio potevano. Vivevamo in subaffitto, e il nostro futuro era incerto.

Grazie alla Jeunesse, avevo però raggiunto una certa fama, almeno in determinati ambienti, che mi valse un invito a compiere una piccola tournée, indipendentemente dalla Jeunesse; l'aveva organizzata uno dei miei vecchi compagni di corso dell'Accademia, che mi invitò ad assumerne la direzione d'orchestra. Così suonammo a Sarajevo, Ljubljana e Skopje e poi anche in Norvegia, a Trondheim.

La Jeunesse aveva anche una sua stagione in abbonamento, nell'ambito della quale diressi uno dei miei primi concerti con la prestigiosa Niederösterreichische Tonkünstlerorchester. Per tutta l'estate del 1959 mi studiai la partitura della *Prima Sinfonia* e del *Primo Concerto per pianoforte e orchestra* di Brahms; mi ricordo che portavo al parco la mia bambina e lavoravo lì, seduto su una panchina accanto alla sua carrozzina. Il mio solista sarebbe stato Alfred Brendel; per lui non si trattava certo del suo primo concerto, ma per me il programma era completamente nuovo. Ci conoscevamo, così come si possono conoscere due giovani studenti di musica, ai quali capita di incontrarsi ogni tanto qua e là. In una di queste occasioni, lo avevo appunto incontrato per caso in una libreria, gli avevo chiesto quasi *en passant* se voleva suonare con me, e lui aveva accettato subito.

Fino al 1960 ho diretto regolarmente uno o due concerti ogni stagione per la Jeunesse – tra l'altro, anche a Bruxelles, dove il 1° febbraio 1960 mi raggiunse la lieta notizia della nascita di mio figlio Mervon.

Nell'estate del 1958, prima di cominciare la stagione a Liverpool, mi ritrovai con Claudio Abbado a Tanglewood, dove eravamo stati entrambi accettati nella masterclass di direzione d'orchestra. Là, sulle Berkshire Hills, c'è la sede estiva della Boston Symphony Orchestra, dove trovammo un autentico paradiso per dei giovani musicisti come noi. Il paesaggio era incantevole e la musica che ascoltavamo magnifica. Charles Münch era il direttore musicale dell'orchestra e anche il direttore del Berkshire Music Center. Fu un periodo meraviglioso.

Abbado vinse il primo premio del Concorso Koussevitzky, che concludeva il corso, e io il secondo. Koussevitzky era stato il direttore della Boston Symphony Orchestra dal 1924 al 1949.

A Tanglewood conobbi il compositore americano Lukas Foss, che era originario di Berlino. Credo che gli fossi veramente simpatico, tanto che probabilmente fu lui a parlare di me con il famoso agente musicale Siegfried Hearst; non lo conoscevo, ma sapevo che rappresentava molti artisti importanti e famosi. Erano ambienti, quelli, lontani anni luce dalla mia vita di allora.

Non so che cosa Foss possa aver raccontato o che cosa sia successo, fatto sta che durante il mio anno a Liverpool ero stato invitato da Hearst a Toronto, per dirigervi la CBC Orchestra. Credo che il mio lavoro sia stato accolto favorevolmente, anche se in seguito non sono mai più tornato laggiù.

Anche Hearst era originario della Germania. Rappresentava musicisti del calibro di George Szell o Leopold Stokowski, e mi procurò i miei primi concerti professionali in America, nell'agosto del 1960. Hearst era un uomo di cultura impareggiabile; con lui mi sono sempre inteso splendidamente. È stato grazie a lui che ho potuto compiere i primi passi importanti della mia carriera di direttore d'orchestra.

Un giorno – ero ritornato a Vienna dalla mia famiglia, e non avevo molto da fare – Hearst mi chiamò e mi offrì di dirigere un concerto estivo della Philadelphia Orchestra e uno della New York Philharmonic: per me si trattava di un'opportunità enorme, e totalmente inaspettata. Le orchestre americane fanno sempre una pausa estiva, durante la quale si esibiscono in luoghi particolari; i concerti estivi sono rivolti a un pubblico che normalmente non frequenta le grandi sale da concerto. Dal punto di vista artistico, godono di una fama straordinaria, perché spesso vi si esibiscono musicisti eminenti, sia tra i solisti che tra i direttori. Ero naturalmente oltremodo felice che mi fosse stata offerta l'opportunità di dirigere delle orchestre di quel livello. Alcuni ascoltatori possono essersi stupiti, in un primo momento, vedendo improvvisamente comparire sul podio un signor nessuno proveniente dall'India: era comunque una cosa insolita. I concerti però ebbero un enorme successo. Per la prima volta ottenni delle critiche adeguate, e poiché quello fu l'inizio effettivo della mia carriera, citerò – solo per questa volta – ciò che scrisse un giornale: «The sky is the limit for this man», il limite di quest'uomo è il cielo.

Dovetti ricorrere a molti stratagemmi e bussare a molte porte per potermi finanziare quei viaggi, che costarono un patrimonio. Fui costretto a fare anticamera nei luoghi più diversi, ma ebbi sempre molta fortuna. Il viaggio negli Stati Uniti venne addirittura cofinanziato dal governo indiano; avevo chiesto aiuto alla sorella del primo ministro dell'India Nehru, che era ambasciatrice a Londra, e lo avevo effettivamente ottenuto. Io personalmente non disponevo dei mezzi necessari a pagare di tasca mia un viaggio così costoso, e di sicuro non ero ancora abbastanza famoso perché qualcuno si offrisse di finanziarmi la traversata. Comunque, in qualche modo ce l'ho sempre fatta, anche se con giochi di prestigio di ogni genere. Peraltro, ero molto felice e avevo la sensazione di avere a disposizione il mondo intero – e anche il cielo. Poiché Stokovski, che avrebbe dovuto esibirsi sia a Philadelphia che ai concerti estivi di New York, aveva avuto dei problemi di salute, Hearst mi aveva addirittura chiesto se potevo dirigere io al suo posto anche i tre concerti che avrebbero dovuto svolgersi nella sede estiva della New York Philharmonic.

Questa enorme chance di poter dirigere a Philadelphia e a New York due orchestre così rinomate e di fama internazionale, fu probabilmente dovuta alla destrezza da giocatore di Siegfried Hearst. Sospetto che Hearst abbia proposto uno dei grandissimi, e cioè Stokovski, e poiché questi ormai non poteva più lavorare tanto quanto prima, aveva sfoderato sull'unghia, come sostituto, lo sconosciuto giovane indiano proveniente dall'Austria.

Quanto furono positive le critiche a Philadelphia, tanto furono cattive a New York. A proposito di questa stranezza ci sarà altro da dire, nel corso del racconto della mia vita di direttore d'orchestra – in ogni caso, già allora la mia performance scontentò New York, e in un certo modo questa insoddisfazione dei critici continuò anche durante gli anni in cui fui direttore della New York Philharmonic Orchestra.

Nel 1960 a Philadelphia conobbi anche Frederic R. Mann, che era un importante sostenitore dei concerti estivi – un uomo fantastico, molto benestante e molto interessato alla musica, per la quale faceva tantissimo. Negli anni successivi diventammo amici, e quando assunsi il mio incarico musicale in Israele, facemmo parecchie cose insieme. Senza Frederic, amico e sostenitore instancabile, molti sviluppi con la Israel Philharmonic Orchestra non sarebbero stati possibili, e l'orchestra non avrebbe mai ottenuto la sua sala da concerto a Tel Aviv – l'Auditorium Frederic R. Mann.

L'estate del 1960 fu decisiva; avevo vissuto tanti eventi inaspettati e avuto incontri ed esperienze straordinarie, sia dal punto di vista umano che da quello musicale. Improvvisamente, mi sembrava che il mondo intero si aprisse davanti a me.

Mia moglie e i bambini erano venuti con me in America, ma poi erano andati in Canada, per la precisione a Saskatoon, la città d'origine di Carmen. Nell'autunno del 1960 ritornammo tutti in Austria, dove in definitiva si trovava il fulcro della nostra vita, e dove tra l'altro mi aspettava un prossimo impegno a Linz.

Ancora prima di partire da Vienna, avevo domandato – assolutamente alla cieca – a Leonard Bernstein se voleva prendermi come assistente: mi sembrava un lavoro affascinante, che forse avrebbe anche potuto assicurare il mio futuro. Era noto che Bernstein aveva sempre tre assistenti. Avevo chiesto a Dimitri Mitropoulos, al quale ero stato presentato in occasione di uno dei suoi frequenti concerti a Vienna, che cosa ne pensasse – e a lui non era sembrata affatto una buona idea. Ma con mia grande sorpresa, Bernstein mi rispose, e mentre mi trovavo a New York per dirigere i concerti estivi, ci incontrammo e mi offrì di diventare suo assistente – addirittura l'unico. Gli chiesi del tempo per riflettere; tra l'altro, il consiglio di Mitropoulos mi aveva disorientato e non ero più sicuro di voler diventare assistente di un altro direttore d'orchestra, per quanto fantastico potesse essere collaborare con Bernstein.

Tuttavia, prima che in quel periodo frenetico potessi trovare il tempo per pensarci, successe qualcosa che sconvolse completamente quella che era stata la mia vita fino a quel momento.

L'Orchestra di Montreal aveva un eccellente e dinamico sovrintendente, Pierre Beique, che riusciva sempre a far venire a Montreal bravi direttori, anche se all'epoca Montreal non era sicuramente tra le sedi più importanti di grandi eventi musicali e spettacoli imperdibili. Beique era un musicomane e un wagneriano appassionato, straordinariamente competente, e con grande accortezza faceva in modo che l'orchestra di Montreal fosse sempre in buone mani, dal punto di vista musicale. Durante l'estate veniva regolarmente in Europa e faceva il giro dei vari Festival, dove assisteva a tutti i concerti e a tutte le opere più importanti con grande interesse, fine discernimento e solida cultura.

Per l'ottobre del 1960 a Montreal era in programma un concerto diretto da Igor Markevitch, che Markevitch cancellò poco tempo prima della data prevista, adducendo presunti motivi di salute – anche se poi si venne a sapere che non era così malato da non poter dirigere a Parigi in quello stesso periodo. Non so esattamente come mai Beique abbia pensato a me; era amico di Hearst, che mi aveva già portato negli Stati Uniti, e i concerti di Philadelphia avevano avuto una discreta risonanza. Forse poteva anche avermi raccomandato Charles Münch, che pure era amico di Beique ed era il direttore di Tanglewood quando c'eravamo stati Abbado e io. In tutti i modi, qualche informazione su di me doveva essere arrivata fino a Montreal, dove intanto si stava cercando freneticamente e ormai a brevissimo termine un sostituto per il concerto di ottobre. Logicamente, i nomi veramente importanti erano tutti già impegnati – e fu così che mi venne proposto di rimpiazzare Markevitch. Quando mi arrivò l'offerta di Montreal, mi trovavo ancora negli Stati Uniti per dirigere i concerti estivi.

Accettai con entusiasmo. Mi sentivo quasi sopraffatto dalle tante opportunità che mi si presentavano tutte in una volta; il contrasto con la mia situazione a Vienna, in cui me ne stavo sconsolato ad aspettare, nella vaga speranza di ottenere prima o poi un'offerta o un ingaggio, era notevole. In aggiunta, i miei genitori avevano lasciato l'Inghilterra per piantare le tende in America. Finalmente, gli sforzi di mio padre per trovare un nuovo lavoro avevano dato frutto: ora insegnava alla New School of Music di Philadelphia, e inoltre suonava con il Curtis String Quartet.

E ora si presentava anche l'offerta da Montreal per me! Era quasi un po' troppo, così tutto in una volta. Ma quale giovane direttore avrebbe rifiutato una simile opportunità? A Montreal diressi, tra l'altro, la *Symphonie fantastique* di Hector Berlioz. A quanto pare, furono tutti contenti del mio lavoro; in ogni caso, sia gli orchestrali che il pubblico mi accolsero molto cordialmente.

Con mio immenso stupore, la mattina dopo il concerto Pierre Beique mi offrì di assumere la direzione dell'orchestra a partire dall'autunno del 1961. Un posto come direttore stabile – neanche nei miei sogni più audaci avrei creduto possibile che sarei ritornato a Vienna dall'America con in tasca un simile risultato! Non mi ci volle molto tempo per decidere; la proposta di Beique mi aveva veramente sconvolto. Mia moglie e soprattutto i miei genitori ne furono felicissimi. Evidentemente, l'attesa tenace e al tempo stesso la disponibilità ad assumere dei rischi, ad accettare impegni musicali dall'oggi al domani, a sostituire qualcun altro e a prendere rapide decisioni, alla fine mi avevano ripagato. Avevo la sensazione che ora, finalmente, avrei potuto mostrare tutto ciò che avevo imparato, ripetuto, provato e studiato, e che dovevo dar prova delle mie capacità.

Eppure, la catena di eventi sorprendenti non era ancora finita. Durante il mio "rimpiazzo" di Montreal, l'abile Hearst, grande agente e conoscitore dell'animo umano, che ne sapeva una più del diavolo, aveva ricevuto una richiesta da Georg Solti, che era pure rappresentato da lui e dall'autunno del 1961 sarebbe diventato direttore musicale della Los Angeles Philharmonic Orchestra: il grande e occupatissimo direttore si era impegnato con Los Angeles, ma aveva anche un contratto al Covent Garden di Londra per varie settimane a stagione – e cercava un assistente. Hearst gli propose me.

Era proprio il genere di attività che avevo rifiutato anche quando mi era stata proposta da Leonard Bernstein, e dopo l'offerta di Beique, l'idea di accettare un simile lavoro mi parve ancora meno concepibile. Naturalmente ero costretto a declinare anche l'offerta di seguire Solti a Los Angeles. Che cosa avrei fatto laggiù? Avevo appena trovato un posto fantastico e del tutto insperato, e ora volevo ritornare ancora una volta a Vienna, per sistemare i miei affari. In fin dei conti, un posto come quello che mi proponeva Solti a Los Angeles non potevo proprio accettarlo. Perché allora perdere tempo a star dietro a una cosa che fin dall'inizio era fuori questione? Hearst, che tra l'altro è stato l'unico vero agente che io abbia mai avuto in tutta la mia carriera musicale, mi diede un altro consiglio. Secondo lui, non dovevo assolutamente rifiutare subito: non si può mai sapere, tutto può sempre servire – così mi ripeteva. E poi, condurre una prova al cospetto di Georg Solti non era la cosa peggiore che potesse capitare a un inesperto ventiquattrenne agli inizi della sua carriera di direttore d'orchestra; in fin dei conti, un'opportunità del genere non si presentava tutti i giorni, e poi alla mia età viaggiare un po' non faceva certo male... Insomma, andò a finire che presi il volo per Los Angeles. Nei mesi precedenti, nella mia vita erano sopraggiunte tante e tali novità che non ebbi troppe difficoltà a seguire il consiglio di Hearst, e mi imbarcai anche in quest'altra avventura.

E così mi ritrovai nuovamente a confrontarmi con un'orchestra a me sconosciuta, che diressi davanti a Solti; il programma comprendeva la *Prima Sinfonia* di Brahms e la *Praga* di Mozart. Evidentemente a Solti piacque ciò che ascoltò, perché mi offrì di diventare suo assistente. Ogni orchestra americana impiega un *Assistant Conductor*, che dirige i concerti per i giovani e gli spettacoli fuori città – in pratica, tutte le cose di poco conto di cui il direttore stabile non ha tempo di occuparsi. A questo punto mi trovavo in un bel pasticcio, giacché in fondo non avevo mai avuto seriamente l'intenzione di accettare una eventuale offerta di Solti. Sentendomi la coscienza sporca, gli spiegai che purtroppo non mi era possibile diventare suo assistente: mi giustificai dicendo che avevo appena saputo, la sera prima, che mi sarebbe stata affidata l'Orchestra di Montreal, e che mi era impossibile assumermi entrambi gli impegni – Montreal e Los Angeles. Solti capì e io ne fui contento; in questo modo, almeno aveva potuto conoscermi. E proprio questa era stata anche l'intenzione recondita di Hearst, quando mi aveva spinto a comportarmi in quel modo, a dire il vero non del tutto corretto.

Ora però dovevo finalmente tornare in Austria, sicché presi l'aereo per Vienna, dove non mi aspettava nessun impegno di lavoro. Tuttavia, la prospettiva dell'autunno dell'anno seguente mi dava una carica straordinaria e mi permise di affrontare con tranquillità anche il periodo incombente di ristrettezze economiche: sapevo infatti che tra non molto avrei avuto un posto fisso e una mia orchestra, con la quale avrei potuto costruire qualcosa. Già questo, in primo luogo, sembrava schiudermi opportunità meravigliose.

Poco prima di Natale ricevetti un telegramma da Los Angeles, in cui il direttore amministrativo dell'orchestra, George Kyper, mi comunicava che Fritz Reiner, che avrebbe dovuto dirigere un concerto nel gennaio del 1961, si era ammalato; potevo rimpiazzarlo? Era proprio da non credere: ero convinto di avere davanti a me due mesi senza lavoro a Vienna, e invece, tutto a un tratto e senza nessun preavviso, mi si chiedeva di sostituire appena tre settimane dopo un direttore importante e famoso! Naturalmente dissi di sì anche questa volta.

Reiner era un direttore molto apprezzato negli Stati Uniti, quasi una leggenda vivente. Era ungherese di nascita, come Szell, Fricsay e Solti, e aveva portato la Chicago Symphony Orchestra a un livello mondiale.

Non conoscevo nemmeno uno dei brani che Reiner aveva scelto per il suo programma, e mi restava pochissimo tempo per studiarmi le partiture; avrei quindi dovuto procurarmele il più rapidamente possibile. In fin dei conti, tra breve avrei dovuto presentare il tutto a una grande orchestra, con cognizione di causa e in modo convincente.

Proposi un paio di cambiamenti, giacché mi sembrava veramente temerario tuffarmi nuovamente a testa in giù in acque profonde, senza prima vedere se riuscivo a mantenere la testa fuori dall'acqua; perciò aggiunsi almeno qualcosa che conoscevo bene – i *Sei Pezzi per Orchestra* di Anton Webern e *Petruška* di Stravinskij. Reiner aveva inserito anche il *Don Chisciotte* di Richard Strauss, che non conoscevo affatto; dovetti quindi iniziare subito uno studio intenso e scrupolosissimo dei brani in programma, per poter essere all'altezza di ciò che si pretendeva da me. In tutto avrei dovuto dirigere quattro concerti; a parte questo, in sostanza non sapevo nulla di quello che mi aspettava.

Durante il mio soggiorno a Los Angeles ebbi ancora un commovente incontro con Bruno Walter, che allora viveva a Beverly Hills. Avevo saputo che avrebbe dovuto incidere un disco con la Los Angeles Philharmonic Orchestra, e avevo chiesto di poter essere presente. Avevo sentito Bruno Walter a Vienna nel luglio precedente, in occasione delle celebrazioni per il centenario della nascita di Gustav Mahler – che all'epoca non veniva quasi più eseguito a Vienna. Bruno Walter aveva diretto la *Quarta Sinfonia*: un'esecuzione che ricordavo perfettamente. Ora, dunque, lo incontravo di nuovo in California. Gli parlai del suo concerto viennese, che mi aveva tanto colpito. Con mio grande stupore, aveva già sentito parlare dell'"indiano" Mehta, che aveva diretto a Vienna la *Terza Sinfonia* di Brahms. Quando gli chiesi come facesse a saperlo – all'epoca non suscitavo alcun interesse a livello internazionale –, mi rispose che aveva letto una critica su di me in un giornale viennese cui era abbonato. Poi, dietro mia preghiera, fu subito disposto a rivedere con me la partitura della *Prima Sinfonia* di Mahler e a rispondere a tutte le mie domande. Fu estremamente gentile e disponibile con me e mi fece un'impressione notevole, sia dal punto di vista umano che da quello musicale. Mi raccontò che quando gli veniva nostalgia di Vienna, metteva sempre sul grammofono un disco di valzer diretti da Boskovsky, e si sentiva subito a casa. Bruno Walter morì nel febbraio del 1962.

Non era assolutamente possibile prevedere come avrebbe reagito il pubblico di Los Angeles; là Webern non era ancora mai stato eseguito, perciò era una novità anche per l'orchestra. Fede in Dio e coraggio ne avevo, unitamente a una certa dose di megalomania giovanile, per cui speravo di farcela; il che comportava anche convincere gli orchestrali, molti dei quali, naturalmente, avevano ben più esperienza e conoscenze di me. Credo di aver cominciato allora a capire quanto un direttore d'orchestra possa imparare – e assolutamente non solo da giovane! – se è disposto a mettere in gioco non inutilmente la sua posizione e ad ascoltare con la massima attenzione quello che gli orchestrali hanno da dire. Questo vorrei raccomandare caldamente anche ai futuri direttori d'orchestra: ascoltate bene, state a sentire e fate tesoro delle esperienze dei musicisti che amano la loro professione e quasi guidano i direttori, grazie al loro talento e alle loro capacità. Il direttore dovrebbe essere sempre pronto ad accogliere questa assistenza che gli viene dall'orchestra. Nella mia vita ho sempre avuto l'enorme fortuna di incontrare orchestrali di questo genere, che mi hanno reso partecipe della loro grande passione ed esperienza musicale. Da persone come queste si può imparare molto, e per parte mia presumo di averlo fatto spesso e attentamente, quando era opportuno.

Arrivai dunque abbastanza ben preparato a Los Angeles, dov'ero appena stato nell'autunno precedente; allora non avrei mai immaginato che sarei tornato in California così presto. Cominciai le prove e mi accorsi che lavoravo molto bene con l'orchestra; mi faceva piacere vedere come i musicisti accoglievano i miei suggerimenti. Erano pieni di entusiasmo, e durante le tre settimane che trascorsi fra loro non si verificò nessun contrasto o malinteso. Anche il pubblico accettò quasi senza lamentele di trovare sul podio un perfetto sconosciuto, al posto di Fritz Reiner.

Io non so che cosa il destino o gli dèi – questo non ero in grado di deciderlo – avessero in serbo per me, in ogni caso avvenne un fatto ancora più singolare: dopo quelli con Fritz Reiner, erano previsti dei concerti con Igor Markevitch... e Markevitch fu costretto a annullarli, anche stavolta causa malattia. Alle disdette di Markevitch ero abituato, e visto che ero già lì a Los Angeles... Sia gli orchestrali che la direzione e la presidentessa del consiglio di amministrazione, Dorothy Chandler, pensarono dunque che, per semplificare le cose, avrei potuto dirigere io anche i concerti di Markevitch – una fortuna per me sotto tutti gli aspetti, ovviamente. Il giovane direttore indiano, che in Austria era sempre sottoccupato, di colpo si ritrovò richiesto e naturalmente si sentì pure apprezzato. Tra l'altro, per una coincidenza fortunata, Markevitch aveva messo anche nel programma per Los Angeles il *Concerto per orchestra* di Bartók, che avevo studiato a fondo quando avevo dovuto eseguirlo a New York, l'estate prima: meglio di così non mi poteva andare. In tutto rimasi tre settimane a Los Angeles, e furono tre settimane proficue e straordinariamente dense di eventi, musicalmente parlando.

Verso la fine di quel periodo, la signora Chandler mi chiese se volevo diventare *associate conductor* sotto Georg Solti, con un obbligo di presenza di sei settimane a stagione – il che era molto di più del posto di assistente che mi aveva offerto Solti. In questo modo l'impegno di Solti, che voleva passare a Los Angeles dodici settimane a stagione come direttore stabile dell'orchestra, sarebbe stato alleggerito. In tutti i modi, accennarono anche al fatto che l'orchestra era stata veramente contenta di me; sarebbe stata pertanto un'ottima soluzione, presumibilmente nell'interesse di tutti. Un *associate conductor*, o direttore d'orchestra associato, è una sorta di direttore in seconda, che coadiuva il direttore stabile; se avessi accettato, avrei dovuto dirigere per esempio sei concerti in abbonamento. Poiché non c'era modo di indurre Solti a rimanere a Los Angeles più a lungo delle dodici settimane pattuite – il suo impegno a Londra non glielo avrebbe permesso –, la proposta che mi fecero prevedeva che mi fermassi a Los Angeles otto settimane, per compensare i periodi in cui Solti non poteva essere presente. La cosa mi parve perfettamente fattibile. Mi ero impegnato per contratto ad essere presente a Montreal per sedici settimane; otto settimane a Los Angeles ci stavano dentro benissimo. L'idea mi piacque. Naturalmente mi informai se Solti avesse approvato l'accordo, e mi fu assicurato che tutto avrebbe seguito il suo iter regolare. In fondo, avevo pur sempre rifiutato di diventare il suo assistente, e ora rientravo improvvisamente dalla finestra – e in tutt'altra situazione rispetto a quella ipotizzata a suo tempo.

Non mi feci però grossi problemi al riguardo, e lasciai le trattative con Solti alle autorità competenti di Los Angeles per fare ritorno a Vienna, di ottimo umore e più che contento delle opportunità professionali che mi erano state offerte.

Tutto questo si svolgeva in un'epoca in cui le possibilità tecniche erano ancora ben lontane dagli standard di oggi. Anche le telefonate internazionali erano una faccenda tremendamente emozionante: chiamare dall'Austria l'Inghilterra o l'America equivaleva a una piccola avventura, per non parlare del fatto che per il cittadino medio telefonate del genere avevano costi astronomici. Questo lo racconto per un motivo ben preciso. Al giorno d'oggi, se uno deve stipulare un accordo, prende semplicemente il telefono e compone il numero che gli serve, oppure invia una e-mail e in questo modo si informa se tutte le persone interessate approvano l'accordo appena raggiunto.

Noi qui però stiamo parlando dell'anno 1961. Dunque, ritornai a Vienna tutto contento; avevo ottenuto un "intero" posto a Montreal e un "mezzo" posto a Los Angeles, e mi sentivo proprio magnificamente. Non avevo riflettuto a posteriori e non mi era proprio passato per la testa che forse Georg Solti avrebbe potuto offendersi per la mia nuova posizione a Los Angeles, o per il fatto che nessuno si fosse premurato di chiedergli se quell'accordo con me gli andasse bene.

Oggi non concepisco come io abbia potuto disinteressarmene così. Ero di nuovo a Vienna, ma sapevo che il mio periodo viennese stava volgendo definitivamente al termine. In quella città avevo trascorso sette anni, che erano stati determinanti per la mia evoluzione. Per quanto fino ad oggi mi sia sempre considerato indiano, devo però dire che la mia effettiva socializzazione e la mia formazione musicale ebbero luogo in Austria; sentivo quindi di appartenere a quel paese. Nel frattempo avevo imparato bene la lingua, parlavo addirittura più il viennese che il cosiddetto *Hochdeutsch* (tedesco elevato) e a Vienna avevo conosciuto persone che avevano acquisito un'importanza fondamentale per la mia vita. Soprattutto, però, tutto ciò che avevo imparato musicalmente recava una profonda impronta viennese – e fino ad oggi questo non è cambiato.

"Vienna" significa un'idea di suono ben precisa, che abbraccia il grande suono dell'orchestra nel suo insieme, il classicismo viennese e le due Scuole di Vienna, ma anche il suono specifico di determinati strumenti, per esempio gli ottoni e i contrabbassi, che si sentono suonare e si suonano in un certo modo solo a Vienna.

Quando ritornai dall'America, nello stato d'animo lieto di cui ho detto, non avevo molto da fare a Vienna; naturalmente però dovevo prepararmi interiormente al distacco, e anche all'inizio del mio impegnativo lavoro in Canada e a Los Angeles.

Un giorno lessi in un giornale inglese, con un certo stupore, che Georg Solti aveva dato le dimissioni a Los Angeles, prima ancora di assumere il suo incarico – e che era profondamente irritato con me e per il modo in cui ero stato confrontato con lui. So che può suonare molto ingenuo e inattendibile – ma fu proprio così che venni a sapere delle dimissioni di Solti da Los Angeles.

Era successo quanto segue: nessuno da Los Angeles si era preso la briga di informarsi se a Solti andasse bene che io fossi occupato a Los Angeles per solo quattro settimane meno di lui – e dunque quasi alla pari con lui. Chiaramente, lo avevano messo di fronte al fatto compiuto, e la cosa non gli era piaciuta affatto. A ciò si aggiunge che doveva aver trovato strano che io avessi rifiutato un posto come suo assistente non molto tempo prima, per poi ritrovarmi improvvisamente al suo fianco adesso, in tutt'altre circostanze. Non era d'accordo che io passassi così tanto tempo a Los Angeles, e inoltre era fortemente risentito perché evidentemente nessuno aveva chiesto il suo parere, prima di farmi quell'offerta; sicuramente la sua irritazione era più che comprensibile, dal suo punto di vista. Se mi ero dimostrato facilone e anche negligente nei confronti del grande collega e non avevo mosso un dito, anche Solti però non aveva fatto nulla; l'iniziativa di parlarsi, credo, avrebbe potuto prenderla anche lui, e non soltanto io. Alla base di tutto c'era un accumulo di malintesi e di gaffe. Per molti anni Solti non me l'ha perdonata. Ne ero molto dispiaciuto, e negli anni successivi feci qualche tentativo di riprendere rapporti amichevoli, lasciando perdere il passato, ma ebbi successo solo in parte. Tra l'altro, per anni io e Solti fummo legati da una sorta di parentela "tecnica": non solo lavoravamo entrambi con orchestre americane, ma eravamo sotto contratto con la stessa casa discografica, la Decca. Il direttore dell'azienda lasciava sempre la precedenza a Solti, quando si trattava di incisioni di repertorio; per me era una cosa naturale, che non mi ha mai dato fastidio. Comunque, durante l'ultimo anno di Solti con la Chicago Symphony Orchestra i nostri rapporti si erano normalizzati, tanto che assunsi io la direzione dell'orchestra per l'esecuzione dei due Concerti per pianoforte di Brahms, con Daniel Barenboim come solista; ma per vent'anni erano rimasti praticamente interrotti.

Di conseguenza, a Los Angeles scoppiò un vero patatrac, seguito da un frenetico tergiversare. Si voleva naturalmente placare l'adiratissimo Solti: nella speranza di aver trovato una soluzione elegante al problema, gli proposero di abbreviare il periodo in cui avrei dovuto lavorare con l'orchestra. Solti però mantenne le sue dimissioni; non volle saperne di compromessi, e così l'intera faccenda si concluse in modo alquanto meschino e spiacevole.

La fine della storia fu che mi chiesero se volevo assumermi io l'intero incarico a partire dal 1962, sostituendo integralmente Solti. Questo però era un po' troppo – per tutti gli interessati. Infatti non solo i responsabili di Los Angeles dovettero fare i salti mortali – il giovane direttore sconosciuto, tutto il risentimento che c'era stato –, ma fu anche necessario chiedere a quelli di Montreal, che mi avevano ingaggiato dall'autunno del 1961, se erano disposti a concedermi di lavorare contemporaneamente anche a Los Angeles. A Montreal non furono esattamente felici di questa soluzione; d'altra parte, le settimane di lavoro in orchestra che potevano offrirmi non erano così tante da impedirmi di fare la spola con Los Angeles. Era una situazione molto stimolante, e lo stesso Hearst, che pure aveva manovrato parecchio in tutta la faccenda, rimase assai sorpreso dai suoi ultimi sviluppi. Inizialmente, aveva solo voluto dare una mano a quel giovane indiano sconosciuto con una formazione musicale austriaca – e poi fece per me il contratto con Los Angeles. Purtroppo due anni dopo morì. Gli sono profondamente riconoscente per tutto ciò che ha fatto.

E io, il principale interessato in questo gioco delle parti con le sue mutevoli offerte e controfferte? Fino a poco prima ero ancora sottoccupato e cercavo di farmi un nome accettando sostituzioni e ingaggi qua e là; fino a poco prima lottavo per mantenere me e la mia famigliola – e ora, tutt'a un tratto, le ondate di successi si susseguivano quasi inarrestabili una dopo l'altra. Improvvisamente, a soli venticinque anni e con due incarichi sicuri in tasca, mi ritrovavo nella fortunata situazione di prepararmi a iniziare una carriera di direttore sommamente intensa, con due orchestre diverse –

e di dovermici preparare, poiché la mia giovinezza, naturalmente, significava che avrei dovuto studiare ancora a lungo e a fondo.

Molte cose mi sono piovute dal cielo, specialmente in quel fatidico anno 1961, sicché a volte mi chiedo se non mi sia toccata in eccesso "la gioia pura della vita", capovolgendo il verso di Schiller secondo il quale a nessun mortale sarebbe stata concessa.

Nel bel mezzo di tutti questi eventi in rapida successione, e prima che avessi il tempo di riprendere fiato, avvenne di nuovo qualcosa di totalmente inaspettato: stavolta fu un telegramma con un mittente misterioso, "PALPHILORC". Il telegramma mi comunicava che Eugene Ormandy aveva dovuto cancellare i suoi concerti con la Israel Philharmonic Orchestra e mi chiedeva se potevo sostituirlo. Per prima cosa dovevo naturalmente scoprire chi si celava dietro quello strano mittente. La soluzione dell'enigma era questa: dal 1948, ossia dalla fondazione dello Stato di Israele, l'orchestra del paese si chiamava ufficialmente Israel Philharmonic Orchestra, ma l'indirizzo telegrafico – ovviamente anche una cosa del genere oggi non potrebbe più succedere – era rimasto quello vecchio, ossia l'abbreviazione per Palestine Philharmonic Orchestra.

Naturalmente accettai. Tutta l'evoluzione della mia

carriera musicale sembrava stranamente connessa con le malattie e le disdette dei miei colleghi grandi e famosi; la cosa cominciava a diventare inquietante. Partii con mia moglie Carmen per Israele, un paese che mi era totalmente sconosciuto; a quei tempi, anche della sua situazione politica non sapevo quasi nulla. Tuttavia, appena arrivato mi ci trovai subito bene, anche perché fui accolto affettuosamente da tutti i Barenboim, che si occuparono di me per tutto il tempo che trascorsi in Israele. E fu ancora una volta un amore a prima vista, per entrambe le parti. A quei tempi l'orchestra era formata principalmente da fuorusciti, a suo tempo fuggiti dall'Austria o dall'Europa dell'Est – prima e dopo l'Olocausto. Ciò significava anche che venni subito accolto con il "mio" suono, a me familiare, un suono europeo che conoscevo molto bene. E Tel Aviv, con quella sua confusione organizzata che travolge chiunque la attraversi, mi ricordava – anche se solo esteriormente – la mia città natale, Bombay, dove tutti parlano sempre contemporaneamente, tutti danno continuamente consigli, tutti hanno opinioni decise su tutto. A Bombay, quando si apre la finestra, si vedono cinquemila persone per la strada; a Vienna questo non succede. In Israele mi sentii subito a casa.

Dal punto di vista musicale, invece, avevo la sensazione di essere ancora a Vienna. Avevo scelto per Israele un programma che dirigevo lì per la prima volta – e anche per l'orchestra, che imparai a conoscere rapidamente, era tutto nuovo e sconosciuto; perciò corremmo insieme un grosso rischio – e non ce la cavammo benissimo. Eseguimmo le *Danze di Galanta* di Kodály, la *Sinfonia in tre movimenti* di Stravinskij e la *Settima Sinfonia* di Dvořák. Nessuno degli orchestrali conosceva i pezzi, potemmo disporre solo di quattro prove d'insieme e non fui in grado di preparare il concerto come avrei dovuto. La sinfonia di Stravinskij andò bene; per contro quella di Dvořák era terribilmente difficile, e gli orchestrali, con così poche prove, suonarono quasi a prima vista. Non mi ricordo più che risonanza abbia avuto il concerto, ma so che in totale ripetemmo tredici volte lo stesso programma, però le cose non migliorarono molto. Malgrado ciò, il tempo che passammo insieme fu un bel periodo; riuscimmo a comprenderci, al di là di tutte le difficoltà. Ancora una volta conobbi dei musicisti che potevano insegnare a me, che ero il loro direttore, qualcosa che non si può apprendere durante gli studi accademici: la consapevolezza che la musica deve venire dal cuore, nella stessa misura in cui nasce dalla comprensione e dalla padronanza dei presupposti tecnici fondamentali. Rimasi molto colpito dall'energia e dalle capacità necessarie per la sopravvivenza, a volte durissima, in condizioni di estrema difficoltà. Fare musica, a Tel Aviv e anche in molte altre località del paese, significava alimentare la speranza in una vita più pacifica – o per lo meno nella possibilità di un'intesa fra gli uomini.

Quel famoso 1961 aveva davvero in sé qualcosa di speciale. Ormandy non cancellò soltanto Israele, ma dovette annullare anche i suoi concerti con i Wiener Philharmoniker. Ai Wiener ero legato in diversi modi – come spettatore abituale e appassionato, come allievo del celebre contrabbassista e insegnante Otto Rühm e come cantante del coro – malgrado la mia uscita ingloriosa. Perciò quando Helmut Wobisch e Otto Strasser, all'epoca rispettivamente amministratore e presidente dell'orchestra, mi invitarono a dirigere un concerto delle Festwochen al posto di Ormandy, per me fu una cosa assolutamente straordinaria, di più: fui addirittura sopraffatto da quell'offerta.

E così l'11 giugno 1961, per il 97° centenario della nascita di Richard Strauss, diressi i Wiener nella Sala d'Oro del Musikverein, con un programma che ancora oggi mi sembra veramente impegnativo: la *Sinfonia in tre movimenti* di Stravinskij, il *Terzo Concerto per pianoforte e orchestra* di Beethoven con Friedrich Gulda come solista e il *Don Chisciotte* di Richard Strauss. A quei tempi, per i Wiener era piuttosto insolito eseguire Stravinskij, ma ce la cavammo. Il poema sinfonico di Strauss, che ai Wiener Philharmoniker era molto più familiare, lo avevo già studiato a fondo per i concerti in America, per cui ero ormai ben preparato a dirigere quel pezzo così difficile. Sostengo che fu quello l'inizio dell'idillio tra i Wiener Philharmoniker e me: da quel concerto nacque una storia d'amore che dura tuttora, e che ha influenzato il mio lavoro con tutte le altre orchestre con cui ho avuto a che fare nel corso della mia vita.

È interessante considerare quel concerto con i Wiener dal punto di vista di oggi. A quei tempi l'orchestra viveva ancora molto nel solco della tradizione viennese, plasmata da direttori come Furtwängler, Knappertsbusch e Krauss. Quando Karajan diresse a Vienna per la prima volta il *Pelléas et Mélisande* di Debussy, agli orchestrali si schiuse un mondo completamente nuovo. Oggi i Wiener sono molto diversi da allora: praticamente non esiste un'altra orchestra che abbia un repertorio così vasto. Conoscono e sono in grado di eseguire semplicemente tutto, l'intero repertorio operistico e anche quello sinfonico.

Allora, il concerto sembrò ben riuscito; tra l'altro, mi ero trovato nell'insolita situazione di avere davanti a me, tra gli orchestrali, anche alcuni dei miei antichi insegnanti. Comunque l'anno dopo, mentre stavo già dedicandomi ai miei incarichi in America, venni invitato a dirigere i Wiener altre due volte: in un concerto delle Festwochen con Nathan Milstein e in un altro al Festival di Salisburgo, con Géza Anda come solista nel *Secondo Concerto per pianoforte e orchestra* di Béla Bartók, una sinfonia di Mozart e la *Settima Sinfonia* di Dvořák. Ma sto anticipando troppo i tempi.

Devo sottolineare ancora una volta che quell'anno 1961 fu un intrecciarsi ininterrotto di coincidenze, imprevisti ed eventi singolari. Dovevo proprio essere sotto la protezione di una buona stella, che continuava anche a farmi incontrare persone alle quali stava evidentemente a cuore il mio bene.

Ho già parlato varie volte di Hearst, il mio agente di origini tedesche, una vecchia volpe e un grande professionista, nonché profondo conoscitore della scena musicale in America e in Europa. Grazie a lui, all'età di venticinque anni mi ero ritrovato di colpo in tasca due contratti come direttore d'orchestra, dopo aver rimpiazzato dei colleghi che si erano ammalati, pur essendo fino a quel momento privo di mezzi e di reputazione internazionale, il che mi aveva portato da Vienna all'America e a Israele e poi di nuovo a Vienna. Perdipiù, in quell'anno miracoloso ebbi anche – e senza rimpiazzare nessuno, quindi non per cause esterne! – l'occasione di dirigere i Berliner Philharmoniker. Hearst era in rapporti d'amicizia con l'allora sovrintendente dei Berliner, Wolfgang Stresemann, figlio di Gustav Stresemann, il grande economista e uomo politico che fu Cancelliere e Ministro degli Esteri della Repubblica di Weimar. Che cosa Hearst abbia veramente trattato e concordato con Stresemann, ancora adesso non lo so; si dice che fossi il più giovane direttore d'orchestra che abbia mai diretto i Berliner Philharmoniker. Tra l'altro, in questo modo mi recai in Germania per la prima volta.

Oggi non saprei più dire se il concerto sia andato bene o male. Mi ricordo però di aver diretto in quella circostanza, per la prima volta nella mia vita, la *Prima Sinfonia* di Gustav Mahler – e a posteriori, credo di aver dato prova di una bella faccia tosta. In sostanza, quando accettai quella sfida, mi comportai un po' come un cowboy, senza stare troppo a riflettere sulle possibilità di riuscita. Solo una buona dose di temerarietà non scevra da megalomania poteva spingermi ad affrontare, inesperto com'ero, un'orchestra insigne e di grandissima sensibilità come quella, e per di più con Mahler, che non padroneggiavo ancora perfettamente. In aggiunta, quella sera Enrico Mainardi avrebbe eseguito il *Concerto per Violoncello* di Schumann. Il concerto ebbe luogo il 18 settembre 1961, poco prima che partissi definitivamente per l'America con la mia famiglia. Mi permetto di raccontare *en passant* un aneddoto piuttosto buffo: prima dell'inizio del *Concerto per violoncello*, mi accorsi che Mainardi voleva manifestamente comunicarmi qualcosa di urgente, ma non capii di che cosa si trattasse e ignorai i suoi tentativi. Solo alla fine dell'esecuzione compresi finalmente che cosa mi aveva sussurrato: «Hai i pantaloni aperti...».

Mi lasciavo alle spalle sette anni di Vienna; in quella città mi ero sentito a casa mia. Cominciava per me una nuova vita, che avrebbe portato con sé molte sfide e nuove esperienze, ed ero animato da un desiderio potente e irrefrenabile di confrontarmi con tutto ciò che mi si fosse presentato.

In prova con Arthur Rubinstein, in secondo piano Pierre Beique.

America: Montreal, Los Angeles e altro

Nell'autunno 1961 mi trasferii con mia moglie e i bambini in Canada. Ci imbarcammo su un transatlantico a Cherbourg e attraversammo l'Oceano Atlantico: nella drammaturgia degli eventi, quel viaggio per mare fu veramente un inizio appropriato per una nuova vita. Quando finalmente arrivammo a Montreal, fummo accolti con grande cordialità e circondati di cure affettuose.

Dovevo provvedere a una famiglia di quattro persone, ma ero ancora piuttosto squattrinato; ci venne in aiuto Pierre Beique, una persona meravigliosa, che ben presto diventò un caro amico. Fu lui a fare in modo che la Montreal Symphony Orchestra acquistasse una casa per noi, il che, per il momento, risolse i nostri problemi finanziari più pressanti.

Mia moglie, che era originaria del Canada, era felicissima di essere ritornata in patria; io, da parte mia, non vedevo l'ora di poter iniziare il mio primo lavoro importante, che finalmente mi stava aspettando.

Se faccio un bilancio dell'anno 1961, devo constatare che in quell'anno mi piovve letteralmente dal cielo tutto ciò che sarebbe stato poi decisivo per il resto della mia vita – e di questo sono molto grato. Dall'agosto 1960 al settembre 1961 diressi tutte le orchestre che fino ad ora hanno costituito la mia patria musicale, alle quali sono poi rimasto fedele per tutta la vita e che sono diventate per me autentiche pietre miliari. Feci la conoscenza delle orchestre di Montreal e di Los Angeles, suonai con i Wiener e i Berliner Philharmoniker e fui invitato per la prima volta in Israele e a Firenze.

Sono una persona molto fedele. Quando faccio amicizia con qualcuno, la mantengo – e così è anche con le orchestre. Rimango fedele alle "mie" orchestre proprio perché non ritengo che abbia senso suonare una volta qui e una là con un'orchestra a me sconosciuta, solo per poter raggiungere, dopo alcune prove, una soluzione musicale mediamente soddisfacente. A mio parere, non è pensabile che io possa dirigere una straordinaria *Sinfonia Jupiter*, dopo aver suonato tre o quattro volte con un'orchestra per due ore e mezzo: una cosa del genere proprio non funziona, anche se si tratta di un'orchestra di fama mondiale. È per questo che non ho mai diretto certe orchestre, anche se mi hanno invitato a più riprese; ci sono stati dei colleghi che se la sono presa con me perché ho declinato ripetutamente i loro inviti, ma era solo per questo motivo. Così, finora non ho mai diretto la Boston Symphony Orchestra, la Cleveland Orchestra o la San Francisco Orchestra. Devo sentirmi a mio agio con i miei orchestrali, devo conoscerli, aver lavorato con loro e sapere che posso fidarmi di loro, come loro possono fidarsi di me.

È veramente tutt'altra cosa suonare con la propria orchestra, che si conosce perfettamente e che a sua volta conosce ogni sfumatura del direttore e il suo personalissimo gusto musicale; i musicisti di un'orchestra sanno perfettamente ciò che vuole il loro direttore, sebbene sia passato del tempo dall'ultima volta in cui hanno suonato un certo pezzo insieme. Naturalmente tutto sta scritto nelle partiture, ma ogni singolo membro dell'orchestra deve sapere *che cosa* il direttore ha in mente e *come* eseguirlo. Questo non è possibile dopo poche prove, neppure con un'orchestra di prim'ordine; io comunque non lo so fare, e nemmeno lo vorrei.

La mia "fedeltà" si riferisce anche allo standard artistico che perseguo. Definisco la mia fedeltà nei confronti delle orchestre anche come una buona capacità di mettere radici. Sto sempre volentieri e a lungo con i musicisti che conosco, che io stesso ho contribuito a formare e che hanno fatto tanta musica insieme a me. Sono rimasto a lungo con alcune orchestre: sono stato a Los Angeles per sedici anni, ho familiarità con la

Israel Philharmonic Orchestra dal 1961 e ne sono il direttore musicale dal 1969; da quarant'anni faccio musica con il Maggio Fiorentino; sono rimasto a New York dal 1978 al 1991, e infine a Monaco dal 1998 fino alla fine della stagione del 2006. Molti musicisti di queste orchestre li ho assunti io stesso: erano 82 solo a Los Angeles. In queste circostanze, naturalmente, conosco bene l'evoluzione dei musicisti, e la pluriennale collaborazione con loro mi permette di ottenere molto più facilmente ciò che desidero, sotto l'aspetto musicale.

Nel 2005, peraltro, ho tradito il ferreo principio di cui sopra, e ho diretto per la prima volta nella mia vita la Concertgebouworkest di Amsterdam; era in programma l'*Ottava Sinfonia* di Anton Bruckner. Un po' hanno giocato anche il sentimentalismo e i ricordi, poiché avevo sentito questa orchestra ai tempi in cui ero studente a Vienna, nel 1956, e mi piaceva l'idea di poterla finalmente dirigere. È stata un'esperienza che mi ha lasciato una profonda impressione; gli olandesi amano Bruckner, e me lo hanno fatto percepire molto chiaramente.

Ma torniamo a Montreal e agli inizi della mia carriera di direttore d'orchestra. In Canada trovai una buona orchestra di seconda categoria, che però contava alcuni solisti molto bravi: il primo corno e il primo violino erano straordinari. Pierre Beique aveva comunque sempre cercato di avere direttori di prim'ordine, ma con ciò siamo di nuovo al problema di cui parlavo prima: nessun direttore, per quanto bravo sia, riesce a portare un'orchestra a un livello elevato in brevissimo tempo, con appena un paio di prove prima di un concerto. Nel caso di Montreal si aggiunsero pure alcuni pressanti problemi finanziari, che certo non resero più semplice il quotidiano lavoro musicale dell'orchestra.

Agli inizi del mio incarico, tutti i concerti si svolgevano ancora in una sala piuttosto squallida, la Plateau Hall, una specie di auditorio scolastico con 1200 posti che non poteva certo dirsi la realizzazione di un sogno musicale – né mio né di un qualsiasi altro direttore.

Durante uno dei miei primi concerti, il *Primo Concerto per pianoforte e orchestra* di Johannes Brahms, ebbi come solista Alfred Brendel; in seguito, purtroppo, non abbiamo più avuto molte occasioni di suonare insieme. Anche Barenboim, che aveva già una lunga esperienza di orchestre americane, venne come solista; si era esibito ancora giovanissimo come solista a New York.

Dovetti essere molto diligente e concentrarmi completamente su Montreal: in fin dei conti dovevo formare un repertorio. Sono tante le cose che a quei tempi feci per la prima volta. Non avevo molto tempo a disposizione, e già dall'autunno 1962 si aggiunse il nuovo incarico a Los Angeles.

A Montreal la stagione era relativamente breve; tentai perciò di dare un po' più di lustro alla vita musicale, invitando dei direttori ospiti. Venne Claudio Abbado, e anche Swarowsky, il mio vecchio insegnante di Vienna, mi concesse l'onore di accettare il mio invito. Anche Charles Münch lo accettò; gli piaceva molto Montreal, e in particolare l'atmosfera francese della città.

Nel settembre del 1963 venne inaugurata una nuova sala nella Place des Arts: si trattava di una sala da concerto multifunzionale, dotata di condizioni acustiche molto migliori, e anche di un aspetto molto più piacevole. Anche dietro a questo c'era l'instancabile Pierre Beique, che continuava a darsi da fare, a programmare e a organizzare.

Nel 1964 mia moglie Carmen ed io ci separammo. Ci eravamo conosciuti ancora studenti a Vienna, avevamo vissuto i primi anni di matrimonio in condizioni un po' precarie ed erano arrivati i nostri due figli, che avevamo accolto con immensa gioia; ma erano successe tante cose, dai tempi in cui a Vienna eravamo costretti a tirare a campare con una certa difficoltà – in poche parole, una separazione purtroppo era diventata inevitabile. Io lasciai la nostra casa, mentre la mia famiglia restò lì; ancora oggi, però, mi rincresce moltissimo di aver contribuito poco all'educazione dei miei figli.

Nell'autunno del 1966 mio fratello Zarin e Carmen si misero insieme; qualche tempo dopo si sposarono ed ebbero due figli, Rohanna e Rustom.

Dal punto di vista professionale, sostenevo un carico doppio: dovevo infatti servire due padroni, ossia dirigere e formare due orchestre, che per di più si trovavano a grandissima distanza l'una dall'altra – avevo quasi un intero continente da attraversare, per andare da un posto di lavoro all'altro! Montreal e Los Angeles erano i punti fissi della mia giovane vita professionale, e anche un *Leitmotiv* che fu per anni determinante per me. Il lavoro con queste due orchestre pretese parecchio dalle mie forze e anche dalla mia etica musicale; dovevo per forza studiare tantissimo, per prepararmi coscienziosamente a tutto, e imparare a gestire l'enorme quantità di compiti in cui mi ero cacciato; dovetti quindi lavorare sodo e studiare incessantemente, oltre ad accrescere le mie esperienze di direttore d'orchestra e a mettere continuamente alla prova le mie capacità. Ciò è del tutto normale, ma nel mio caso c'era da aggiungere la grande distanza tra i due posti di lavoro, che mi manteneva costantemente in movimento, sia su un piano superiore, intellettuale e musicale, che su quello più pratico e materiale.

Questo fu l'inizio della mia vita professionale di direttore d'orchestra; penso che allora imparai non solo ad accettare l'inevitabile mobilità interiore ed esteriore che una carriera di respiro internazionale comporta, ma anche a trasformarla in un elemento di stimolo sempre nuovo. Considero un privilegio poter fare in posti sempre diversi e in condizioni diverse quella che per me è la cosa più bella che ci sia, ossia la musica – ma principalmente con le orchestre che conosco, con gli amici che ho e che sono importanti per me, perché sono strettamente legato a loro da tanto tempo.

Anche a Los Angeles riscontrai le stesse imperfezioni che caratterizzavano l'orchestra di Montreal; in ogni caso mi faceva enormemente piacere lavorare con quell'orchestra – del resto io stesso, come direttore, ero ancora assai lontano dalla perfezione.

Alla Los Angeles Philharmonic Orchestra – in parte a causa dei tempi che correvano – c'erano molti musicisti veterani, che erano arrivati in America come emigrati e vi avevano portato la tradizione musicale europea. Sapevano come si usava suonare a Berlino o a Vienna e quindi avevano una certa influenza sugli altri, per il loro modo molto europeo di suonare, che si distingueva parecchio da quello americano. Per me, da quel novellino che ero, questa era pura fortuna, ma dietro quella "fortuna" c'era spesso un retroscena opprimente, fatto di storie personali che celavano molta sofferenza e miseria, e avevano comportato svolte drammatiche; infatti era stata per lo più la persecuzione del Terzo Reich a minacciare la vita di queste persone e a costringerle a emigrare in un paese straniero. In America avevano trovato rifugio e una nuova patria, ma questo non li liberava dal loro intimo dolore e dalla sensazione di essere stati sradicati.

Mi ricordo di aver incontrato un primo fagotto che a diciotto anni aveva suonato sotto la direzione di Arthur Nikisch a Berlino! A Los Angeles ho conosciuto musicisti anziani e saggi, che avevano interpretato la *Settima Sinfonia* di Beethoven sotto cinquanta direttori diversi – e ora arrivavo io, un giovanotto, a dire loro come fare! Anche questa era una sfida che dovevo affrontare.

Le orchestre hanno una spiccata memoria musicale; un direttore d'orchestra deve saperlo, e rendersi conto che questo è ciò l'orchestra può offrirgli. Questa memoria non va mai sottovalutata, anzi va impiegata nel modo più opportuno. Inoltre non bisogna lasciarsi intimorire dal fatto di essere stati preceduti sul podio, davanti a una certa orchestra, da veri giganti della bacchetta – nel mio caso Furtwängler, Bruno Walter, Otto Klemperer e Josef Krips –, e di dover essere lì a dirigerla e guidarla. Per parte mia, pensavo che l'esperienza acquisita dai musicisti fosse per me una sfida e anche un'opportunità felice, perché mi permetteva di riallacciarmi alla storia della musica. Se questo si capisce da giovani, può aiutarci a superare le incertezze e i dubbi che ci possono assalire, per non parlare degli errori che effettivamente si commettono.

Bisogna essere disposti a prendere sul serio l'esperienza e la memoria di musicisti come questi, ad attingervi e a capirne il significato: solo così si ottiene – anche se spesso solo dopo parecchi anni – un livello di maturità, giudizio, comprensione e anche sensibilità adeguato alla musica che si vuole interpretare.

Nel 1964, a Montreal, diressi per la prima volta un'opera, la *Tosca* di Giacomo Puccini; prima avevo diretto solo concerti. A Vienna, con il mio maestro Swarovsky, avevo studiato pochissimo l'opera e quindi dovetti farlo tutto da solo e applicarmi moltissimo. Naturalmente avevo già sentito e visto *Tosca* molte volte, ma tra il semplice ascolto e dover suonare e dirigere personalmente un'opera ce ne corre, soprattutto per quanto riguarda l'analisi dell'insieme, che in fin dei conti, prima o poi, bisogna saper fare.

Le mie prime esperienze musicali a Bombay non comprendevano le opere, perché i gusti di mio padre erano lontanissimi da questo genere musicale. L'opera significava per me – ancora una volta – Vienna. Là, durante i miei studi, avevo visto e sentito tutto quello che si poteva vedere e sentire – e naturalmente ne avevo tratto alcune idee ben precise, che comprendevano l'intenzione di fare come Karajan e occuparmi personalmente di tutto. Ero stato assalito da una specie di "complesso di Karajan", tanto che comunicai anche al regista e allo scenografo, con molta precisione, come mi immaginavo questo o quel particolare dell'allestimento. Non so se loro fossero sempre d'accordo, ma non c'è dubbio che, nei limiti del possibile, io abbia completamente padroneggiato la mia prima opera, per quanto concerne l'esecuzione e l'interpretazione.

Il risultato non dovette essere del tutto scadente, visto che Rudolf Bing, il leggendario direttore del Metropolitan di New York, vide quella *Tosc*a a Montreal e si congratulò molto gentilmente con me per l'esecuzione e la produzione. Va anche detto che il cast a mia disposizione era eccellente: George London interpretò Scarpia, un soprano americano, Ella Lee, la Tosca e il tenore canadese Richard Verreau fu Cavaradossi. La visita di Bing a Montreal ebbe come conseguenza un invito da parte sua a dirigere l'*Aida* al Metropolitan.

Nel 1965 debuttai al Met con l'*Aida*, e da allora in poi fino al 1971 ci sono tornato come direttore ospite almeno una volta all'anno, con un nuovo allestimento o anche con un'opera di repertorio. Il 16 settembre 1966 venne inaugurato il nuovo Met al Lincoln Center; per l'occasione, Thomas Schippers diresse *Anthony and Cleopatra* di Samuel Barber, con Leontyne Price, cui quell'opera andava a pennello.

La mia esibizione era prevista già per la prima serata dopo l'inaugurazione ufficiale: sarebbe stato il primo spettacolo in abbonamento, ossia una ripresa della *Turandot* di Puccini nel fantastico allestimento di Cecil Beaton. Cantarono Birgit Nilsson, Franco Corelli, che era famoso per la sua interpretazione del ruolo di Calaf, e Teresa Stratas. Mi ero studiato l'opera durante una tournée assolutamente non programmata con la Israel Philharmonic Orchestra in Australia e Nuova Zelanda – di cui riferirò più avanti.

In quella stessa stagione e durante l'inaugurazione diressi la prima esecuzione di *Mourning Becomes Electra* di Marvin David Levy, che purtroppo però non ebbe successo – nonostante gli ottimi interpreti, fra cui Sherrill Milnes e lo straordinario regista Cacoyannis, il cui film *Alexis Zorbas* era stato un successo mondiale.

L'anno seguente diressi il primo *Trovatore* della mia vita, proseguendo così la serie delle mie prime personali. Al Met ho potuto fare esperienze musicali molto interessanti per il mio lavoro. Quel mio primo *Trovatore* andò in scena con un cast d'eccezione: Leontyne Price, Grace Bumbry, Placido Domingo e Sherrill Milnes.

In quella situazione del tutto nuova per me lavorai sempre con cantanti famosi; so che allora non ero completamente consapevole di che genere di regalo enorme fosse quello, per un direttore giovane e relativamente inesperto come ero. Avevo a disposizione cantanti e anche un'orchestra di livello internazionale, e lo accettai con la massima semplicità, come se fosse la cosa più naturale di questo mondo. Quando più tardi diressi dei normalissimi spettacoli di repertorio, ripensavo continuamente a ciò che avevo avuto modo di conoscere e imparare quando ero ancora molto giovane, e agli interpreti di fama mondiale con cui avevo potuto lavorare.

Ovviamente non andò tutto sempre bene. L'*Otello*, per esempio, al Met non mi venne molto bene; avevo potuto provare abbastanza, ma avrei dovuto padroneggiare meglio l'opera. Durante la prima, George Szell, che era nel palco di Bing – Szell era una vecchia volpe della direzione d'orchestra, che ammiravo molto –, richiamò la sua attenzione su tutti i dettagli che non funzionavano. Dopo quella prima effettivamente non riuscitissima, Bing – che poteva attingere a un enorme bagaglio di esperienze, ma non era musicista – venne da me con cognizione di causa e mi riferì per filo e per segno quello che c'era da ridire circa la mia esecuzione.

Rudolf Bing era uno dei due austriaci che negli Stati Uniti influivano in modo decisivo sulla vita musicale; si presentava come inglese, ma era originario di Vienna. L'altro era Kurt Herbert Adler, a San Francisco – un musicista da cima a fondo.

Dopo il primo felice tentativo a Montreal, proposi di eseguire un'opera ogni anno; l'idea piacque, e fu così che a poco a poco mi feci il mio repertorio di opere – *Traviata*, *Aida*, *Otello*, *Carmen* e *Tristano e Isotta*.

Nel 1964 fui invitato per la prima volta a Firenze per dirigere un'opera – ancora *La Traviata* di Verdi. Il direttore artistico del Maggio Musicale Fiorentino mi aveva già invitato diverse volte negli anni precedenti a dirigere concerti, ma ora dovevo fare il mio debutto operistico in Europa. Era una combinazione assolutamente ardita: un direttore che aveva studiato in Austria, originario dell'India, che era a capo di due orchestre in America, doveva dirigere in Italia un'opera italiana! Furono abbastanza contenti di me – e io pure! Questi primi incontri con l'Orchestra del Maggio Musicale Fiorentino ebbero un seguito, alcuni anni più tardi, e sfociarono in uno stretto legame, sia a livello musicale che umano. Occuparmi di opere mi piaceva sempre di più, anche se naturalmente ero ancora molto lontano dalla padronanza di un vasto repertorio operistico; in ogni caso diressi sempre a memoria anche quelle primissime opere – cosa di cui ero abbastanza orgoglioso. Finora ho diretto quasi tutte le opere italiane a memoria, ma non Wagner; non riesco proprio a ricordarmi fino in fondo i suoi testi, con tutte quelle allitterazioni. Il linguaggio di Wagner è troppo difficile per me; di sicuro sarà dovuto anche al fatto che non ho imparato sin da piccolo a familiarizzarmi con il modo di esprimersi di Richard Wagner. Si potrebbe obiettare che non sono cresciuto neppure con la lingua italiana, ma le modalità espressive dell'italiano mi sono molto più affini, e poi è una lingua molto più facile di quella di Wagner. Il testo di un'opera di Puccini è comprensibile tanto quanto l'italiano comune, quello che la gente parla per strada.

A Los Angeles ho diretto qualche volta anche opere in forma di concerto, per esempio il *Fidelio* con Jon Vickers, che era famoso per il suo Florestano; con lui, alcuni anni dopo, ho anche eseguito per la prima volta in vita mia il primo atto della *Valkiria*. Questo cantante di grande esperienza, dal quale ho imparato moltissimo, mi diede il buon consiglio di non "mungere" troppo la musica di Wagner.

Per la verità, a Los Angeles non c'era il budget necessario per allestire opere. Una volta riuscii ad imporre il mio desiderio di mettere in scena la *Salomè*, ma fu una cosa improvvisata; era tutto più accennato che autentico. Musicalmente parlando, ebbi la fortuna di avere a disposizione una Salomè esperta, l'eccellente soprano Phyllis Curtin. A quei tempi non c'era ancora un teatro d'opera a Los Angeles; vi si svolgevano solo recite straordinarie, provenienti da San Francisco o dalla New York City Opera.

Considero quei lavori operistici come dei primi tentativi; non avevo ancora alcuna esperienza, perciò non riuscii sicuramente a realizzare qualcosa che fosse veramente degno di nota. I concerti continuavano ad essere il mio vero campo di competenza.

Molti pezzi li ho eseguiti per la prima volta a Los Angeles. Durante le mie prime quattro stagioni non ripetei neppure un pezzo; e a quei tempi anch'io dovevo imparare tutto dall'inizio. Da un lato si trattava di un compito impegnativo, dall'altro però anche di un grande regalo alla mia curiosità e alla mia voglia di far musica, che potevo assecondare a mio piacimento.

Ho già menzionato che la mia intera educazione musicale di base e la mia comprensione musicale avevano un'impronta viennese; avevo sempre nell'orecchio il suono specifico viennese, che portavo con me dovunque andassi, come una rappresentazione ideale. Sapevo quale suono doveva avere la musica; resta però da vedere se in quei primi anni mi riuscì effettivamente di essere all'altezza delle mie esigenze personali.

Per avvicinarmi al suono che volevo ottenere dall'orchestra, provai a importare qualcosa da Vienna in America anche in campo strumentale. Feci ascoltare qualche volta ad alcuni singoli membri dell'orchestra di Los Angeles dei dischi dei Wiener Philharmoniker, affinché potessero sentire come mi immaginavo il suono che mi aspettavo da loro; alcuni si offesero mortalmente per questo modo di insegnare, ma poi finirono per capire cosa intendevo.

Da Vienna portai anche le trombe – le trombe tedesche, o meglio viennesi. Hanno un sistema completamente diverso da quelle americane: possono produrre un suono molto più caldo di quelle americane, che hanno un suono piuttosto acuto. Helmut Wobisch, il leggendario trombettista dei Wiener Philharmoniker, mi diede il suo bocchino, che feci copiare a Los Angeles, per ottenere esattamente il suono che volevo.

Se il tono più caldo sia preferibile dipende naturalmente molto dal pezzo, ma per eseguire la musica del Classicismo viennese è comunque migliore. Le trombe viennesi possono avere un suono forte, che resta però sempre caldo; il bocchino e la tecnica di respirazione sono ugualmente determinanti per il suono. I musicisti ci guadagnano a suonare le trombe viennesi, proprio perché la tecnica di esecuzione è fondamentalmente diversa; anche musicisti di altre orchestre, come quelli della Israel Philharmonic Orchestra, devono saperlo fare. Fui il primo direttore a introdurre queste trombe nelle orchestre dell'America del Nord.

Al termine di una sinfonia di Bruckner oppure in un pezzo di Brahms non deve esserci alcuna detonazione; viceversa, gli ottoni devono fondersi bene con il suono dell'orchestra. Le trombe sono molto importanti per il suono complessivo di un'orchestra. Quando una sinfonia viennese si avvia al suo apice – non importa se è Haydn o Mahler –, quando la musica inizia ad ascendere verso il momento culminante, sono proprio le trombe che emettono l'ultimo squillo di esultanza.

Per quanto riguarda i contrabbassi, a tutt'oggi si distingue fra archetti tedeschi e francesi. Quello francese è un archetto di violoncello ingrandito; viene utilizzato in Italia e in Francia, ma anche negli Stati Uniti. Il suono che ne risulta differisce sostanzialmente da quello che si ottiene con l'archetto tedesco; l'archetto francese è più pesante di quello tedesco, richiede meno forza e produce un suono più limpido – il che va benissimo per molti pezzi francesi, ma secondo me non per Brahms, Bruckner o Mahler. L'archetto tedesco viene suonato esercitando molta più pressione e serve molta più forza per maneggiarlo; inoltre è costruito in modo diverso, per cui deve anche essere tenuto in modo diverso, cioè da sotto, contrariamente a quello francese, che va tenuto tra le dita e guidato dall'alto. L'inizio della *Valkiria* per esempio, con gli otto contrabbassi, a mio parere può essere suonato solo con l'archetto tedesco. Naturalmente anch'io a Vienna ho imparato a suonare con l'archetto tedesco, che è l'unico in uso da sempre nelle orchestre tedesche.

A Los Angeles, quindi, dove in sostanza avevo appena iniziato a rendere "accettabile" questa musica, consigliai ai musicisti di suonare con l'archetto tedesco. È comprensibile che qualcuno di loro abbia avuto difficoltà ad abituarcisi, ma per ottenere il "mio" suono viennese, era assolutamente indispensabile che imparassero ad usarlo.

Ho introdotto a Los Angeles anche il clarinetto viennese. La mia clarinettista americana, Michelle Zukowsky, dovette modificare completamente il suo modo di suonare, perché anche qui il sistema viennese è tutto diverso.

Quanto agli archi, provai a educare i musicisti a produrre un suono morbido, piuttosto cameristico; ma per poterlo fare, i musicisti devono ascoltarsi di più l'un l'altro. Una cosa del genere si ottiene solo con molto esercizio e prove. A Los Angeles provai anche a far abituare gli orchestrali al rispettivo programma musicale, facendoli suonare il più spesso possibile.

Una sinfonia di Schubert dovrebbe essere suonata come un quartetto; questo concetto riuscii a farlo passare solo con l'esercizio, continuo e ripetuto.

A metà degli anni Sessanta si aggiunse il mio ingaggio presso la Israel Philharmonic Orchestra. La prima volta che lavorai con l'orchestra israeliana fu nel 1961, quando, come ho già accennato, sostituii Eugene Ormandy; in seguito fui invitato più volte come direttore ospite, fino al 1963. Nel 1966 intrapresi con l'orchestra una tournée in Australia e Nuova Zelanda, ancora una volta a causa di una disdetta, in quell'occasione da parte di Carlo Maria Giulini.

Forse, a questo punto, dovrei in linea di massima dire qualcosa a proposito dei primi successi, già descritti, della mia carriera, dovuti alle disdette di illustri colleghi. Avere l'occasione di rimpiazzare un noto direttore d'orchestra non significa naturalmente che questo debba avere conseguenze immediate a livello artistico. Certo, poter lavorare con una buona orchestra al posto di un grande collega è un'opportunità fantastica per un signor nessuno ed è sempre, in ogni caso, un'enorme sfida, ma può anche andare tutto storto; e se si risolve in un insuccesso, allora l'occasione è persa per sempre, e non si avrà mai più la possibilità di lavorare insieme a quell'orchestra. Tutto deve andare bene, quando si sostituisce qualcuno: deve instaurarsi una buona comunicazione musicale e l'orchestra deve essere convinta delle intenzioni artistiche del direttore. In poche parole: deve scoccare una scintilla, affinché da un'occasione come questa possa nascere qualcosa. L'orchestra deve voler lavorare nuovamente con te, altrimenti ogni sforzo risulterà inutile.

Tra la Israel Philharmonic Orchestra e me questa scintilla è scoccata molto presto: ci siamo piaciuti sin dal primo istante. Le circostanze politiche, soprattutto la Guerra dei Sei Giorni nel 1967, hanno contribuito a rafforzare il mio legame con questa terra e la sua gente. Ci tornai spesso come direttore ospite e nel 1969 assunsi il posto di direttore musicale dell'orchestra, finché nel 1981 non venni nominato direttore musicale a vita. Ma di tutto questo parlerò dettagliatamente in un capitolo separato.

Spesso è stato insinuato che io sia andato a Los Angeles perché attratto dal presunto *glamour* o dall'atmosfera internazionale che circola attorno al mondo del cinema. Questa è una vera assurdità. Le circostanze insolite legate alla mia chiamata a Los Angeles e il fatto che in realtà fosse previsto Georg Solti per il posto di direttore della Los Angeles Philharmonic Orchestra sono già sufficienti a confutare questa insinuazione – per non parlare dei grandi nomi di direttori ospiti che mi hanno preceduto in quell'incarico.

Sin dall'inizio, ho percepito e vissuto Los Angeles come un periodo di apprendimento straordinariamente intenso. Naturalmente ho avuto anche il piacere di incontrare e conoscere attori, registi, produttori, cantanti e musicisti jazz – tutta la varietà di personaggi che popola quel microcosmo di geni e di matti che è Hollywood. Ero un uomo libero e giovane, anche se mi sentivo profondamente obbligato nei confronti dei miei figli, che vivevano a Montreal con la madre, e continuavo a fare ben volentieri il mio dovere nei loro confronti.

Amo molto i miei figli e ho sempre trascorso con loro tutte le estati. A volte abbiamo passato le ferie in Israele, altre volte abbiamo intrapreso un'escursione in Kashmir oppure un safari in Africa; una volta navigammo per due settimane sul Rio delle Amazzoni.

Quando presi servizio a Los Angeles come direttore dell'orchestra, la città era ancora una specie di deserto in campo culturale. Questo significava, tra l'altro, che gli spazi a disposizione dell'orchestra erano estremamente limitati; una vera e propria sala da musica, dove poter provare seriamente in condizioni acustiche che fossero almeno mediamente equivalenti allo standard abituale europeo, non esisteva neanche lì, ancor meno che a Montreal. La sala di Los Angeles, che apparteneva a una parrocchia battista, era semplicemente orrenda – e in quella sala men che mediocre avevano diretto dei grandi come Otto Klemperer, Eduard van Beinum oppure Bruno Walter.

Diversamente che a Montreal, a Los Angeles era molto più facile mobilitare le persone e destare il loro interesse verso un megaprogetto come quello di una nuova sala da concerto, in modo che si disponessero a stanziare dei fondi. Los Angeles era anche questo: divi del cinema, star della canzone, celebrità di Hollywood come Walt Disney, un'intera sfilza di nomi di grande richiamo mediatico – persone che si impegnano attivamente per un buon motivo e che danno volentieri il loro sostegno a una buona causa.

In queste iniziative si vede ancora oggi la differenza tra le orchestre amministrate da privati o da cooperative – soprattutto in America, ma anche in Israele – e quelle europee sovvenzionate dallo Stato, in particolare in Germania. Nessuno comunque può più negare che anche in Europa bisognerà cambiare mentalità e che i cittadini in futuro dovranno impegnarsi molto di più, se vogliono che siano mantenuti gli alti standard cui sono abituati. Tutto sommato sono favorevole a un'evoluzione di questo tipo, perché impegnandosi di persona si impara ad apprezzare molto di più il risultato, quando si raggiunge qualcosa di grande, che non quando allo stimato pubblico vengono serviti direttamente sul piatto degli assaggi sovvenzionati dall'alto.

Grazie all'impegno incredibile di Dorothy Chandler – che indefessamente raccoglieva, promuoveva, programmava – nel 1964 venne ultimato e inaugurato il Music Center a Los Angeles, sicché l'orchestra poté finalmente presentarsi al pubblico in una sede appropriata. Dorothy Chandler, che era sposata con l'editore del *Los Angeles Times*, svolse per anni un ruolo decisivo nella vita culturale di Los Angeles: era lei che manovrava tutti i fili, e superando grandi resistenze ottenne grandi risultati, da cui la metropoli trae vantaggio ancora oggi. Poco prima dell'apertura del Music Center di Los Angeles era stata ultimata a New York la nuova sala da concerto, che ben presto venne definita una catastrofe dal punto di vista acustico; perciò a Los Angeles i responsabili erano molto nervosi, nell'attesa di conoscere quali reazioni avrebbe suscitato la nuova sala. Si sapeva che per l'inaugurazione sarebbero arrivati anche i temuti critici newyorkesi, che probabilmente, per pura invidia, avrebbero trovato da ridire.

Il concerto inaugurale doveva essere sostenuto da un programma particolarmente ricco; fu l'unica volta che accompagnai Jascha Heifetz. Come si ricorderà, le mie prime impressioni di musica per violino mi vennero dai suoi dischi, perciò per me era naturalmente una grande emozione averlo come solista. Dopo la pausa, Heifetz interpretò il *Concerto per violino* di Beethoven. Le prove con lui non procedettero esattamente senza problemi; aveva infatti una concezione del tutto personale dei diversi tempi, che non sempre condividevo. E così avvenne che Heifetz, durante il primo movimento, quando l'orchestra suona da sola quattro battute prima che intervenga nuovamente il solista, incominciò semplicemente a suonare, perché trovava il mio tempo troppo lento. Si giustificò così: «Le mie quattro battute sono passate!». Mi chiese anche espressamente se – per cortesia – potevo non dirigere a memoria.

Accanto a questo Concerto veramente notevole, avevo scelto un compositore americano, e inoltre la *Festfanfare* di Richard Strauss e le *Feste romane* di Ottorino Respighi: un programma veramente grandioso, che con i suoi opulenti accumuli di suoni doveva esprimere l'esultanza dei musicisti e di tutti gli interessati per aver ottenuto la nuova sede. Oggi il Music Center si chiama Dorothy Chandler Pavillon. Devo sottolineare che questa donna, per quanto fosse evidentemente molto potente a Los Angeles, non tentò mai, in tutti quegli anni, di influenzarmi con le sue idee musicali o il suo gusto personale.

All'inaugurazione dissi solo una breve frase: «L'acustica è buona», per prevenire volutamente eventuali critiche. Del resto l'acustica era davvero buona, infinitamente migliore che a New York.

Nel 1967 mi presi un anno sabbatico e con ciò terminò anche il mio incarico a Montreal; l'orchestra aveva trovato in Rafael Frühbeck de Burgos il mio successore. Montreal fu il mio primo incarico come direttore stabile di un'orchestra e si rivelò un'esperienza molto positiva; ancora oggi ripenso con gratitudine al periodo trascorso in Canada.

Per l'inaugurazione dell'Expo 1967 riuscii a mettere insieme, per la prima volta nella mia vita, due orchestre, la Los Angeles Philharmonic Orchestra e quella di Montreal; fu anche la mia prima tournée con la Los Angeles Philharmonic Orchestra.

Dapprima le orchestre si esibirono separatamente, una dopo l'altra, sotto la mia direzione, e dopo la pausa suonarono insieme la *Symphonie fantastique* di Hector Berlioz. Ho sempre immaginato che a Berlioz questo sarebbe piaciuto perché in fin dei conti si era immaginato delle orchestre esageratamente grandi, che in realtà nella normale attività musicale non esistono.

In seguito organizzai altri incontri di questo tipo fra orchestre, ma sempre soltanto con orchestre che conoscevo bene. Trovo che questi esperimenti siano interessanti, tuttavia non devono essere fatti per motivi superficiali, per un effetto puramente spettacolare. Solo in rare occasioni mi sono discostato da questo principio.

La tournée con la Los Angeles Philharmonic Orchestra durò nove settimane e ci portò in giro per il mondo; il periodo trascorso insieme fu grandioso, ma sono convinto che ancora oggi alcuni mariti o mogli mi serbino rancore, perché siamo rimasti via così tanto tempo.

Una tappa di questa tournée fu Vienna – la mia Vienna! La città in cui in un certo senso avevo le mie radici, che mi comunica sempre impressioni determinanti e che mi ha dato tutto. Suonai con la mia orchestra americana la *Settima Sinfonia* di Bruckner nella Sala del Musikverein: volevo mostrare i risultati che avevo ottenuto con la Los Angeles Philharmonic Orchestra, i progressi musicali che avevo fatto, ma al tempo stesso mi sentii un po' come uno scolaro che vuole mostrare ai suoi insegnanti di aver capito bene tutto quello che gli è stato insegnato. La nostra tournée ci portò in Europa e in Asia, in sale da concerto grandi e piccole, davanti a un pubblico più o meno interessato; era stata finanziata dal Ministero degli Esteri americano e quindi era chiamata "State Department

Tour". Fu così che suonammo a Teheran in occasione dell'incoronazione dello Scià Reza Pahlevi e a Cipro davanti all'arcivescovo Makarios, ma anche in Grecia – a quei tempi era ancora una monarchia, sotto re Costantino –, in India, a Hong Kong e a Sarajevo, dove i piccoli aerei che ci trasportavano dovettero fare un paio di giri sopra la pista prima di poter atterrare, in attesa che le pecore si allontanassero! Una ridda di impressioni estremamente variegate si presentò ai nostri occhi durante quella tournée. Avevamo con noi come solista il giovane André Watts; suonava Liszt, Brahms e MacDowell, il compositore americano compagno di studi di Debussy, che aveva anche lui studiato in Germania. Non era inconsueto che le orchestre americane venissero inviate per così dire in missione "ufficiale" intorno al globo: dovevano mostrare al mondo che cosa sapevano fare gli americani anche in quel campo. Nel 1976 questo tipo di progetto venne sospeso.

Avevo – e ho – un'inclinazione per gli esperimenti. Questa mia tendenza ogni tanto viene interpretata in modo sbagliato; a volte viene addirittura considerata come uno scherzo da non prendere sul serio – cosa che considero molto ingiusta, e a dire il vero anche molto poco lungimirante. Si può benissimo far emergere la serietà della musica anche mostrandone lo spirito, il lato dilettevole, il puro desiderio di bellezza e letizia che porta in sé.

Nel mio periodo a Los Angeles, sulla rete televisiva NBC andò in onda un *crossover* – cioè una mescolanza di rock e musica classica –, un evento che allora non era molto usuale. Ci furono show di diversi gruppi e orchestre, mescolati insieme nel modo più variegato; si esibirono delle band che poi diventarono famose in tutto il mondo, ma che a quei tempi erano ancora ai loro inizi, come The Who o i Santana. Noi della Filarmonica dovevamo quindi imporci contro un'enorme offerta di esibizioni musicali completamente antitetiche. La Los Angeles Philharmonic Orchestra suonò il *Terzo Concerto brandeburghese* di Johann Sebastian Bach con Pinchas Zukerman, *Le sacre du Printemps* di Stravinskij, la *Symphonie espagnole* di Lalo e i *Carmina Burana* di Carl Orff. Come i gruppi rock, suonammo un pezzo dietro l'altro, sempre mantenendo l'alternanza fra musica rock e musica classica; nell'insieme, ne risultò una mescolanza interessante da ascoltare. La nostra partecipazione a quell'evento suscitò una grande disapprovazione, ma io resto del parere che anche questo può servire a fare educazione musicale e a far sì che la gente prenda confidenza con la musica – e può darsi che ne nasca anche l'esigenza di ascoltarne di più.

Quando nel 1970 venne festeggiato il bicentenario della nascita di Beethoven, organizzammo una "Maratona Beethoven": con un'unica tessera si poteva ascoltare per più di dodici ore tutta la musica di Beethoven che si voleva – un evento sensazionale. Fu un successo strepitoso e per di più ci divertimmo moltissimo. Al giorno d'oggi maratone di questo genere vengono organizzate un po' dappertutto e nelle occasioni più varie.

Nel 1967 attraversai con l'orchestra tutta l'Europa dell'Est, sempre su iniziativa del Ministero degli Esteri. Anche questa volta avevamo un incarico culturale: dovevamo dimostrare al mondo che gli Stati Uniti non producevano solo fast food, high tech e automobili. Per il bicentenario dell'indipendenza degli Stati Uniti d'America, si trattava di un proposito decisamente particolare. Eravamo quindi di nuovo in viaggio per una missione diplomatica.

Tra l'altro, eravamo prenotati anche per l'Unione Sovietica; un impresario statale era venuto appositamente a Los Angeles, per discutere con noi tutti i dettagli. Già soltanto chiarire le questioni logistiche era un'impresa. In quel periodo ero ormai da tempo molto impegnato in Israele, dove dal 1971 arrivavano più o meno liberamente ebrei dall'URSS; non potei quindi trattenermi dal congratularmi di cuore con il signor impresario, che si dava grandi arie di importanza, ringraziandolo per la magnanimità del suo paese, che aveva permesso all'orchestra israeliana di arricchirsi di molti ottimi musicisti. Mi ero proprio rivolto alla persona giusta! Fece finta di non aver capito nulla di ciò che avevo detto, addusse improvvisi problemi di comunicazione e non si fece più vedere. Il giorno seguente telefonò molto irritato a Ernest Fleischmann, il sovrintendente, e dichiarò che l'orchestra avrebbe potuto sì suonare ma certo non con quel direttore, quel Mehta. Fleischmann rispose con freddezza che in questo caso, purtroppo, non sarebbe potuto venire nessuno, e il concerto fu effettivamente annullato. In seguito appresi che quell'impresario era un uomo importante del KGB.

Los Angeles e Israele – che sono ancora più distanti fra loro che non Montreal e Los Angeles – nella mia vita diventarono sempre di più i punti di riferimento. Oltre a ciò, di tanto in tanto mi chiamavano a dirigere a Berlino e a Vienna, dirigevo al Met di New York, venivo invitato tutti gli anni a Salisburgo e andavo in tournée con la Los Angeles Philharmonic Orchestra. Potevo fare quello che più mi piace; potevo fare musica, vivere con la musica e – fors'anche – procurare gioia alle persone, farle incontrare e distoglierle per almeno due ore dai loro problemi o addirittura dalle ostilità.

A quei tempi a Los Angeles – per me è importante ancora oggi –, tenevo molto a presentare al pubblico non solo la musica classica e quella del tardo Romanticismo, ma anche la musica del XX secolo. Ho sempre percepito come uno dei miei grandi intenti musicali l'impegno a rendere accessibile la musica della Seconda Scuola di Vienna, così come quella dei compositori americani contemporanei; questo mio atteggiamento non è sempre stato interpretato in modo corretto, e stranamente c'era anche chi lo intendeva come una semplice trovata pubblicitaria o una banale affettazione – già allora non ne capivo il perché e non mi interessa saperlo nemmeno adesso.

A Los Angeles avevo iniziato a dare spiegazioni al pubblico prima dell'inizio di un concerto che comprendesse musica presumibilmente del tutto ignota ai più; a mio parere questo si rende spesso necessario, soprattutto nel caso di prime o di opere totalmente sconosciute, ma può anche contribuire a una migliore comprensione di opere già note e al loro approfondimento. Non preparo queste introduzioni in base a una determinata traccia analitica, ma nel modo più semplice possibile, affinché il pubblico possa capire meglio quello che ascolterà subito dopo.

Uno dei miei primi tentativi di spiegare la musica ebbe luogo a Los Angeles, quando suonai le *Variazioni per orchestra* di Schönberg, che secondo me è uno dei pezzi più difficili in assoluto. Schönberg aveva preso come base di quest'opera la tecnica dodecafonica portata a completo sviluppo, e la partitura è svolta in una logica rigorosissima. Anche per l'orchestra fu molto difficile assimilare questo pezzo, sicché dovetti prima di tutto discutere ogni passo con i musicisti. Lo stesso Schönberg, prima della prima esecuzione, scrisse in una lettera a Furtwängler che secondo lui l'opera non era «eccessivamente difficile nell'esecuzione d'insieme», ma che «le singole parti», invece, erano «in gran parte molto difficili, cosicché la qualità dell'esecuzione dipende da come verranno eseguite le parti».

Quello che non sapevo è che durante quel concerto di Schönberg tra il pubblico ci fosse Igor Stravinskij, che come compositore aveva iniziato tardi, a dire il vero solo nell'ultimo periodo della sua produzione, a occuparsi della tecnica dodecafonica; poi però diventò un grande sostenitore di Arnold Schönberg e di Anton Webern. Non potei salutarlo e me ne dispiacque molto, anche perché in seguito non si presentò più la possibilità di entrare in contatto con lui. Il dissidio tra Stravinskij e Schönberg e Webern era riconducibile essenzialmente all'influsso di Robert Craft, che diventò il suo collaboratore e il suo più stretto consigliere a Los Angeles; purtroppo Craft, al quale non andavo assolutamente a genio, istigò Stravinskij anche contro di me, cosicché non vi fu nessuna occasione di scambio amichevole o musicale tra di noi. Ho sempre suonato volentieri la musica di Stravinskij e nel 1982, in occasione del centenario della sua nascita, ho diretto una serata interamente dedicata a lui. Tuttavia anch'io non fui abbastanza magnanimo da passare sopra ad alcuni dissapori che erano sorti, o da esaudire certi suoi desideri personali. Me ne dispiace ancora oggi.

Per tutta la mia vita ho avuto un rapporto stretto, profondo e molto affettuoso con i miei genitori: mi hanno dato tantissimo, e sono sempre stati disposti a fare economie, affinché mio fratello Zarin e io potessimo avere una buona educazione e formazione. Inoltre avevo naturalmente con mio padre un rapporto molto particolare, grazie alla musica; egli era ed è rimasto il mio modello, per forza di volontà, energia e capacità di resistenza. D'altronde, per noi indiani generalmente il rispetto verso i genitori, come anche l'unione della famiglia e la salda fiducia nella sicurezza che ne scaturisce, sono una cosa naturale; possiamo fare affidamento gli uni sugli altri e ci aiutiamo a vicenda, ovunque siamo. Sono molto riconoscente del fatto che i miei genitori abbiano avuto una vita lunga; mio padre è morto pochi anni fa a novantaquattro anni, mia madre è morta in età molto avanzata nel 2005, poco prima del suo novantasettesimo compleanno.

I miei genitori vennero in America quasi contemporaneamente al mio incarico negli Stati Uniti e si stabilirono a Philadelphia, dove mio padre, oltre a suonare in un quartetto, insegnava a studenti di talento alla New School of Music. Poche persone erano più portate di lui a destare nei giovani il gusto e l'entusiasmo per la musica e a istruirli con cura, guidarli e spianare loro la strada verso una carriera musicale. Poiché aveva esperienza sia come musicista da camera che come orchestrale e direttore, disponeva di vaste conoscenze e di una enorme ampiezza di prospettive come musicista.

Poco dopo l'inizio della mia attività a Los Angeles, ebbi finalmente la possibilità di poter fare anch'io qualcosa per mio padre e gli proposi di assumere l'incarico di direttore della American Youth Symphony, una rinomata istituzione artistica gestita dall'Università della California. L'audizione e gli esami necessari andarono benissimo e quell'incarico così bello e stimolante venne affidato a mio padre; dopo tanti anni di lontananza, i miei genitori vivevano ora di nuovo vicino a me. Rimasero tutti e due a Los Angeles fino alla loro morte. Avvicinare i bambini e i giovani alla musica, destare precocemente l'interesse in quelli più dotati e soprattutto dar loro la possibilità di imparare e ottenere una buona istruzione, era ed è tuttora uno dei miei grandi intenti. Nel corso della mia carriera di direttore d'orchestra ho perseguito questo obiettivo in modi molto diversi, con più o meno successo; ma non dimentico mai quanto sia importante avvicinarsi alla musica presto, quanto questo possa essere formativo. In fin dei conti io lo avevo potuto fare, grazie a mio padre, nel modo più bello.

A Los Angeles avevo creato un programma che dava la possibilità ai bambini dotati, ma provenienti da famiglie non abbienti, di poter prendere lezione dai musicisti dell'orchestra al prezzo di un dollaro; i mezzi per farlo – in fin dei conti i musicisti andavano comunque pagati – venivano stanziati dal consiglio di amministrazione. Il programma si chiamava "Minority Training Program" e coinvolse molte persone; doveva tornare soprattutto a vantaggio della popolazione di colore, tra cui divenne anche molto popolare. Inoltre, una volta all'anno dirigevo nel quartiere più povero di Los Angeles, a Watts, con l'orchestra e il coro della chiesa locale: con ciò volevo dimostrare almeno un po' di affetto per le persone che – per qualunque motivo – non erano in condizione di frequentare le sale da concerto. So che questi programmi sono solo la famosa goccia nel mare, ma ciò nonostante ritengo che abbiano un senso.

L'educazione musicale dei giovani mi interessa anche in generale, indipendentemente da riflessioni di rilievo primario per la società. Mi occupo volentieri personalmente dei bambini e dei giovani, li valorizzo se è necessario, dò loro dei consigli se lo desiderano, oppure li metto in guardia di fronte ad aspettative forse esagerate. Così, per esempio, ho suonato insieme a Gil Shaham, un ragazzino di undici anni brillante e molto dotato, che ha debuttato con la Israel Philharmonic Orchestra e poco tempo dopo ha proseguito la sua istruzione a New York, alla Juilliard School.

Nel 2005, durante una tournée con la Israel Philharmonic Orchestra in America del Sud, feci un concerto nelle favelas di San Paolo, con dei giovani che partecipavano a un programma di promozione. Scalda il cuore vedere la voglia e l'impegno di questi ragazzi – malgrado le enormi opposizioni e le terribili situazioni concrete che spesso devono affrontare! Durante questo tour ho conosciuto un giovane contrabbassista, che mi ha talmente impressionato per la sua musicalità e il suo talento che ho subito cercato di inserirlo in un programma di formazione in Israele, affinché potesse frequentare la Buchmann-Mehta School.

Questi successi piccoli e apparentemente poco spettacolari mi fanno un grande piacere, e il tempo che dedico a queste cose mi sembra molto ben speso.

Con Nancy, il giorno del nostro matrimonio, 1969.

Nancy, una storia d'amore

In questo libro racconto di me, delle circostanze in cui sono cresciuto, della mia famiglia, degli impegni musicali, delle priorità della mia vita e dell'appagamento che mi dà il mio lavoro. Molte cose le sfioro solo di passaggio: alcune non sono abbastanza importanti da meritare un discorso dettagliato, per molte altre semplicemente non c'è spazio.

Tuttavia c'è un evento che è stato determinante per la mia esistenza e che dovevo raccontare in maniera particolareggiata, anche se non ha direttamente a che fare con la mia vita musicale: l'incontro con Nancy Kovack, la donna che ho sposato nel 1969 e che da allora, ossia da quasi quarant'anni, è per me amica, moglie e compagna insostituibile. Nancy e io siamo uniti da un legame solido e indissolubile, nel corso del quale mia moglie spesso ha dovuto dar prova di indulgenza e comprensione, e anche di pazienza e capacità di resistenza.

Vorrei ora cederle la parola, affinché sia lei a raccontare come e in quali circostanze ci siamo conosciuti. Per mia fortuna, a un certo punto superò la sua resistenza iniziale a fare la mia conoscenza. Lascio dunque parlare Nancy.

Vengo da un piccolissimo paese del Michigan. I miei genitori, di cui sono l'unica figlia, erano nati negli Stati Uniti, ma i loro avi erano di origine ceca e polacca; non mancano, nella mia famiglia, parenti provenienti dai vari paesi che formavano l'Impero Austro-ungarico nel XIX secolo. Posso quindi dire di portare in me i geni di avi polacchi e cechi, ma anche ucraini e ungheresi.

A mia madre mancava molto la grande città che aveva lasciato per stabilirsi nel nostro paesino di campagna. Aveva però conservato un'abitudine presa negli anni trascorsi a New York: ogni sabato si sedeva accanto alla radio per ascoltare il concerto trasmesso dal Metropolitan, e a quell'ora io avrei dovuto sempre rientrare in casa per seguire insieme a lei quel programma e imparare che cosa fosse la cultura di alto livello.

All'epoca, naturalmente, avevo tutt'altri interessi. La cosa che preferivo – soprattutto il sabato – era nascondermi su un albero a leggere, accoccolata su un ramo, dove mia madre non poteva trovarmi. Se non rispondevo ai suoi richiami per un po', lasciava perdere; in fin dei conti, il programma iniziava puntuale e non aspettava certo le bambine disubbidienti. In questo modo, riuscivo abil-

mente a evitare di dover ascoltare quella roba così noiosa.

Avevo una fantasia sconfinata, e trascorrevo lunghe giornate a tessere meravigliosi sogni ad occhi aperti, in cui ero un'indiana e cavalcavo su un cavallo nella prateria. Purtroppo quei sogni non si realizzarono mai, ma forse mi mancavano comunque gli elementi fondamentali per diventare un'autentica indiana.

Poiché ero molto brava a scuola, i miei genitori mi perdonarono il rifiuto di ascoltare i concerti trasmessi alla radio. Fecero di tutto per potermi mandare molto presto – a soli quindici anni – all'Università del Michigan, ad Ann Arbor. Mia madre era convinta, e lo ripeteva sempre, che per una studentessa il talento e la diligenza fossero più importanti dell'età, e infatti ottenni una borsa di studio e conclusi a diciotto anni e mezzo i miei studi in scienze umane.

Ma poi che cosa avrei potuto fare? Alcuni insegnanti mi consigliarono di studiare legge, ma era una materia che mi era estranea. Biologia o chimica invece erano discipline che corrispondevano ai miei interessi.

Alcuni giorni dopo la laurea, andai con altre ragazze a New York per il matrimonio di un'amica. Quell'evento mi assorbì molto, tanto che in quel momento non mi sentivo proprio in grado di fare seriamente dei piani per il mio futuro; era comunque sottinteso che subi-

to dopo la festa sarei tornata a casa e avrei preso una decisione, insieme ai miei genitori, riguardo al proseguimento dei miei studi.

Le cose però andarono del tutto diversamente. Ancora una volta, non seguii i desideri di mia madre – come quando mi rifugiavo sull'albero, da piccola – e rimasi a New York. La città esercitò su di me un'attrazione così travolgente che non seppi resistere e cedetti, per spavalderia giovanile e desiderio di avventura.

Naturalmente non avevo i mezzi economici necessari per potermi permettere un soggiorno prolungato a New York. Fu allora che un'amica mi raccontò che c'era sempre richiesta di ragazze disposte a partecipare a show televisivi; premessa indispensabile, naturalmente, era una bella presenza. La selezione delle aspiranti era affidata a una giuria che si riuniva regolarmente, davanti alla quale bisognava camminare avanti e indietro – in costume da bagno, s'intende. Le probabilità di essere scelte e ottenere quel lavoro piuttosto divertente non erano molto alte, però si poteva sempre tentare, mi disse la mia amica. Alla nostra età di allora, avevamo voglia di fare simili esperimenti, e non ci preoccupavamo minimamente di realtà e finzione. Questa specie di provino davanti a un pubblico più o meno interessante era detto cattle call, *richiamo del bestiame, e così era infatti; io però non avevo niente da perdere ed ero fieramente determinata a tentare. A quei tempi andava in onda uno show molto popolare, il* Jackie Gleason Show, *che richiedeva una quantità di ragazze. Mi iscrissi così al provino.*

Fu una cosa spaventosa, com'era prevedibile. Noi ragazze dovevamo entrare e percorrere una specie di passerella: al termine, si sentiva solo dire «Grazie», «Grazie», «Grazie», e solo rarissimamente, «Si fermi!». Naturalmente ciò significava che tutte quelle cui veniva detto grazie erano così congedate, mentre le poche fortunate cui veniva detto di fermarsi erano le prescelte. Io mi sentii dire solo uno sbrigativo grazie, e con questo fui subito fuori gioco. Mi sembrò molto ingiusto, anche perché avevo avuto l'impressione che nessuno dei membri della giuria osservasse veramente con attenzione, ma che ringraziassero o dicessero di restare solo per noia, meccanicamente.

Mi venne allora un'idea. Dopo quel primo passaggio fallito, cambiai rapidamente look e mi ripresentai alla commissione selezionatrice, con l'audacia di chi non ha nulla da perdere e non vuole rinunciare, se prima non ha tentato tutto il possibile. Accadde il miracolo: venni effettivamente presa e cominciai subito le prove per lo show. Presi lezioni di danza e di ritmica; inoltre mi esercitai a esibirmi davanti alla telecamera, come tutte le ragazze che volevano diventare Glea Girls. Quello fu il mio primo passo sulla strada per diventare attrice, carriera che intrapresi seriamente poco dopo quell'inizio alquanto singolare.

Presto entrai in contatto con un agente, che si offrì di rappresentarmi. Mi consigliò il tipo di ingaggi che avrei dovuto accettare, dopo aver studiato a fondo e preso lezioni di recitazione. Allora non avevo ancora capito esattamente che cosa fosse un agente e in che cosa consistesse la sua ragion d'essere, ma sembrava effettivamente sapere cos'era meglio per me.

Il mio agente voleva portarmi a Broadway. Inizialmente mi parve un'idea spaventosa; non mi ero mai sentita attratta da quella possibilità. Lui però insisteva, e in effetti la cosa funzionò, tanto che in seguito a Broadway venni presentata a uno studio cinematografico. Feci un provino di ammissione, che pure superai; poco dopo firmai un contratto con la Columbia Pictures e andai a Los Angeles.

A questo punto mi ritrovai molto occupata, tanto che non mi restava quasi tempo per la mia vita privata; volevo però assolutamente diventare una brava attrice, per cui le rinunce non mi pesavano.

All'inizio degli anni Sessanta mi trovavo nell'Italia meridionale, per le riprese di un film che sembrava trascinarsi all'infinito. Giravamo in una regione sperduta, dove non c'era la minima opportunità di svago – nulla di nulla, nemmeno la televisione. Per passare il tempo, leggevo molto. Per caso, mi capitò tra le mani una rivista che conteneva un articolo molto appassionante e ben documentato sull'Iran. Non so perché, ma fin dalle prime righe fui subito colpita e affascinata da questa terra e dalla sua storia, e provai un intenso desiderio di conoscerla in prima persona. Naturalmente non sapevo affatto se avrei mai potuto permettermelo; pagavo per il mio appartamento un affitto esorbitante, e non guadagnavo così tanto da poter intraprendere un simile viaggio solo per soddisfare un desiderio, senza avere un motivo professionale per andarci. E così ripresi a sognare; in fin dei conti, nessuno me lo poteva impedire.

Com'è logico, tutti i miei amici e colleghi mi presero per matta e pensarono che stessi correndo dietro a un capriccio, come per esempio conoscere lo Scià – ma non era affatto così. Nei cinque anni seguenti feci tutti i tentativi possibili per andare in Iran, ma non ci riuscii; nel frattempo, ormai rassegnata, mi ero convinta che solo la provvidenza avrebbe potuto realizzare il mio desiderio.

A questo punto, nel 1965, mi arrivò una telefonata del tutto inattesa e insperata: sarei stata disposta a girare un film in Iran? In Iran! Indirizzai il mio ignoto interlocutore al mio agente, perché non potevo credere che fosse vero; invece era tutto regolare, e per di più la mia agenzia, cui il progetto sembrò una follia, pretese per me un compenso incredibilmente alto – che la produzione accettò! Che cosa potevo volere di più?

Per prima cosa mi iscrissi a un corso di lingua all'UCLA

di Los Angeles; se dovevo finalmente raggiungere la meta dei miei sogni, volevo almeno capire qualcosa della lingua del paese. Tra l'altro, anche il ruolo per me previsto esigeva determinate conoscenze linguistiche: avrei dovuto interpretare una giovane donna di madre americana e padre iraniano, per cui un accento americano non avrebbe disturbato. Presi anche lezioni di parsi, la più importante lingua persiana, che è parlata fin oltre l'Afghanistan; e oltre alla lingua, studiai anche la cultura e la storia del paese dei miei desideri. Le riprese furono per me una rivelazione. Rimasi quasi un anno in Iran, poiché la lavorazione si protrasse più a lungo del previsto; da allora tornai tutte le volte che ne ebbi l'opportunità. Spesso era possibile farlo solo in modo molto avventuroso. Una volta mi spinsi da sola fino in Uzbekistan, il che a quei tempi – si era alla metà degli anni Sessanta, in piena Guerra Fredda – era un'impresa piuttosto rischiosa; ma se mi mettevo in testa di fare una cosa, ci riuscivo.

Naturalmente, quando ero a Los Angeles, la sera uscivo spesso; col tempo, però, il mio desiderio di "esserci" per motivi puramente mondani diminuì. C'erano così tante cose che mi interessavano, per approfondire le quali avevo bisogno di solitudine e tranquillità, che avevo sempre meno voglia di uscire solo per passare il tempo.

Un giorno i miei buoni amici Vincente e Denise Minnelli mi chiesero insistentemente di presenziare a un ri-

cevimento che volevano organizzare: si trattava della serata inaugurale della nuova stagione concertistica della Los Angeles Philharmonic Orchestra. Non ne avevo molta voglia, e quando i Minnelli mi annunciarono anche che volevano assolutamente presentarmi Zubin Mehta, la voglia mi diminuì ulteriormente. In ogni rivista patinata si leggeva che Mehta era un tombeur de femmes *e che erano tutte innamorate di lui – e questo proprio non mi interessava. Avevo deciso già da tempo che incontrare uomini di quel genere era una pura e semplice perdita di tempo, per me come per loro.*

I miei amici però non mollavano. Dicevano che sarebbe stata una cena del tutto informale, spaghetti e nient'altro, senza posti a tavola prefissati; una cosa semplice, alla buona. Alla fine mi persuasero ad andare; e inaspettatamente fu una bellissima serata. Eravamo seduti a tavola in una sala in penombra, a lume di candela, e gli altri ospiti parlavano con entusiasmo del concerto al quale avevano appena assistito. Improvvisamente udii una voce profonda che raccontava di com'era bella Teheran per l'incoronazione dello Scià, di come molti persiani ormai non sapevano più leggere le antiche iscrizioni, e altre cose sulla lingua e sull'Iran in generale. Era il direttore della Filarmonica: Zubin Mehta. Le sue impressioni derivavano dall'unico giorno che aveva trascorso in Iran, ma si era fatto un'opinione precisa. Su molto di ciò che diceva non ero affatto d'accordo, e lo contraddissi con forza: in fondo, avevo trascorso in tutto quasi tre anni nel paese e lo conoscevo molto meglio di lui. Ben presto si alzò da tavola, disse che aveva un aereo da prendere – e andò via. Era lui dunque, quell'uomo famoso.

Un mese dopo squillò il telefono. Era Zubin Mehta, e mi disse che un particolare del suo racconto di quella sera era proprio corretto, e me lo voleva assolutamente raccontare – non potevamo reincontrarci? Avrebbe avuto un po' di tempo di libero di lì a due settimane, tra le quattro e le cinque…

Così era, e così è tuttora: il suo lavoro e gli incontri con le persone che gli interessano praticamente non gli lasciano tempo per nient'altro – nessuna frequentazione inutile, nessun momento di inattività. Ci siamo incontrati perché così doveva essere. Sono profondamente convinta che il nostro incontro sia stato determinato da una volontà superiore, dato che io a quell'epoca non l'avevo sicuramente cercato. Non avevo voluto farmi notare da lui, ma accadde che ci incontrammo, così, semplicemente.

Mi chiedo ancora oggi, senza riuscire a darmi una risposta, se debba interpretare il mio grande interesse per l'Iran, per la sua storia, la sua cultura e la sua religione come una specie di presagio, vedendovi una sorta di predeterminazione del fatto che un orientale sarebbe entrato nella mia vita, oppure se ci siamo invece in-

contrati perché io conoscevo qualcosa che aveva a che fare con le sue radici, e lui l'ha avvertito. In ogni caso, molto presto sapemmo con chiarezza che volevamo sposarci; Zubin se ne rese conto prima di me, ma anch'io mi convinsi rapidamente che era lui l'uomo con il quale desideravo passare la mia vita.

Nella mia vita di moglie mi sono state inflitte molte prove; la mia pazienza, soprattutto, è stata messa a dura prova. Una delle prime fu trovare una data in cui poter andare in municipio e in chiesa, e poi fare una bella festa con le nostre famiglie e gli amici: alla fine ci decidemmo per il 19 luglio 1969. Fu un grande giorno per entrambi. Il giorno dopo, 20 luglio, un americano mosse i primi passi sulla Luna: un grande progresso per l'umanità. Ci sposammo in una chiesa cristiana e successivamente, in un momento preciso del tramonto, anche secondo il rito parsi, con una cerimonia molto commovente. Da allora siamo una coppia. Da quasi quarant'anni viviamo un'unione che ci lega strettamente l'uno all'altra, anche se talvolta accade che interi continenti ci separino. Spesso accompagno mio marito durante le sue tournée e alle sue esibizioni musicali; sono stata volentieri con lui a New York, e amo Firenze e Monaco.

Dopo il nostro matrimonio, ho dovuto per prima cosa adattare la mia vita al continuo movimento che è inevitabilmente legato all'esistenza di un direttore d'orche-

stra, e mi è costato fatica. All'inizio mi mancavano anche le amicizie spontanee e spensierate dei miei colleghi dell'ambiente cinematografico, ma mi sarebbe stato del tutto impossibile continuare la mia carriera di attrice. Presto acquistammo un casa a Bel Air, il quartiere elegante di Los Angeles; dalla metà degli anni Settanta ci siamo trasferiti a Brentwood. Là, benché di rado, mio marito può riposarsi – almeno un poco.

Non abbiamo avuto figli, ed è stato per entrambi un grosso dispiacere. Lo avevamo desiderato tanto, e all'inizio mi immaginavo sempre che padre meraviglioso Zubin sarebbe stato per i nostri figli – così dotato per la musica, affettuoso e partecipe –, ma è andata diversamente. Abbiamo cresciuto due ragazze in casa con noi; non le abbiamo propriamente adottate, ma ci sono molto vicine. Questo mi ha aiutato e ha dato molta gioia a entrambi.

Non mi sono mai immischiata nelle questioni professionali o nelle decisioni musicali di mio marito, perché ritengo che non rientri nel mio ambito. Non parliamo di musica, per molte ragioni, e anche per questo apprezzo ancora di più mio marito quando lo sento parlare di musica in pubblico, per esempio prima dei concerti, quando stanno per essere eseguiti brani nuovi e difficili e Zubin ne commenta il retroterra e la genesi compositiva.

Credo che il mio compito consista nel proteggere la nostra vita privata e mantenere vivo il nostro rappor-

to. Ci è voluta molta forza per essere all'altezza di ciò che la vita ha preteso da noi e della responsabilità che mio marito ed io portiamo. Mi risulta difficile spiegare come si svolge effettivamente la nostra vita. In sostanza non si può descrivere com'è una vita sempre e continuamente determinata da altre persone, da date ed eventi esterni; sovente può essere molto difficile.

Il fatto che tante persone ci presentino richieste spesso fondate e umanamente toccanti fa pure parte della nostra vita. Io non ho niente a che fare con la carriera musicale di mio marito, ma vorrei sempre essere con lui, accanto a lui – quando e dove ha bisogno di me. Con pochissime eccezioni, non ho neanche mai protestato quando per il suo lavoro abbiamo dovuto trasferirci in un posto totalmente nuovo – ed è successo più volte. La mia felicità consiste anche nel vedere mio marito felice con la sua musica.

Traggo forza dalla mia fede, che in me ha radici profonde. Sono convinta di ciò che faccio, ma mi piego anche a una potenza superiore, perché credo che tutto accade perché deve accadere. Con questo, in me non c'è nulla di sublime, e non sono nemmeno fatta per il sacrificio. Ho bisogno di agire in modo costruttivo e di un rapporto vivace, e mi ci dedico con piacere e dinamismo. Così lo abbiamo mantenuto per molti anni, e così intendo continuare a mantenerlo.

A questo punto desidero aggiungere i fatti fondamentali che ritengo vadano comunicati a proposito della mia vita privata. Tra questi rientra, anzitutto, parlare dei miei due figli di primo letto, Zarina e Mervon, che mi hanno già reso nonno. Mia figlia vive in Canada; è una persona che non potrebbe vivere senza lavorare, secondo me. Zarina è aiuto-infermiera e si occupa di assistenza ai malati, con grande spirito di sacrificio. Ha due figli: Daniel e Shenaya. Mio figlio è direttore artistico del Kimmel Center for the Performing Arts di Philadelphia. Prima faceva l'attore e a mio parere era bravo, ma poi ha lasciato perdere. Mervon ha un figlio, Zed, nato nel 2003: è il mio nipotino più giovane.

Ho un ottimo rapporto con i miei figli. Malgrado i fitti impegni che rendono la mia vita così caotica, mi sento molto legato alla mia famiglia. Anche sotto questo aspetto, devo fare un grande complimento a mia moglie Nancy, perché ha accolto i miei figli di primo letto con affetto, ed è sempre stata loro di aiuto, quand'era necessario.

Per finire vorrei parlare anche degli altri miei due figli, nati fuori dal matrimonio. Su questo argomento sono stati fatti molti pettegolezzi e chiacchiere a mezza voce, con riferimento a presunte fonti attendibili. Ho un'altra figlia, Alexandra, che vive a Los Angeles;

è nata nel 1967 da una relazione che ho avuto nel periodo tra i miei due matrimoni. Alexandra, da parte sua, ha già tre figli; in totale, quindi, ho sei nipoti – e mi sembra una cosa meravigliosa. Nancy si è occupata con molto amore e comprensione di questa mia figlia, con cui ha un buon rapporto.

Ho però profondamente offeso mia moglie e l'ho fatta molto soffrire, quando ho avuto un altro figlio in Israele, sedici anni fa. Sono consapevole di averle causato un immenso dolore, e non potrò mai ringraziarla abbastanza per averlo sopportato senza lasciarmi, pur sentendosi ferita e umiliata. Dev'essere stato sicuramente tremendo per lei venire a sapere, prima da me e poi dai giornali, che da una fugace relazione mi era nato un figlio, ma lo ha sopportato e non mi ha lasciato. Questo mi ha molto aiutato, pur con tutta la mia scorrettezza, in tutte le difficoltà che ne sono derivate.

Questo figlio, Ori, vive in Israele; abbiamo contatti che vanno ben oltre i miei naturali doveri di mantenimento. Purtroppo, nei primi anni di vita di Ori non potevamo proprio capirci; da piccolo infatti parlava solo ebraico, una lingua che non conosco, malgrado abbia lavorato tanti anni in Israele. Questa circostanza ci rendeva in pratica muti; ma poiché nel frattempo Ori ha imparato bene l'inglese, ora finalmente possiamo parlarci normalmente.

Daniel Barenboim al termine di un concerto con me. (David Weiss Photography, Los Angeles)

Un'altra storia d'amore: la Israel Philharmonic Orchestra

Quando lavorai di nuovo con la Israel Philharmonic Orchestra, due anni dopo il mio primo incarico nel 1961, volli proporre un programma insolito che non faceva parte del repertorio di questa orchestra: i *Sei Pezzi per orchestra* di Anton Webern e la *Nona Sinfonia* di Bruckner. A quei tempi Webern non veniva suonato spesso, e tanto meno in Israele; lo stesso valeva per Bruckner, nonostante i tanti musicisti emigrati dall'Austria e dalla Polonia. I direttori d'orchestra apprezzati in Israele, come per esempio Koussevitzky, Paul Kletzky, Leonard Bernstein o anche Charles Münch, hanno diretto solo raramente pezzi di Bruckner. Della *Nona Sinfonia* di Mahler, invece, esiste una famosa incisione con Kletzky e la Israel Philharmonic Orchestra. Evidentemente il mio programma non spaventò gli orchestrali, poiché ricevetti da loro altri inviti – il secondo nel 1965 –, che ho sempre accettato con grande piacere.

A quei tempi avevo una mentalità profondamente apolitica, e non ero veramente consapevole della particolare situazione di Israele. Inoltre avevo avuto occasione di conoscere pochi ebrei; gli unici ebrei che conoscevo erano dei miei compagni di scuola, ma erano originari dell'Iraq e non ci capivamo molto, perché parlavano arabo. Negli anni Cinquanta a Vienna vivevano pochissimi ebrei. Solo a poco a poco, attraverso racconti e testimonianze, mi resi conto di quello che l'Olocausto aveva significato per le persone che si erano potute salvare fuggendo in Palestina.

La Israel Philharmonic Orchestra venne fondata nel 1936 dal grande violinista polacco Bronislaw Huberman; inizialmente si chiamava Palestine Philharmonic Orchestra. Huberman convinse circa settantacinque musicisti a emigrare in Palestina, perché aveva visto avvicinarsi – molto più chiaramente di molti altri – la disgrazia che il nazionalsocialismo avrebbe rappresentato per gli ebrei. Il direttore del concerto inaugurale di questa orchestra, che si svolse il 26 dicembre 1936 a Tel Aviv, fu nientemeno che Arturo Toscanini.

Tra l'altro, la mia strada si incrociò spesso in modo curioso con il grande Toscanini. Sono nato il 29 aprile 1936, il giorno in cui Toscanini diede il suo concerto d'addio con la Filarmonica di New York – l'orchestra di cui sono diventato direttore quaranta anni dopo. L'altra orchestra alla quale sono legato da decenni e di cui rimarrò direttore per tutta la vita – ossia la Israel Philharmonic Orchestra – Toscanini la diresse nell'anno della mia nascita.

Gli anni che seguirono il concerto inaugurale del 1936 furono difficili e pieni di stenti per i musicisti, come ci si può immaginare: erano anni di scontri e tumulti politici, gli anni dell'Olocausto e della Seconda Guerra Mondiale.

Nel 1948, quando nacque lo stato di Israele, l'orchestra cambiò nome e da allora in poi si chiamò Israel Philharmonic Orchestra – IPO in breve; sin dal momento della costituzione dello Stato di Israele, l'orchestra fu parte integrante della vita israeliana. Il 14 maggio 1948 suonò nel Museo di Tel Aviv l'inno nazionale israeliano, la *Hatikvah*; e nel novembre dello stesso anno, il giovane Leonard Bernstein diresse un toccante concerto davanti a circa 5000 soldati, seduti sulle colline del deserto di Ber Sheva.

Negli anni seguenti molti direttori famosi vennero in Israele per dirigere l'orchestra nazionale: Celibidache e Fricsay, Giulini e Markevitch, Mitropoulos e Kubelik, Krips e Koussevitzky. I solisti che suonarono con l'IPO erano dei grandi artisti: Rubinstein, Heifetz, Arrau e naturalmente uno dei più grandi amici dell'orchestra, Isaac Stern. La lista potrebbe prolungarsi all'infinito. Per molti fu assolutamente naturale dare all'orchestra ogni disponibilità artistica; e sicuramente non è mai dipeso dall'ammontare dei compensi, che non sono certo allettanti, giacché l'orchestra fa già fin troppa fatica a sopravvivere finanziariamente.

Alla fine degli anni Cinquanta l'orchestra ottenne finalmente a Tel Aviv una sala tutta sua, la cui costruzione fu possibile grazie al generoso sostegno finanziario di Frederic R. Mann, di Philadelphia. L'Auditorium Mann è ancora oggi la sede operativa di questi musicisti eccellenti.

Nel 1966, mentre ero a Salisburgo, venni invitato per la terza volta in Israele. Salisburgo fu per me un'esperienza del tutto nuova: già nel 1962 e nel 1963 ero stato invitato dai Wiener Philharmoniker a esibirmi con loro durante il Festival, ma ora mi chiesero se volevo dirigere un'opera – il *Ratto dal Serraglio*. Tra l'altro il concerto ebbe luogo contro la volontà di Herbert von Karajan; fu però lui stesso a invitarmi a dirigere l'opera. Stranamente, Karajan era contrario solo al fatto che io dirigessi un concerto. Già nel 1962 mi aveva chiesto se volevo lavorare con lui alla Staatsoper di Vienna, ma allora avevo declinato la sua offerta; non potevo fare altrimenti, perché fino ad allora non avevo diretto nemmeno un'opera, e avrei senz'altro fallito. Benché Karajan fosse entusiasta della cosa e avesse promesso di prendermi sotto la sua protezione, quella volta gli spiegai che mi sarei dovuto occupare a fondo di opere, prima di fidarmi ad accettare un simile compito.

Tre anni dopo avevo già fatto le mie prime esperienze nel campo della lirica, che mi piaceva sempre di più. Il mio repertorio era naturalmente ancora esiguo, dato che potevo ampliarlo soltanto a poco a poco; per esempio, non avevo ancora eseguito neppure un'opera di Mozart. Accettai quindi con immenso piacere l'invito a dirigere il *Ratto dal Serraglio* a Salisburgo.

Quell'estate trascorsa a Salisburgo si rivelò per me musicalmente molto riuscita, sotto due aspetti. Intanto feci un concerto con i Wiener Philharmoniker nel grande Festspielhaus, con Daniel Barenboim come solista, in cui suonammo il *Concerto per pianoforte in do minore* K 941 di Mozart e la *Seconda Sinfonia* di Brahms; e poi diressi anche la mia prima opera di Mozart, nell'entusiasmante allestimento di Giorgio Strehler, che rimase in repertorio per anni – con Reri Grist nella parte di Blonde, Anneliese Rothenberger in quella di Konstanze e Fritz Wunderlich nella parte di Belmonte. Il Pascià era l'attore del Burgtheater Micheal Heltau. Dopo la prima, Herbert von Karajan mi fece i suoi complimenti; parlò della mia calma e sottolineò che gli era piaciuta la mia interpretazione musicale. Anch'io fui molto contento e la lode del collega più anziano ed esperto mi fece naturalmente molto piacere. Tuttavia, il giorno dopo incontrai George Szell, che era sempre molto critico, nonché intransigente e incorruttibile in tutte le questioni musicali; non solo non mi fece alcun complimento, ma mi annientò dicendomi che la mia esecuzione non gli era piaciuta affatto.

L'anno seguente diressi ancora una volta il *Ratto dal Serraglio* durante il Festival di Salisburgo; poi, per la verità, avevo in programma di prepararmi intensamente alla *Turandot*, che avrei dovuto dirigere il giorno dopo l'inaugurazione ufficiale del nuovo Met a New York. Ma successe di nuovo qualcosa di totalmente imprevisto: arrivò un telegramma da Israele, in cui mi si comunicava che Carlo Maria Giulini, uno dei due direttori che avrebbe dovuto guidare l'imminente tournée della Israel Philharmonic Orchestra in Australia e Nuova Zelanda, era stato costretto a disdire per malattia; per caso io avrei potuto… L'altro direttore era Antal Dorati.

Naturalmente accettai subito, anche se in realtà avevo pensato di trascorrere il tempo che mancava alla prima di New York in modo completamente diverso; e così salii su un aereo che da Monaco mi portò direttamente ad Adelaide, dove ritrovai gli orchestrali israeliani. Quella tournée prevedeva diversi programmi, e grazie alle numerose prove che furono necessarie imparammo a conoscerci tutti molto bene; anzi, durante quel lungo viaggio raggiunsi uno straordinario grado di compenetrazione con l'orchestra.

Grazie al mio lavoro in Israele, la mia amicizia con Daniel Barenboim si rinsaldò, se possibile, ancora di più; tutte le volte che soggiornai in Israele i suoi genitori si presero cura di me in maniera commovente – fino alla loro morte. Oltre al nostro rapporto di amicizia, Daniel Barenboim e io condividiamo molte affinità musicali e facciamo volentieri musica insieme; e poiché i nostri rispettivi incarichi ci portano continuamente in luoghi molto distanti l'uno dall'altro, cerchiamo almeno di telefonarci regolarmente.

Insieme abbiamo eseguito concerti notevoli, fra cui quello per il decimo anniversario della morte di Wilhelm Furtwängler, nel novembre 1964, con i Berliner Philharmoniker. In quella occasione eseguimmo l'unico *Concerto per pianoforte* composto da Furtwängler: un pezzo estremamente difficile e anche molto lungo – ben settanta minuti. Daniel Barenboim suonò a memoria, e come solista dovette assolvere un compito enorme. Quel concerto è molto bello; indubbiamente vi si sentono molto Brahms, Bruckner e César Franck. Oggi purtroppo è quasi completamente caduto nell'oblio.

Dal punto di vista musicale, naturalmente, conosco Barenboim soprattutto come pianista; finora non mi è stato quasi possibile sentirlo dirigere, un'attività che ha accettato con sempre maggiore frequenza dal 1967 e che oggi svolge sempre più come professione principale. Nel frattempo è diventato uno dei più importanti interpreti di Wagner dei nostri tempi. La musica è sempre uno degli argomenti principali nei nostri discorsi, ma parliamo anche di problemi politici, degli effetti che hanno su tutti noi e di come possiamo reagire nell'ambito della nostra professione; ci accomunano molte esperienze che abbiamo vissuto insieme. Anche i miei genitori volevano molto bene a Daniel.

Nel maggio del 1967 il problema del Vicino Oriente si acutizzò enormemente; l'Egitto riunì massicci contingenti di truppe sul Sinai e chiuse l'accesso al porto di Eilat, estremamente importante per Israele. Israele era praticamente accerchiato dagli eserciti arabi, che si erano alleati attraverso diversi patti militari, e si sentiva pesantemente minacciato. Il 5 giugno iniziò la Guerra dei Sei Giorni, con un attacco preventivo dell'aviazione militare israeliana alle basi aeree egiziane nel Sinai. I confinanti Stati arabi avevano l'obiettivo dichiarato di annientare Israele, tuttavia a livello internazionale era diffusa l'opinione che Israele, per la sua grande superiorità militare, non avrebbe potuto perdere la guerra.

In quei giorni mi trovavo a Porto Rico per il Festival Pablo Casals. Quando sentii quello che stava accadendo nel Vicino Oriente, capii immediatamente che dovevo subito tornare in Israele; volevo aiutare il paese e le persone che conoscevo, in particolare i "miei" orchestrali, in quel periodo cupo. Inoltre avevo sentito che un famoso direttore d'orchestra, che era venuto in Israele per un incarico prolungato come direttore ospite, aveva lasciato il paese precipitosamente. Io volevo semplicemente esserci, nient'altro; ci tenevo talmente tanto che abbandonai a rotta di collo Porto Rico e volai a New York, per tentare di raggiungere Israele da lì. Per questo dovetti disdire anche due impegni per dirigere a Parigi e a Budapest – una cosa che non avevo mai fatto prima.

Mi serviva urgentemente un visto – dato che ho sempre la cittadinanza indiana, che mi è utile ancora oggi, e per qualunque destinazione. Non era facile ottenerlo e solo grazie all'aiuto di Vera, la moglie di Isaac Stern, che disponeva di buoni contatti, riuscii a procurarmene uno in breve tempo; Vera si occupò addirittura personalmente di trovarmi un posto sull'aereo per Israele. Sapevo che Daniel Barenboim era già là insieme a Jacqueline du Pré, ed ero impaziente di raggiungerli.

Stavamo sorvolando il Mediterraneo, quando il pilota annunciò attraverso il microfono di bordo che la guerra era definitivamente scoppiata nel Vicino Oriente, e che pertanto avremmo dovuto atterrare a Roma, perché agli aerei dell'aviazione civile non era più permesso proseguire il volo fino in Israele. Non volevo assolutamente fermarmi a Roma e così, subito dopo l'atterraggio, tentai di raggiungere l'ambasciatore israeliano, per pregarlo di aiutarmi a raggiungere in qualche modo Israele; tra l'altro mi trovavo anche in una situazione un po' critica, perché non avevo un visto per l'Italia. Per contro, l'ambasciatore non si mostrò particolarmente interessato a permettermi di arrivare in Israele, benché gli avessi detto che dovevo urgentemente raggiungere l'orchestra del suo paese; aveva certamente altre e ben più gravi preoccupazioni che non quella di esaudire subito il mio desiderio. Evidentemente però gli ruppi talmente le scatole, che pur di liberarsi di me mi procurò relativamente in fretta un posto su un aereo per Israele. Era proprio quello che volevo. Salii dunque a bordo di una specie di aereo da trasporto della El Al, che avrebbe dovuto condurci direttamente a Tel Aviv; era pieno di israeliani che volevano tutti tornare a casa, per aiutare il loro paese e le loro famiglie, o erano stati chiamati alle armi. A bordo c'erano anche un giornalista, un corrispondente di *Newsweek*, e il direttore della Bank of Israel.

All'interno dell'aereo non si stava molto comodi; eravamo accoccolati su una quantità di casse accatastate alla rifusa, che sostituivano i sedili mancanti. In ogni caso, in una situazione del genere la comodità era l'ultimo dei problemi; tutti volevano solo arrivare velocemente a Tel Aviv. Poco prima dell'atterraggio, che avvenne ovviamente in un aeroporto completamente oscurato, un membro dell'equipaggio si avvicinò e ci chiese del tutto casualmente se sapevamo su che cosa in realtà eravamo rimasti seduti tutto il tempo. Ovviamente nessuno ne aveva la minima idea, almeno non i civili: avevamo viaggiato in un velivolo che dalla cabina di pilotaggio fino alla coda era pieno zeppo di munizioni, accuratamente imballate nelle casse che ci avevano fatto da sedili. Non oso pensare a quello che avrebbe potuto succedere!

Arrivammo sani e salvi in Israele, dove Daniel mi stava già aspettando; abitavamo nella cantina della casa in cui erano alloggiati gli ospiti dell'orchestra. Già il giorno seguente iniziai le prove, che erano state interrotte così bruscamente a causa della partenza dell'altro direttore. A Tel Aviv c'era una relativa calma; i combattimenti si svolgevano lontano dalla città, ma tutti erano in uno stato di massima allerta. Nonostante questo, facevamo musica. C'erano anche i genitori di Barenboim, perché Jacqueline e Daniel avevano intenzione di sposarsi nei giorni seguenti. La tensione era quasi insopportabile, e solo con barzellette superficiali e simulata baldanza riuscimmo a evitare di lasciarci sopraffare dalla paura e dall'ansia. Come tutti gli israeliani, anche noi partivamo dal presupposto che l'esercito avrebbe superato quel braccio di ferro, ma in fin dei conti era in gioco l'esistenza, la sopravvivenza di tutti.

Erano ancora in corso i combattimenti, quando mi recai in maniera molto avventurosa a Gerusalemme e scesi al famoso Hotel King David. Gerusalemme, la città divisa, avrebbe dovuto essere finalmente riunificata senza troppe vittime – in termini di soldati e di luoghi storici di inestimabile valore; questo era un obiettivo prioritario degli israeliani. Daniel, Jacqueline ed io avevamo già ideato il programma di un "Concerto della vittoria": avevamo pensato di eseguire con la Israel Philharmonic Orchestra la *Quinta Sinfonia* di Beethoven, poi Daniel Barenboim si sarebbe esibito come solista nel *Quinto Concerto per pianoforte* di Beethoven, e Jacqueline du Pré nel *Concerto per violoncello* di Robert Schumann.

Trascorsi una notte al King David, e solo una volta venni disturbato da uno strano scoppio, che mi fece sobbalzare per un attimo, senza però disturbare troppo il mio sonno. Quando mi svegliai la mattina dopo, mi sembrò che il quadro sopra il mio letto fosse appeso storto alla parete; tentai di raddrizzarlo e improvvisamente mi accorsi che aveva un foro di proiettile. In verità doveva avermi protetto un angelo custode, e godevo evidentemente del sonno dei giusti, perché non mi ero accorto degli spari nella mia stanza.

Quando quella mattina mi recai in città – il King David si trova subito accanto alla vecchia parte araba della città – mi imbattei in un soldato, che mi gridò che Gerusalemme era di nuovo unificata; la pallottola nella parete della mia camera doveva essere finita lì durante una sparatoria nel corso dei combattimenti.

A quei tempi era già sindaco di Gerusalemme Teddy Kollek, che era di origini viennesi e divenne famoso in tutto il mondo per la sua capacità di unire la politica e l'umanità; avevo già incontrato in diverse occasioni quell'uomo leggendario, e ci eravamo capiti a prima vista. Teddy Kollek aveva una grande passione per la musica e l'arte, e teneva in gran conto i suoi "ragazzi", come ci chiamò per anni: Daniel Barenboim, Lenny Bernstein, Isaac Stern e me. La sua arguzia e la sua comprensione anche per situazioni sommamente delicate e complicate, che fossero di natura politica o umana, erano semplicemente incredibili. L'ultima volta che lo incontrai fu nell'autunno del 2004, in una casa di riposo a Gerusalemme; mi ha profondamente commosso poterlo rivedere ancora una volta. Fisicamente era già molto malandato, ma la sua mente era ben sveglia. Parlare a lungo lo affaticava; era tremendamente stanco, e l'età gli pesava. Gli raccontai degli anni passati, dei nostri numerosi incontri, di qualche sciocchezza che avevamo combinato insieme e che ci aveva divertito molto; tra l'altro ci accomunava la nostra conoscenza speciale di Vienna, e di ciò che rende questa città così unica e a volte anche così insopportabile. Ci capivamo a vicenda: lui, l'ebreo sopravvissuto che in Israele era assurto a grandi onori, ed io, il direttore d'orchestra indiano che amava il paese nel quale Teddy Kollek aveva trovato un rifugio e una patria.

Dopo questa visita Kollek mi scrisse ancora una lettera molto affettuosa, che terrò sempre in gran conto, a testimonianza della sua simpatia nei miei confronti. Dalle sue righe traspare un addio – niente di lacrimevole, ma la consapevolezza saggia e spassionata della caducità della vita. Mi scrisse che la mia visita era stata come una brezza fresca che aveva mosso le sue giornate piuttosto grigie e monotone, e lo aveva rallegrato.

Nel 1967, dopo la fine vittoriosa della guerra, corsi nell'ufficio di Kollek per congratularmi con lui, perché era diventato il sindaco di tutta Gerusalemme.

Quando arrivai, vi trovai seduto l'allora già vecchio Ben Gurion. Ben Gurion era abbastanza saggio da sapere che l'annessione di Gaza e delle alture del Golan avrebbe creato problemi; quanto al riconquistato Muro del Pianto, era dell'opinione che Israele non lo avrebbe mai più ceduto.

Il primo giorno dopo la fine della guerra Abba Eban e il suo entourage si recarono al Muro del Pianto, e io potei andare con loro. Davanti al Muro del Pianto c'erano ancora delle baracche giordane, molto malconce. Quando un giornalista chiese a Eban come si sarebbe potuta definire questa breve guerra, questi dopo un po' di esitazione propose di chiamarla semplicemente "Guerra dei Sei Giorni". Tra l'altro, fui il primo civile ad andare a Gerusalemme Est attraverso la Porta del Mandorlo, che era rimasta chiusa per decenni agli abitanti ebrei e che era stata un simbolo della Gerusalemme divisa; così, per puro caso, da semplice testimone divenni in un certo senso anche partecipe di questo grande momento.

Ora poteva aver luogo anche il nostro "Concerto della vittoria" – esattamente come l'avevamo progettato quando l'esito della guerra era ancora incerto. L'orchestra sarebbe quindi venuta a Gerusalemme. Partimmo e andammo a visitare luoghi che per anni erano stati inaccessibili; e scoprimmo un luogo grandioso per il nostro concerto – un anfiteatro naturale nelle vicinanze del Monte Scorpus. La nostra proposta venne però subito respinta da non so quale autorità superiore: tutta la zona era minata, e sarebbe stato impossibile radunarvi qualche migliaio di persone. A questo argomento naturalmente non potevamo obiettare, e così eseguimmo il concerto nella Sala Bin-Yanei-Hauma a Gerusalemme.

Tuttavia, devo ammettere che in seguito ci rimasi male quando, nove mesi più tardi, dopo che tutte le tracce della guerra erano state rimosse, Leonard Bernstein diede un grande concerto proprio in quel luogo, che restò negli annali come *il* Concerto della vittoria.

All'esultanza generale dovuta agli eventi politici si aggiunse anche la celebrazione di una gioia privata: le nozze di Daniel Barenboim e Jacqueline du Pré. Jacqueline si era convertita all'ebraismo, per cui il matrimonio poté svolgersi secondo il rito ebraico ed io fui il testimone. Poiché non sono di religione ebraica, diventai temporaneamente il signor Moshe Cohen, affinché tutto potesse seguire il normale corso legale. A tutti noi parve di buon auspicio poter festeggiare proprio in quei giorni un matrimonio tutti insieme in Israele, nel momento in cui il paese doveva affrontare opposizioni esterne, dopo aver nuovamente assicurato la propria sopravvivenza politica. Allora nessuno poteva immaginare – tranne forse i politici, sicuramente più avveduti di noi – l'entità dei problemi che si sarebbero riversati su Israele a causa dei territori conquistati.

Poche settimane dopo il matrimonio di Daniel e Jacqueline, decidemmo di organizzare una tournée in America insieme alla Israel Philharmonic Orchestra, per aiutare sia il paese che i musicisti; tutto il mondo doveva sapere che ora Israele aveva bisogno di un sostegno particolare. Ci esibimmo in molte città americane; il ricavato dei concerti era destinato ai fondi di aiuto per Israele. Molti artisti ci sostennero durante la tournée, offrendo generosamente la loro collaborazione.

Dalla Guerra dei Sei Giorni i miei rapporti con i musicisti della Israel Philharmonic Orchestra si erano notevolmente approfonditi. Niente avrebbe potuto separarci, e io cercai di trascorrere con l'orchestra tutto il tempo che i miei altri impegni mi concedevano.

Nell'autunno del 1967 terminò il mio incarico a Montreal, cosicché da quel momento, perlomeno, non ebbi più sulle spalle la piena responsabilità della direzione di due orchestre. Ero a capo della Los Angeles Philharmonic Orchestra; dirigevo al Met e regolarmente anche a Vienna e a Berlino – e ora andavo anche due volte all'anno in Israele.

La Israel Philharmonic Orchestra è per me come una famiglia; a parte poche eccezioni, ho assunto io stesso i musicisti, naturalmente dopo una preselezione effettuata da una commissione d'esperti. Conosco ogni minimo gesto di questa orchestra – e vale anche il contrario. Una buona parte della direzione d'orchestra non è altro che comunicazione; pertanto serve saper valutare così bene gli altri da riuscire a capirli prima ancora che si esprimano – in particolare, prima che inizino a suonare o a dirigere. Quando la comunicazione funziona talmente bene come tra la Israel Philharmonic Orchestra e me, allora un consenso è sempre possibile; e in questo caso non si tratta di trovare il minimo comune denominatore, bensì il massimo che si può ottenere.

Con la Israel Philharmonic Orchestra, raggiungere questo livello di comunicazione mi risulta più facile che con altre orchestre, anche se ormai non è più caratterizzata da una maggioranza di polacchi in esilio o di musicisti provenienti da Vienna e dall'Ungheria; oggi la maggior parte degli orchestrali proviene dalla Russia, per cui a livello verbale purtroppo non riesco sempre a farmi capire bene – sul piano musicale però ci capiamo benissimo.

Agli inizi della mia carriera conoscevo bene alcuni orchestrali anche in privato; ci si vedeva anche al di fuori della sala da concerto e molti mi invitavano addirittura a casa loro. Penso di aver assunto, per molti di loro, un ruolo situato a metà strada tra il confessore, lo psicologo e il consulente professionale. Per me, come sempre, è molto interessante, nonché molto stimolante per il mio lavoro, vedere come musicisti provenienti da ogni paese del mondo possano intendere la musica in modo completamente diverso. Ho sottolineato già diverse volte l'influenza duratura che Vienna ha avuto sulla mia formazione musicale; là sono cresciuto in una tradizione ben definita, e ho interiorizzato l'intero universo della musica viennese, da Haydn a Webern. In America ho cercato di avvicinare il suono acuto delle trombe a quello europeo, più morbido, forse addirittura "sacrificando" la precisione a favore di un suono più caldo. Coerentemente a ciò, anche in Israele mi sono sforzato di trasmettere ai musicisti la mia concezione del suono, soprattutto per la musica del XIX secolo. Questa comprende anche il valzer viennese, che è molto più difficile da suonare di quanto comunemente si immagini; con la Israel Philharmonic Orchestra provo sempre, di tanto in tanto, a suonare un valzer, che non rientra nel linguaggio musicale naturale di questi musicisti. Tuttavia, per me è importante rendere loro comprensibile anche questo genere di musica, cercare di spiegare il suono giusto e al tempo stesso lo stile della musica; per esempio, nel valzer le molte figure di accompagnamento non devono assolutamente essere eseguite così come sono stampate nella partitura, tutto deve essere suonato in modo un po' "trasandato", il che è piuttosto difficile da spiegare fuori dall'Austria. Anche le orchestre tedesche non sempre sanno esattamente come funziona questa specie di sciatteria organizzata! Per la Israel Philharmonic Orchestra l'ho fatto scrivere addirittura nelle parti; sono esercizi che faccio volentieri, portano una ventata d'aria fresca nell'orchestra e sono anche divertenti. Quando poi tutta la sala freme dalla voglia di ballare, è veramente un piacere! Devo però ammettere che il valzer, in Israele, resta qualcosa di insolito.

Un altro esercizio di questo tipo è rappresentato dalla musica da camera, che – se posso dirlo – è una tradizione europea, e viene eseguita molto di più in Europa che in America. Finora ho sempre espresso ai musicisti di tutte le orchestre che ho diretto il desiderio che suonassero anche musica da camera; l'ho proposto a New York esattamente come a Tel Aviv. In un piccolo gruppo, si suona per forza in modo completamente diverso; i musicisti devono ascoltarsi reciprocamente molto di più che non in una grande orchestra. A ciò si aggiunge che nella musica da camera non c'è un direttore al quale prestare attenzione, ma non c'è nemmeno qualcuno su cui contare perché dia gli attacchi, guidi e sorvegli l'esecuzione; quindi i quattro, cinque o sei musicisti dell'ensemble sono affidati a loro stessi. Attacco, tempo, attenzione alle altre parti sono determinanti e si devono dominare perfettamente; in questo modo i musicisti diventano più ricettivi, e si può suonare in modo più intimo. La disciplina praticata nella musica da camera influisce poi naturalmente anche sul modo di suonare di tutta l'orchestra.

Nel 1969 la Israel Philharmonic Orchestra mi nominò *Music Adviser*, ossia "consigliere musicale"; questa denominazione poteva significare tutto e niente, ma aveva una semplice motivazione giuridica. Poiché ero a capo della Los Angeles Philharmonic Orchestra, da nessun'altra parte potevo essere "Direttore" o "Capo" o firmarmi con una qualifica analoga. Dato che il consiglio di amministrazione dell'orchestra in Israele – nella maggior parte dei paesi extraeuropei, le orchestre vengono guidate in modo cooperativo da un consiglio di amministrazione – mi voleva legare strettamente a sé, andarono a pescare questo titolo alquanto singolare – e con ciò vennero soddisfatte le necessità legali.

Nel 1977 venni poi nominato "Direttore" della Israel Philharmonic Orchestra; questo titolo non era mai esistito prima, e suggellò anche formalmente lo stretto rapporto fra me e l'orchestra. Al termine del mio incarico a Montreal, i responsabili di Los Angeles avevano sicuramente sperato, all'inizio, che io non assumessi più un altro incarico musicale rilevante; ma alla fin fine nessuno poteva trovare nulla da eccepire al mio desiderio di legarmi maggiormente alla Israel Philharmonic Orchestra, e anche quelli di Los Angeles, in fondo, accettarono la mia nomina a direttore musicale in Israele.

Vorrei parlare ancora una volta di Teddy Kollek e di una delle nostre avventure. Nel 1968, Kollek e il sindaco di Betlemme ebbero un'idea insolita per un concerto: vollero organizzare un concerto all'aperto sulla grande piazza davanti alla chiesa della Natività a Betlemme, che oggi è un parcheggio. Fu veramente un evento solenne, quando in questo luogo di grande significato storico e religioso si riunirono migliaia di persone – ebrei, cristiani e arabi – per ascoltare tutti insieme il *Requiem* di Verdi; ascoltarono l'oratorio più drammatico della storia della musica, un'opera di dimensioni imponenti, che termina con il *Libera me* che Verdi aveva previsto come finale di un *Requiem* concepito per Rossini. Per non parlare del testo! Per ciascuno aveva un suo significato, e non può non aver commosso tutti quelli che assistettero al concerto.

Ripenso spesso a quel concerto, e mi chiedo se già a quei tempi non ci si sarebbe dovuti sforzare di parlare con tutti i presenti, per poter comprendere meglio le loro gravi difficoltà e indicare possibili speranze e prospettive. Forse è un pensiero ingenuo, ma mi sembra che siano state perse molte occasioni per arrivare a un'intesa – ma all'epoca la brutale realtà impediva che ciò accadesse. Prima dell'inizio del *Requiem*, Teddy Kollek mi prese in disparte per mettermi in guardia: temeva che Al Fatah potesse fare un attentato terroristico nel corso dell'esecuzione. Mi pregò di mantenere la calma, se nel bel mezzo del concerto fossero scoppiati tumulti o panico a causa di eventi imprevisti, di non perdere la testa o addirittura fuggire dal podio; avrei dovuto reagire nel modo più calmo possibile. L'importante era cercare di tranquillizzare il pubblico. Questo peraltro non contribuì a tranquillizzare me; diverse volte, nel corso del concerto, ebbi la sgradevole sensazione che qualcuno mi stesse puntando contro un fucile o un'altra arma. A questo devo però aggiungere che in situazioni del genere provo una certa sicurezza, proprio perché ritengo di essere dalla parte del giusto.

Negli anni precedenti, l'orchestra aveva suonato spesso in un altro luogo di notevole interesse storico, ossia Cesarea. A Cesarea suonammo diverse volte, con grande successo: è un luogo meraviglioso per ascoltare musica, dove ogni pietra rappresenta duemila anni di storia. Un tempo la città era il secondo porto dell'Oriente per grandezza; ricorda anche, però, l'inizio della repressione e dello sterminio degli ebrei e della loro lunga lotta contro il dominio dei romani.

Nel meraviglioso anfiteatro romano, costruito sotto Erode, abbiamo eseguito concerti e opere indimenticabili; una volta anche i *Gurrelieder* di Schönberg. Questa opera imponente, con il suo spiegamento monumentale di suoni, sembra fatta apposta per questo luogo. Nel 1977 vi allestimmo il *Fidelio*, con la regia di Otto Schenk, Gundula Janowitz nella parte di Leonore e Jon Vickers in quella di Florestano. Per le scene del carcere, il teatro romano si adattava perfettamente; era davvero impressionante. La sede della Israel Philharmonic Orchestra, l'Auditorium Mann, non era molto adatta per rappresentazioni sceniche, e un teatro d'opera vero e proprio a quei tempi a Tel Aviv non esisteva. Per molti anni abbiamo eseguito le opere in forma di concerto, come del resto continuo a fare ancora oggi con la Israel Philharmonic Orchestra.

Da diversi anni ormai a Tel Aviv c'è un teatro d'opera, con cui però la Israel Philharmonic Orchestra non ha alcun rapporto. Da parecchio eseguo con l'IPO un'opera in forma di concerto a stagione, e ogni volta la trovo una cosa particolarmente interessante. Ovviamente, la preparazione di un'opera eseguita in forma di concerto richiede molto meno tempo; e poi, avere i cantanti vicino a me è un inestimabile vantaggio dal punto di vista musicale. Posso eseguire tutto come me lo immagino; non devo dannarmi l'anima con indicazioni di regia grottesche o difficili da seguire, e i cantanti non devono né arrampicarsi sui muri né eseguire trilli e fioriture a testa in giù. Naturalmente sono consapevole che questo atteggiamento è in contrasto con gli intenti effettivi dell'opera, e che molte opere non ci guadagnano, quando vengono suonate solo in forma di concerto; ciò nonostante, quando la musica punta all'inconscio, come per esempio in Puccini, allora secondo me ci si può benissimo arrischiare a eseguirla in forma concertante.

Onestamente bisogna ammettere che in molti teatri d'opera vanno in scena spettacoli di repertorio che non sono molto di più di una esecuzione in forma concertante in costume, con un po' di movimento. Certe cose sono difficili da recitare, e non sono molti i cantanti e le cantanti che siano in grado contemporaneamente di cantare e recitare bene. In fondo sono molto pochi gli artisti che sanno veramente interpretare una parte in modo credibile; e se non ci riescono, il regista finisce per rimanere frustrato, e il direttore pure.

Ci sono opere molto difficili, temute da ogni cantante, come per esempio *Il Trovatore*; d'altra parte, però, esistono anche dei talenti straordinari, che sanno semplicemente fare tutto bene – uno fu Maria Callas. Ci vogliono molte prove affinché i cantanti trovino un affiatamento; ma poiché, malgrado ciò, il risultato spesso non è soddisfacente, a volte sono già contento quando i cantanti hanno una posizione corretta e cantano in modo corretto. Questa affermazione può sembrare più cinica di quanto non sia in realtà; si sa che dirigo volentieri opere, e sarebbe addirittura ridicolo se come direttore di un teatro d'opera non amassi anche lo "spettacolo" – e con tutta l'anima. Tuttavia, spesso faccio di necessità virtù; per questo mi piace anche eseguire opere in forma concertante con la Israel Philharmonic Orchestra.

Del resto, mi viene sempre chiesto come si comporti un direttore quando un cantante o una cantante "non funziona". Certo questo può capitare; io cerco di non mostrare animosità personale, perché in definitiva un cantante, finché io lavoro insieme a lei o a lui, è sotto la mia protezione, e io ho l'obbligo di occuparmene. Ci sono però dei direttori che rivelano pubblicamente un contrasto o un dissenso con un solista – Bernstein l'ha fatto una volta prima di un concerto con Glenn Gould, quando questi doveva suonare il *Primo Concerto per pianoforte* di Brahms: spiegò al pubblico che lui come direttore non era d'accordo musicalmente con Gould. Per me dimostrazioni di questo tipo non hanno alcun senso.

Un grande evento fu la prima visita della Israel Philharmonic Orchestra a Berlino, durante la prima tournée che feci in Europa nel 1971. Ci furono lunghe discussioni tra i membri dell'orchestra e i tre consiglieri di amministrazione, per decidere se fosse effettivamente possibile intraprendere una tournée di concerti in Germania. C'erano ancora troppe ferite aperte e dubbi – erano in gioco troppi sentimenti. Alcuni musicisti la presero molto male; non potevano dimenticare le loro esperienze personali o i ricordi delle sofferenze di familiari o conoscenti. Come avrebbero potuto recarsi nel paese che era responsabile dell'Olocausto? La discussione ebbe uno svolgimento molto emotivo e appassionato; ci furono voci favorevoli e altre contrarie, ma alla fine venne deciso di dare un segno di intesa e di riconciliazione.

Nel corso degli anni, anche i rapporti tra i Berliner Philharmoniker e la Israel Philharmonic Orchestra si normalizzarono, tanto che i Berliner poterono venire in Israele con Daniel Barenboim; finché Karajan rimase il loro direttore stabile, una simile visita sarebbe stata impensabile per vari motivi. Occasionalmente, i Berliner comunque avevano già chiesto sia a me che a Baremboim se uno di noi due avrebbe potuto dirigerli in Israele – ma allora non potevamo soddisfare quella richiesta. Dopo l'era Karajan, non vi fu più alcun motivo per non ammettere uno scambio musicale, e l'orchestra venne in Israele. Barenboim diresse tutte le sinfonie di Brahms e nel concerto finale io diressi una memorabile esecuzione congiunta: prima della pausa i Berliner suonarono con una violinista israeliana e una clarinettista, e poi le due orchestre eseguirono insieme *La Valse* di Maurice Ravel e la *Quinta Sinfonia* di Beethoven. Questo concerto comune doveva naturalmente avere un carattere simbolico, e, come si sperava, il pubblico reagì con applausi entusiastici. Anche con questo concerto si volle dare un segnale di riconciliazione, il che rispondeva del tutto anche al mio credo: abbiamo dato agli ascoltatori la possibilità di dimenticare problemi e conflitti almeno per un paio d'ore.

Nel 1971, in occasione della prima esibizione della Israel Philharmonic Orchestra in Germania, eseguimmo per l'apertura delle Berliner Festwochen un concerto con Dietrich Fischer-Dieskau, e uno con Daniel Barenboim. Fischer-Dieskau interpretò i *Kindertotenlieder* di Mahler con grande sentimento; fu un'esecuzione meravigliosa. Conosceva l'orchestra molto bene, perché veniva spesso in Israele. Al termine del concerto mi sembrò molto commosso: dietro le quinte, quasi non riusciva a trattenere le lacrime.

Anche per noi quel concerto fu molto toccante. Forse fu utile che dirigessi io, che non ero né tedesco né israeliano, perché così potei allentare un poco l'enorme tensione che ovviamente pesava su tutti, ed era chiaramente percepibile. Dei 115 membri dell'orchestra, solo due rifiutarono di partecipare a quel concerto straordinario; ognuno era stato lasciato libero di decidere, e le rinunce dettate da motivi personali vennero naturalmente accettate.

Dopo i *Kindertotenlieder* suonammo anche la *Prima Sinfonia* di Mahler, e il pubblico di Berlino ci ringraziò con una standing ovation; i musicisti ed io restammo impressionati dall'entusiasmo degli ascoltatori, e fummo molto contenti dell'accoglienza che era stata riservata all'orchestra. Dopo un lungo applauso decidemmo di concedere un pezzo fuori programma e suonammo la *Hatikvah*, l'inno nazionale israeliano, sconosciuto alla maggior parte del pubblico. Lo avevo deciso rapidamente; mi sembrò una conclusione adeguatamente conciliatoria per una serata così carica di sentimenti. Mi parve di sentire che era stato fatto un piccolo passo verso una nuova amicizia. Un contributo analogo alla comunicazione e all'intesa lo potei forse dare nel 1994, allorché mi esibii per la prima volta con la Israel Philharmonic Orchestra nella mia patria, in India.

Questa prima tournée in Germania della Israel Philharmonic Orchestra ci condusse fra l'altro anche a Bonn, dove si occupò di noi Johannes Wasmuth, che con la sua attività a favore della musica aveva veramente compiuto imprese memorabili; non era solamente un impresario assai avveduto, che aveva sempre tutto sotto controllo, ma dimostrò anche di avere una grande capacità di immedesimazione e una grande competenza musicale. Trasformò la famosa stazione ferroviaria di Rolandseck, a sud di Bad Godesberg, in un paradiso per i musicisti da camera, dove in seguito i membri della Israel Philharmonic Orchestra si esibirono sempre volentieri. Il rispetto con cui Wasmuth trattava le persone merita il massimo apprezzamento.

In quello stesso anno la Israel Philharmonic Orchestra venne invitata per la prima volta al Festival di Salisburgo: questo fu l'inizio di una lunga serie di concerti straordinari con grandi solisti. Durante il primo concerto Pinchas Zuckerman eseguì il *Concerto per violino* di Brahms, più tardi anche Itzhak Perlman, Maurizio Pollini e Maxim Vengerov e altri suonarono con noi.

Anche in Israele ho cercato di inserire nel repertorio la musica contemporanea; rendere accessibile la musica nuova a un pubblico più vasto è uno dei miei intenti principali. Se ciò che scelgo dall'abbondanza dell'offerta si rivelerà duraturo, spesso non lo si può ancora dire; questo potrà valutarlo solo la prossima generazione. Nel corso degli anni Settanta tentai di destare interesse per la musica contemporanea con una serie di concerti dal titolo "Musica viva", ma non fu una cosa facile e purtroppo, dopo alcuni anni, fummo costretti a sospendere la serie a causa della scarsa risonanza e per motivi economici. Ma anche nei concerti abituali cerco sempre di inserire una prima di un compositore nazionale o per lo meno un'opera contemporanea, perché in fin dei conti, al di fuori delle sale da concerto, non ci sono quasi possibilità di conoscere musica nuova. A mio avviso, noi direttori d'orchestra siamo corresponsabili del fatto che si eseguano sempre e soltanto classici ben noti, che la gente ha comunque già a casa su CD.

Anche per questo motivo sono a favore di una buona educazione musicale di tipo professionale, che dia ai giovani una formazione approfondita.

Nel 2004, su richiesta di un generoso benefattore, concessi volentieri il mio nome a una scuola di musica in Israele, che vuole appunto dare un'educazione musicale ai giovani talenti; oltre a ciò, un altro dei suoi obiettivi è quello di trattenere in patria i giovani musicisti dotati, che molto spesso vanno all'estero perché lì trovano condizioni di studio più vantaggiose. Così è stata fondata, in collaborazione con la Israel Philharmonic Orchestra, la Buchmann-Mehta School presso l'Università di Tel Aviv. Grazie alla generosa donazione di Josef Buchmann, un sopravvissuto ai campi di concentramento e mio grande amico di lunga data che vive a Francoforte, dove è un importante immobiliarista, l'istituto ha una copertura finanziaria completa assicurata per alcuni anni. Come al Curtis Institute di Philadelphia, anche qui i giovani più promettenti vengono selezionati, sostenuti e istruiti, nonché completamente mantenuti fino al termine dei loro studi.

Esistono tanti progetti interessanti e degni di essere appoggiati, per i quali vale la pena impegnarsi; se purtroppo non posso farlo nella misura in cui vorrei, è solo perché il tempo che ho a disposizione è limitato. La West Eastern Divan Orchestra, fondata dal palestinese Edward Said e dall'israeliano Daniel Barenboim e diventata famosa in tutto il mondo, vuole rendere possibile e facilitare il dialogo arabo-israeliano, almeno sotto l'aspetto musicale. Ma oltre a ciò, ci sono anche progetti piccoli che crescono quasi di nascosto – e prosperano anche discretamente. Così mi sono adoperato per un'iniziativa chiamata "The Israeli Music Celebration / Tempus Fugit"; si tratta di una Biennale di musica contemporanea, nella quale membri ebrei della Israel Philharmonic Orchestra e giovani musicisti e cantanti arabi si esibiscono insieme.

Deve essere fatto tutto il possibile per ridurre i contrasti e favorire la comprensione reciproca; solo in questo modo si possono fare progressi, superando tutti i presunti ostacoli di natura politica e storica.

Nell'ottobre 2004, quando Jassir Arafat era ancora in vita e la questione palestinese era ancora strettamente legata alla sua persona, mi recai alla scuola di musica di Ramallah, su invito del medico arabo dottor Mustafa Barguti. Volevo vedere i progetti sviluppati con l'aiuto di quel medico, molto stimato a livello internazionale, e speravo anche di ottenere un'impressione delle condizioni di vita in quel luogo; ebbi così modo di toccare con mano l'oppressione che difficilmente smette di pesare sulle popolazioni che vivono in quella zona.

Durante quella visita feci anche musica con giovani e bambini del posto; avrei desiderato che alcuni membri della Israel Philharmonic Orchestra avessero potuto accompagnarmi; forse sarebbe servito a entrambe le parti per capirsi meglio – ma gli israeliani non possono entrare nella striscia di Gaza. L'impegno, la voglia di fare e anche la forza inesauribile, malgrado le misere condizioni di vita, con cui si lavora lì sono impressionanti. Quando, la sera dopo questa visita, dovetti dirigere a Tel Aviv un concerto di gala per gli amici e i sostenitori americani della Israel Philharmonic Orchestra, mi fu difficile liberarmi dalle immagini e impressioni della giornata.

In nessun altro paese i contrasti hanno contorni così marcati e sono mantenuti con una tale rigidità come in Israele – e con questo non intendo soltanto i contrasti politici, ma anche e soprattutto quelli sociali. Devo reagire con l'orchestra a questo fenomeno, se non vogliamo consentire solo a una piccola élite della società di poter godere dell'arte, lontano dalla realtà delle cose. Così nel luglio del 2005 abbiamo dato un concerto con la *Nona* di Beethoven in un kibbutz nelle vicinanze di Nazareth, nella parte sud di Israele, e oltre ad aver venduto biglietti a circa duemila israeliani dei vicini kibbutz ne abbiamo venduti altri 400 ad arabi. Ovviamente il concerto ebbe luogo in condizioni acustiche terribili, ma io ero molto soddisfatto nel vedere ebrei e arabi nuovamente seduti gli uni accanto agli altri; purtroppo questo in Israele non succede spesso. Non mi illudo seriamente che qualcuno abbia capito e interiorizzato il verso di Schiller «Tutti gli uomini diventano fratelli», ma voglio conservare un'illusione che sosterrò sempre: ritengo che un concerto come questo possa far dimenticare l'odio, anche se per poco tempo, perché la musica e l'odio si escludono a vicenda. E se dovesse veramente succedere, allora avremmo già ottenuto tanto.

In Israele mi sono inoltrato con i miei orchestrali, anche in senso letterale, in zone di confine dove una grande orchestra filarmonica normalmente non arriva. Una di queste imprese fu un concerto che abbiamo dato nel gennaio 1982 sul confine tra il Libano e Israele, in mezzo a un campo di tabacco. Questo concerto venne realizzato nel modo seguente: il sud del Libano, negli anni che seguirono lo scoppio della guerra civile, era abitato perlopiù da cristiani, che in un primo momento vennero aiutati da Israele e soprattutto protetti dagli attacchi del PLO (Palestine Liberation Organization). Fu un periodo abbastanza pacifico nei rapporti tra il Libano e Israele. A partire dal 1977, nei territori della zona di confine fu praticata la cosiddetta politica della "Good Fence": i maroniti del sud del Libano trovarono lavoro, furono assistiti nei periodi di difficoltà, poterono imbarcare le merci nel porto di Haifa e usufruire di assistenza medica gratuita – in tutto e per tutto, un progetto chiaramente ben funzionante.

L'allora comandante della polizia di confine si chiamava Zvi Bar, e mi accordai con lui per dare un concerto per la popolazione che viveva nella zona di confine. Zvi Bar divenne poi sindaco di Ramatgan nei pressi di Tel Aviv, e ancora oggi è uno dei più importanti conoscitori della problematica arabo-ebraica.

Mi recai dunque, con gli orchestrali e tutti i nostri

leggii e strumenti, al confine, dove il comandante aveva preparato tutto il necessario per un concerto in mezzo al campo; era stato eretto addirittura una specie di palcoscenico, circondato dagli schermi solari protettivi in dotazione all'esercito.

Il pubblico, composto prevalentemente da libanesi, era seduto all'aperto. Dopo il concerto la gente venne da noi e ci abbracciò; tutti si sentirono affratellati, animati dalla nuova speranza di un futuro più felice. Naturalmente non suonammo una sinfonia di Beethoven o qualcosa di altrettanto serio; in occasioni del genere suoniamo "bazzecole". Un concerto come questo serve a divertire e deve suscitare solo gioia, niente di più. Stare in piedi in mezzo alla sabbia a far musica fu un'esperienza davvero singolare. Nel giugno del 1982, dopo l'azione militare degli israeliani sotto la guida del generale Sharon, arrivai fino a Beirut, per una specie di impresa segreta insieme ad alcuni altri civili e a un paio di militari. Fu un viaggio emozionante e molto toccante. In alcuni paesi ci salutarono come amici. Dappertutto nelle strade erano appese bandiere israeliane e arabe; sembrava che la gente non aspettasse altro che potersi finalmente riavvicinare. Il fatto che gli eventi successivi abbiano avuto uno sviluppo completamente diverso e che gli israeliani, salutati in un primo momento come salvatori, ne abbiano combinate parecchie – il che d'altronde è più che contestabile – non può e non deve essere discusso qui.

Quando lavoro in Israele con l'orchestra diamo naturalmente concerti anche in sale che non corrispondono in alcun modo all'idea tradizionale di un'acustica soddisfacente e neppure alle nostre esigenze estetiche. Tutta l'orchestra raggiunge in autobus il nord di Israele o le regioni meridionali, dove però sovente ci attende la sala da concerto di Gerusalemme, molto più solenne; in questo modo la musica raggiunge anche le persone che non possono viaggiare per un'ora o più per arrivare fino alla capitale.

L'idea un po' ingenua che un direttore relativamente esperto del mondo e della musica come me giunga in aereo alla sede di un concerto, si metta il frac, faccia un po' di musica e sparisca poi nuovamente in un altro aereo o in lussuosi alberghi, si basa per lo più sulla mancanza di conoscenza di quella che è l'attività musicale, e nel caso di Israele sulla totale ignoranza delle condizioni in cui si trova quel paese.

Una volta eseguimmo un concerto a Kiryat Chaim, nel nord di Israele; suonammo la *Quinta Sinfonia* di Beethoven in una sala che aveva il fascino di un vecchio cinema degli anni Cinquanta. Per noi queste sono sempre delle grandi gioie, perché in questi posti incontriamo un pubblico che è capace di entusiasmarsi e che vive la musica con evidente partecipazione: un simile entusiasmo si comunica, vibra attraverso la sala e si trasmette ai musicisti. A questo concerto venne un gruppo di circa sessanta spettatori arabo-ebrei, che si incontrano regolarmente per cantare in coro, e per i quali fu un grande evento poter conoscere da vicino quell'orchestra tanto famosa.

Se si riescono a organizzare eventi del genere, conciliando scrupolosamente appuntamenti, strade, date e questioni logistiche – in breve tutto ciò che è legato a iniziative del genere, affinché poi sul posto tutto si svolga senza intoppi – ciò è dovuto soprattutto a una persona: Avi Shoshani, segretario generale dell'orchestra. Shoshani fa semplicemente tutto; con mano leggera riesce a combinare una tournée in America Latina con un concerto a Gerusalemme. Le combinazioni per l'orchestra, gli strumenti, me e mia moglie si armonizzano meravigliosamente con le date dei concerti nei luoghi più remoti. In pratica non c'è domanda alla quale Shoshani non sappia dare una risposta in brevissimo tempo. Il fatto di saper superare anche occasionalmente e in modo magistrale eventuali difficoltà finanziarie, accanto a tutti gli altri suoi pregi, lo rende una delle persone più importanti di tutto il sistema – a prescindere dagli orchestrali! Riesce a compiere tutto questo senza un grande staff di collaboratori, ma solo con le due signore, competenti quanto lui, dell'ufficio di Tel Aviv. Da parecchio tempo sono molto legato a lui, anche umanamente; per me Avi Shoshani è al tempo stesso amico, manager e consigliere comprensivo – e inoltre lo ritengo semplicemente il miglior manager musicale del mondo.

Quando dopo una tournée in giro per Israele torno nel mio hotel a Tel Aviv ben oltre mezzanotte, devo rilassarmi per poi poter dormire. Dopo uno sforzo del genere non riesco a scrollarmi subito di dosso la tensione; perciò mi piace mangiare ancora qualcosa e guardare una partita di calcio o di cricket alla televisione. Tutti i miei collaboratori e amici sanno che lo sport è una delle mie grandi passioni.

L'anniversario della fondazione dello Stato di Israele viene sempre celebrato in modo solenne. In occasione di anniversari particolari, la Israel Philharmonic Orchestra si è sempre impegnata affinché il giorno di festa venisse celebrato degnamente anche sotto l'aspetto musicale.

Ricordo in modo particolare due feste degne di nota: una si svolse nel 1978 per il trentesimo anniversario dello Stato di Israele. Ancora una volta Teddy Kollek, il geniale mediatore e conciliatore, ci aveva messo mano: per un concerto con l'orchestra aveva scelto la piazza tra la Gerusalemme vecchia e la parte nuova, la cosiddetta Sultan's Pool. La città vecchia di Gerusalemme è circondata a est da mura che furono ricostruite nel XVI secolo dal sultano Solimano il Magnifico, al quale si deve anche la famosa Sultan's Pool; l'anfiteatro adiacente si adatta perfettamente a concerti e spettacoli di ogni genere all'aria aperta .

A quei tempi questo luogo così ricco di storia era appena diventato nuovamente utilizzabile, dopo tutti gli scontri bellici e i tumulti politici della fine degli anni Sessanta e degli inizi degli anni Settanta. Quanto a questo, l'idea di Teddy Kollek di organizzare proprio lì il concerto commemorativo dell'anniversario fu semplicemente geniale. Eravamo riusciti a ingaggiare solisti di livello internazionale: Leontyne Price, Mstislav Rostropovich, Jean-Pierre Rampal e Isaac Stern.

Dieci anni dopo venne scelto però un luogo ancora più degno per il concerto dell'anniversario: Masada – il luogo che testimonia la lotta degli ebrei per la sopravvivenza, il coraggio della resistenza e la volontà di non arrendersi. Al termine dei festeggiamenti per il quarantesimo anniversario della fondazione dello Stato di Israele, la Israel Philharmonic Orchestra suonò lì, sotto la mia direzione, la *Sinfonia della Resurrezione* di Mahler – un'opera monumentale, che si prestava magnificamente a essere eseguita in quella occasione e in quel luogo. I versi di Klopstock dell'ultimo tempo, da cui la sinfonia prende il nome – «Risorgerai, sì, tu risorgerai, polvere mia, dopo un breve riposo...» – affascinarono l'enorme folla. Tra il pubblico sedevano dei famosi emigrati russi, i cosiddetti *refuseniks*, come la battagliera Ida Nudel e Anatoly Sharansky, che poi sarebbe divenuto ministro. Dopo tanti anni di lotta, Ida Nudel era finalmente riuscita a espatriare dalla Russia e ora si occupava principalmente dei bambini russi arrivati in Israele; fu quindi perfetta per l'occasione l'esibizione di una bambina di sei anni che sola sul palco, al termine della monumentale sinfonia di Mahler, suonò la *Hatikvah* con il suo piccolo violino.

Fu una manifestazione straordinaria, cui parteciparono ebrei provenienti da tutto il mondo che ora, nel profondo della notte, abbandonandosi alla speranza di un futuro più pacifico, ascoltavano quella musica. Dietro mia preghiera l'americano Gregory Peck e il francese Yves Montand pronunciarono un saluto, che fu poi diffuso in tutto il mondo; ero amico di entrambi e fui loro molto grato per essersi prestati a dare un contributo a quel concerto straordinario. Ancora una cosa mi riuscì in relazione a questo concerto, che mi fece piacere e mi diede anche un po' di soddisfazione: nell'orchestra suonava un'ebrea russa, Anna Rosnovsky, espatriata legalmente, la cui sorella viveva ancora in Russia. Questa sorella era elettricista: l'avevo conosciuta durante un concerto straordinario a Leningrado e mi aveva raccontato le sue difficoltà. Poiché a causa della sua professione era stata iniziata a presunti segreti di Stato – il che in ogni caso è difficilmente comprensibile e addirittura ridicolo a orecchie occidentali – e suo figlio avrebbe dovuto andare soldato di lì a poco, le veniva negato l'espatrio in Israele. Così quella sera dal palco di Masada, davanti agli occhi di tutti – ma soprattutto udito da tutti –, davanti a un pubblico che proveniva dai diversi continenti, disposi che fosse resa possibile una conversazione telefonica con Leningrado. In questo colloquio con la giovane donna, le espressi la mia speranza che presto avrebbe potuto riunirsi con la sorella in Israele, in modo che tutti potessero sentire; speravamo ovviamente che anche le autorità sovietiche ascoltassero questo colloquio. E la cosa funzionò: dopo quindici giorni la donna era in Israele insieme al figlio – una piccola cosa, ma sicuramente di grande importanza nelle sue conseguenze per i diretti interessati.

Il fatto di conoscere attori come Gregory Peck, Sophia Loren, Yves Montand o anche Danny Kaye non deve far supporre che io sia affascinato dal *glamour*. Mi è stato continuamente attribuito un evidente interesse per i divi del cinema e del mondo dello spettacolo, ma una cosa è certa, non ho mai cercato la loro vicinanza. Alcuni forse non se lo possono immaginare, ma anche divi del cinema famosi in tutto il mondo sono spesso amanti dichiarati della musica – Gregory Peck, per esempio. E Sophia Loren ha un figlio molto dotato, Carlo Ponti jr., che è sulla buona strada per diventare un ottimo direttore d'orchestra. Quindi è naturale conoscersi e anche organizzare iniziative insieme, soprattutto se serve a una buona causa. Apprezzo molto le persone che mettono la loro popolarità al servizio di una giusta causa o di un progetto importante; le offerte si ottengono più facilmente se si può contare su un grosso nome, che non con il solo sostegno di sconosciuti. Proprio questo è anche il motivo per cui, per una buona causa, talvolta mi esibisco anche in luoghi che forse possono apparire strani. Parlerò ancora di questo, perché è un argomento che mi sta molto a cuore.

A proposito della mia attività musicale in Israele, devo anche accennare al problema di far accettare Richard Wagner in questo paese, e della mia posizione al riguardo. In Israele non esiste un divieto ufficiale del governo di suonare Wagner. La Palestine Philharmonic Orchestra di un tempo, durante gli orrori della guerra e in considerazione dell'Olocausto, decise che non avrebbe mai più suonato Wagner. Pubblicamente, in Israele ci sono grandi riserve nei confronti delle opere di questo compositore, perché si sa che Wagner, accanto a Franz Lehár, era dichiaratamente il compositore preferito di Adolf Hitler. Questo tuttavia non esclude che in quasi tutti i negozi di dischi possano essere acquistati CD con le opere di Wagner, e nella Kol, la stazione radio ufficiale israeliana, viene certamente trasmesso anche Wagner. Esiste un'enorme discrepanza tra il rifiuto ufficiale di Richard Wagner e la percezione effettiva della sua musica; ma anche sotto altri aspetti c'è a mio parere una certa incoerenza, perché con le stesse argomentazioni che vengono mosse contro Wagner si potrebbero rifiutare anche molti altri artisti. Questo atteggiamento ha spesso a che fare con un miscuglio di pregiudizi e cliché, molti dei quali vengono semplicemente trasmessi da una generazione all'altra; d'altronde, però, bisogna considerare che sarebbe veramente privo di tatto presentare Wagner a una persona che è stata rinchiusa in un campo di concentramento e che porta un numero tatuato sul braccio. Le opposte argomentazioni sulla musica di Wagner riempiono interi volumi, e ci vorrà sicuramente ancora molto tempo prima di trovare un rapporto con essa che sia soddisfacente per tutti. In Israele Wagner non viene eseguito né in sala da concerto né all'opera; d'altra parte la storia della musica degli ultimi centocinquanta anni sarebbe semplicemente impensabile senza Wagner – e questo nessuno intende contestarlo seriamente.

Già negli anni Sessanta ci fu un dibattito pubblico su Wagner, durante il quale l'accusatore capo del processo Eichmann, Gideon Hausner, ed io sostenemmo due opinioni molto contrastanti. Nel 1981 provai a riflettere per trovare una via d'uscita da questo circolo vizioso. Al termine di un normale concerto, mi rivolsi al pubblico e spiegai che il concerto vero e proprio era finito, ma che avremmo suonato ancora il Preludio e la morte d'amore da *Tristano e Isotta*. Chi non desiderava ascoltarlo avrebbe avuto la possibilità di andarsene.

L'orchestra iniziò a suonare. Piano, molto piano. Improvvisamente qualcuno in sala incominciò a gridare e insultò a squarciagola me e gli orchestrali, mentre alcune persone infuriate cercavano di salire sul palcoscenico. L'orchestra non si lasciò fuorviare e continuò a suonare. Frattanto anche il primo violino Chaim Taub si era messo a urlare e colpì con l'archetto le dita di uno spettatore particolarmente sgradevole – in poche parole, scoppiò un caos furibondo. Ciò nonostante continuammo a suonare, perché sapevamo che stava arrivando un forte crescendo, che avrebbe coperto le grida peggiori, e che all'inizio misterioso della morte d'amore un pianissimo avrebbe riportato la gente alla calma. E successe proprio così. Il giorno seguente ci riprovai; volevo ripetere ancora una volta il mio tentativo di suonare Wagner senza lasciarmi distogliere dalle grida.

Non riesco a collegare nulla di politico a Wagner; per me, in quanto musicista, è fuori discussione, e sono fermamente convinto che in una democrazia si possa suonare qualunque musica. Il mio tentativo con Wagner fu in parte accolto sfavorevolmente, ma rimasi convinto della mia decisione. Quando però il giorno dopo alcune persone arrivarono solo verso la fine del concerto vero e proprio, apposta per sentire la "provocazione", e iniziarono a disturbare quando ancora non si sentiva neppure un suono, interruppi il concerto. Per me questo era davvero troppo.

Per mesi il concerto fu sulla bocca di tutti. Alcuni mi definirono un eroe, molti però mi attribuirono una mancanza di sensibilità e dissero che non avevo alcuna idea dell'Olocausto. Durante questo periodo, mi capitò di trovarmi in macchina alle due del mattino. Stavo ritornando da una cena con il mio primo fagotto quando un poliziotto mi fermò a un incrocio, perché ero passato con il rosso, e mi rimproverò urlando, dicendomi che non capivo nulla di quello che era importante per quel paese. Gridò che suo padre aveva il numero tatuato sul braccio e che era stato una vittima dei nazisti. Non seppi rispondere e di fronte a un simile scoppio d'ira mi sentii del tutto impotente.

Forse avevo veramente mancato di sensibilità – non lo so. Forse non avrei dovuto fare quel tentativo, in fondo quasi "didattico", perché in fin dei conti in tal modo avevo esercitato una specie di costrizione; avevo voluto imporre qualcosa che ritenevo giusto. Tuttavia, sul piano intellettuale ciò che è successo non mi è completamente comprensibile.

Proprio in quel periodo, avvenne che nel Parlamento di Israele un politico fece mettere a verbale che in realtà era già stato fatto abbastanza per la mia carriera e che ora potevo lasciare subito il palcoscenico e anche il paese. Appresi con spavento quella dura invettiva contro di me; ma se era questo che volevano, pensai, allora me sarei dovuto andare. Con mio grande stupore e gioia, accadde invece qualcosa di completamente diverso: come reazione a questa critica, l'orchestra decise di chiedermi di accettare la direzione musicale a vita. Al termine di un concerto uno dei rappresentanti del consiglio di amministrazione, la prima viola Daniel Binyamini, venne da me e mi presentò l'offerta dell'orchestra, che mi commosse profondamente e fui ben lieto di accettare.

Non è mai stato messo per iscritto in un contratto

che io dal 1981 occupo questa carica prestigiosa; non è necessario. Ogni cinque o sei anni mi informo presso l'orchestra se mi vogliono ancora – in fondo, nel frattempo possono aver cambiato idea, e in questo caso vorrei che me lo dicessero direttamente, senza giri di parole. Per questo non serve alcun contratto. Forse un giorno gli orchestrali vorranno un altro direttore musicale. E chi sa, forse anche per me un giorno tutto questo diventerà troppo – perché anche se la Israel Philharmonic Orchestra per me è parte della mia famiglia, ci sono sempre contrasti e dissidi, come avviene in fondo in tutte le famiglie. Sarebbe una bugia se fingessimo di essere sempre dello stesso parere; tuttavia tutto può essere chiarito, se in linea di massima ci si capisce.

Parlo malvolentieri di onoranze, onorificenze e premi; vorrei però citare qui un premio che ho ricevuto, l'Israel Prize, assegnato dal governo. Finora sono l'unico non israeliano cui è stato conferito. Quando me lo hanno consegnato nella Knesset (il Parlamento israeliano) era presente fra l'altro anche quel politico che voleva liberarsi di me; non ci siamo guardati e non ci siamo neppure dati la mano.

Nella mia vita Israele occupa un posto di grande rilievo; concepisco il mio lavoro in Israele come una parte determinante del mio compito nella vita. Per questo sono disposto a impegnarmi in qualsiasi momento, ma anche – se necessario – a suscitare delle critiche.

Per quanto io sia dell'opinione che i responsabili in Israele debbano scendere a compromessi e imparare che i problemi fondamentali non possono essere risolti a lungo per mezzo di mura e blocchi, allo stesso modo faccio attenzione che a livello internazionale non si avverta la minima riserva da parte mia nei confronti di questo paese. Purtroppo ci sono tanti musicisti che per i motivi più disparati non vogliono venire in Israele, sia perché pensano che la situazione politica sia insostenibile oppure spiacevole, sia perché il compenso offerto sembra loro troppo esiguo. Un artista che disdice un'esibizione in Israele, a dire il vero, non viene più invitato da me neppure in altri paesi: non sarebbe compatibile con la mia coscienza.

Se dopo così tanti anni emotivamente mi sento come una parte di Israele, ritengo di avere, proprio per questo motivo, anche il diritto di non essere d'accordo su tutto; ma se le circostanze lo impongono, allora si potrà contare su di me. Sono pronto a fare quello che posso per essere d'aiuto a questo paese – anche se in genere non posso fare di più che essere presente con la mia musica.

Quando nel 1991 scoppiò la prima Guerra del Golfo, misi a dura prova la pazienza di mia moglie e anche quella dei miei committenti di New York. Stavo tornando da Vienna a New York, dove dovevo suonare con la New York Philharmonic Orchestra, quando sentii che la guerra era imminente; l'ultimatum per il ritiro degli iracheni dal Kuwait era scaduto. Non potevo fare diversamente – dovevo disdire il mio volo per New York. Chiamai mia moglie e le dissi che avrei preso il prossimo aereo per Israele e che avrei disdetto il mio viaggio a New York. Nancy si infuriò, perché pensava che non fosse il caso che mi mettessi a fare l'eroe – il che peraltro non era nelle mie intenzioni. Anche quelli della Filarmonica la presero male, ma tutto questo non mi trattenne dal prendere un volo per Tel Aviv.

L'allora sindaco di Tel Aviv, Shlomo "Cheech" Lahat, percorse con me l'animata Dizengoff Street, per mostrare alla gente che non c'era da avere paura; eppure avevano tutte le ragioni per averne, perché Saddam Hussein aveva fatto puntare dei missili Scud su Israele, e nessuno sapeva quali obiettivi sarebbero stati colpiti e quale fosse la precisione del sistema di guida degli Scud. L'atmosfera era di nuovo pervasa da quel fanatismo pragmatico molto particolare che caratterizza gli israeliani in tempi di difficoltà e di emergenza, ma la situazione era già molto disagevole, e i piccoli rifugi in cemento dei grattacieli e degli hotel, in cui avremmo dovuto scendere in caso di bombardamento, non erano propriamente dei luoghi invitanti.

Ero arrivato completamente inatteso e assolutamente non per dirigere; inoltre i normali concerti erano fuori discussione, perché la sera era imposto l'oscuramento, tuttavia si fece musica lo stesso. Semplicemente, suonammo di mattina – in luoghi impensati. Questo fu il mio contributo per la gente, ed è così che intendo il mio modo di "uscire allo scoperto"; con la musica spero solo di poter togliere la paura alla gente e di regalare loro un po' di gioia. Anche Isaac Stern, Daniel Barenboim e Yefim Bronfman erano in Israele in quei giorni; e facemmo musica – ossia quello che sapevamo fare.

Ci sarebbe ancora così tanto da raccontare dei lunghi anni che ho trascorso con la Israel Philharmonic Orchestra in Israele o anche in tournée; da più di trentacinque anni, ormai, sono il loro direttore artistico e a nessun'altra orchestra sono legato in modo così stretto. Se questa collaborazione porta continuamente a situazioni fuori del comune, ciò si deve soprattutto alle circostanze esterne. Quando arrivai in Israele e iniziai il mio lavoro con l'orchestra ero completamente apolitico, ma ora mi sforzo di prendere una posizione, anche sul piano politico, quando mi sembra importante.

Tuttavia non scendo a compromessi. Mi rifiuterei in maniera categorica, se mi venisse chiesto di attenermi a direttive motivate politicamente che ritengo sbagliate; mantengo l'opinione che mi sono formato e su questo non mi lascio dissuadere da nessuno. I ripetuti cambiamenti politici connessi al mutamento delle responsabilità nel governo naturalmente non mi hanno toccato – non m'importa assolutamente se sarà il Likud o il Partito dei lavoratori a formare il governo. Viceversa non resto affatto indifferente quando vengo messo di fronte a qualcosa che non riesco a conciliare con il mio senso della giustizia e della democrazia.

Mi impegno volentieri per le minoranze, il che mi riesce facile perché in definitiva in molte situazioni mi trovo io stesso a far parte della minoranza. Già durante gli anni di università a Vienna e agli inizi della mia carriera mi chiamavano spesso solo "l'indiano" – il che può essere divertente e da un punto di vista odierno è completamente irrilevante, ma in sostanza non era altro che una sorta di emarginazione.

Anche per questo motivo ritengo che le persone debbano sempre cercare di parlare fra loro, invece di spararsi addosso. A me è dato di poter parlare attraverso la musica, e se anche per due sole ore posso far sì che le persone non siano ostili fra loro, allora ho già ottenuto molto. Questo è il movente di molte delle iniziative che ho intrapreso nella mia vita. Se ho avuto successo e se questo sia quantificabile, non sono in grado di dirlo; ma in fin dei conti provare e riprovare continuamente fa parte del mio lavoro.

Con Mstislav Rostropovich, in occasione dei concerti con l'Orchestra del Maggio Musicale Fiorentino a Bombay, 2005 (Gianluca Moggi/New Press Photo/Archivio Stampa Teatro del Maggio Musicale Fiorentino)

Amici musicisti.
Influssi. Incontri

Per quanto mi dispiaccia che alcuni grandi artisti non vengano in Israele, tanto più sono grato a coloro che accettano un invito a esibirsi laggiù. Spesso a incontri del genere sono legati ricordi di eventi musicali straordinari; ma accanto a questi, ci sono anche occasioni che non si dimenticano per la loro singolarità o perché si sono dimostrate particolarmente divertenti.

Uno degli amici più fedeli della Israel Philharmonic Orchestra era Arthur Rubinstein, che spesso fece con essa delle tournée, oltre a recarsi in Israele una volta all'anno. Rubinstein suonava volentieri con Daniel Barenboim e andò da lui a Londra, quando Daniel dirigeva la London Symphony Orchestra. Rubinstein potrebbe quasi essere definito il nostro "padre" musicale. Era dotato di una musicalità veramente incredibile; e benché la sua tecnica fosse perfetta, non era però mai la cosa determinante nel suo modo di suonare. La perfezione che riusciva a raggiungere corrispondeva pienamente alla mia concezione della musica e del più alto livello di bravura.

Mi ha sempre colpito molto la sua fedeltà all'originale. Non inventava mai cose nuove ogni otto o dieci battute, come fanno tanti altri solisti – il che significa sovrainterpretare: Rubinstein suonava sempre e soltanto la musica del compositore che l'aveva scritta, che sgorgava cantando dalle sue mani. Sentirlo suonare, per me, rasentava il prodigio: tutto in lui aveva una chiarezza e una fluidità sorprendenti. L'ho sempre ammirato, fin da quando ero giovane. Quel "rubato" di Chopin così naturale, che dominava come nessun altro, oppure il suo modo di suonare Brahms o Saint-Saëns, erano altrettante rivelazioni musicali.

La prima volta che lavorai con lui fu a Los Angeles, dove avrebbe dovuto esibirsi diretto da Fritz Reiner; quando gli comunicarono che avrebbe dovuto suonare con un sostituto, un giovane indiano completamente sconosciuto, la cosa non sembrò disturbarlo minimamente.

Le prove di quella prima occasione in cui suonammo insieme – era il *Primo Concerto per pianoforte e orchestra* di Brahms – mi sono rimaste impresse molto nitidamente nella memoria. In prova Rubinstein era preciso e rigoroso, ma soprattutto era uno di quei solisti che capiscono qualcosa anche dell'orchestra; molti si accontentano di conoscere bene la propria parte, e lasciano tutto il resto all'orchestra e al direttore. Invece i solisti che lavorano in modo preciso e approfondito – come per esempio, oltre a Rubinstein, anche Nathan Milstein, Pinchas Zukerman, Isaac Stern e Daniel Barenboim, per citarne solo alcuni – conoscono tutte le parti e sono contenti solo se ritengono che tutto funzioni, musicalmente parlando. Rubinstein suonava Brahms come nessun altro della sua generazione; le sue origini polacche, unite alle esperienze del suo periodo berlinese tra la fine del XIX secolo e l'inizio del XX, facevano di lui un interprete senza eguali di questa musica.

Verso la fine della sua vita, dopo aver provato ancora una volta quello stesso concerto di Brahms con la Israel Philharmonic Orchestra, Rubinstein espresse un desiderio inconsueto. Avrebbe dato molto, ci confessò, per poter dirigere un'orchestra almeno una volta nella vita: la cosa sarebbe stata realizzabile senza troppo dispendio di energia e fatica da parte dei musicisti? Chi avrebbe mai potuto rifiutare questo desiderio a un così grande pianista, che aveva dato spesso prova della sua amicizia per l'orchestra e col quale c'era un rapporto di stretta collaborazione? Fu subito deciso di soddisfare la sua richiesta, e l'orchestra si preparò a provare il brano da lui scelto, ossia la *Terza Sinfonia* di Brahms. Rubinstein ne fu felice; alla fine i musicisti erano un po' affaticati, ma contenti di avergli procurato una gioia, anche se entrambe le parti non giudicarono forse interamente riuscito il risultato.

Leggendario era anche il suo spirito – così come il buon sigaro che si fumava dopo ogni concerto, i suoi scherzi e le sue battute grossolane. Una volta che nel programma di un concerto avevamo messo Beethoven e Saint-Saëns, lasciai decidere a lui quale brano avrebbe dovuto essere eseguito per primo. La sua risposta fu caratteristica: «Prima andiamo in chiesa con Beethoven e poi al casino con Saint-Saëns».

Ho sempre accompagnato Rubinstein molto volentieri. Abbiamo eseguito insieme tutti i cinque concerti di Beethoven, i due concerti di Brahms e anche i due di Chopin, il *Concerto in re minore* di Mozart e il *Concerto in sol minore* di Saint-Saëns. Purtroppo non abbiamo potuto fare registrazioni insieme, con un'unica eccezione; eravamo sotto contratto con case discografiche diverse, e anche solo dirimere la questione dei diritti relativi a un'eventuale incisione sarebbe stato sommamente complicato. Poco prima di morire, Rubinstein si ostinò a voler incidere un disco con me e la Israel Philharmonic Orchestra, e ottenne, solo per quella volta, di essere esonerato dal contratto con la RCA; rinunciò alla sua percentuale e così potemmo incidere il *Primo Concerto per pianoforte* di Brahms con la Decca, che era la mia casa discografica. Fu il suo ultimo disco.

Jessye Norman è venuta due volte in Israele, quando era all'apice della sua carriera; avrebbe dovuto cantare delle arie della *Carmen* di Bizet e del *Sansone e Dalila* di Saint-Saëns. L'avevo avvertita sin dalle prove che il pubblico avrebbe sicuramente preteso dei bis; sarebbe stato quindi meglio che arrivasse già preparata. Giunse il momento e la Norman cantò come una dea; era vestita in modo incantevole, e sembrava proprio una regina africana. La voce dal timbro opulento e voluttuoso, la bravura musicale e il fascino indiscutibilmente sensuale di Jessye Norman contribuirono a fare di quella serata un evento travolgente; il pubblico andò in delirio e ovviamente chiese un bis. Anch'io insistetti e le dissi che doveva cantare ancora qualcosa; poi mi venne in mente che un paio d'anni prima, a New York, aveva cantato come bis uno spiritual, senza accompagnamento. La mia proposta la convinse subito; tornò in scena e cantò davanti a duemila spettatori ebrei «Were you there, when they crucified my Lord». Nessuno se ne ebbe a male; lei poi mi disse che in quel momento semplicemente non le era venuto in mente nient'altro.

Accanto a questi episodi piuttosto divertenti, ci furono naturalmente molti altri incontri illuminanti con musicisti da cui ho imparato tantissimo. Sono stato molto fortunato ad aver avuto l'opportunità di lavorare con alcuni fra i più importanti solisti del XX secolo, che hanno incarnato la musica del loro tempo e l'hanno trasmessa al mondo.

Tra questi c'è di sicuro anche Yehudi Menuhin, che avevo potuto ascoltare già da bambino, a Bombay. Le prove dei concerti con lui erano impressionanti; la sua bontà d'animo e la pazienza con cui cercava di spiegare tutto e di prestare attenzione a ogni singolo orchestrale erano straordinarie. Ne avevo avuto una prima dimostrazione in India, quando aveva suonato insieme a mio padre. Provare e poi eseguire con lui il *Concerto per violino* di Beethoven fu una lezione per tutta l'orchestra; tuttavia non si comportava mai in modo noiosamente didattico, ma con molta spontaneità rendeva partecipi gli orchestrali della sua esperienza musicale e della sua enorme bravura e competenza.

Era straordinario sentire Menuhin che spiegava il *Concerto per violino in si minore* di Edward Elgar – lo aveva studiato dodicenne con lo stesso Elgar – oppure il *Concerto per violino* di Bartók: anche questo lo aveva approfondito insieme al compositore. Era in grado di fornire un accesso diretto alle opere di cui ben pochi altri artisti potevano disporre. Una simile autenticità è insostituibile: ho potuto così vivere in diretta dei momenti di autentica storia della musica contemporanea.

Parlando di incontri e influenze, non posso naturalmente omettere il mio maestro, Hans Swarovsky, al quale devo la mia carriera musicale. Tutti i suoi allievi lo ricordano ancora oggi con affetto, rispetto e profonda stima, e non perdono l'occasione di dedicargli piccole commemorazioni musicali; per esempio un altro dei suoi allievi, Uros Lajovic, che è direttore dell'Opera di Belgrado, organizza regolarmente un concerto in sua memoria a Belgrado. Swarovsky è morto ormai da più di trent'anni, ma l'influsso e l'effetto che esercitò su generazioni di direttori d'orchestra rimangono ancora intatti.

Ringrazio Hans Swarovsky specialmente per avermi fatto conoscere molto presto Schönberg; il mio maestro aveva studiato composizione con lui e con Webern. Se dirigo sempre con tutta l'anima le opere di Webern o di Schönberg e ho in generale una grande passione per la Seconda Scuola Viennese, il merito è soprattutto di Swarovsky.

Così avviene, tra l'altro, per i *Gurrelieder*, che ho diretto e continuo a dirigere volentieri ovunque nel mondo. Anche a essi mi sono accostato grazie al mio maestro, che li conosceva bene come conosceva il loro stesso autore. Quando eseguii i *Gurrelieder* per la prima volta a Los Angeles, ero riuscito, tra l'altro, ad avere Hans Hotter come voce recitante: questa parte non soltanto reca indicazioni precise per quanto riguarda il ritmo, ma anche per quanto riguarda la tonalità, che è molto difficile da raggiungere per dei normali attori. Alla fine c'è una nota che va cantata – sicché posso dire di aver suonato almeno una nota insieme a Hans Hotter!

Per quanto occuparsi di musica appaia una cosa di assai seria, c'è sempre anche un altro lato, a volte comico o stravagante e pure divertente. Perciò vorrei qui raccontare una storia tipicamente viennese, a proposito di un concerto di Schönberg, in cui avrei dovuto eseguire i *Cinque Pezzi per orchestra* con i Wiener Philharmoniker. Lavorai con i musicisti nella prima prova, che si svolse nella Sala Brahms, con slancio giovanile e grande entusiasmo. Il primo violino era il leggendario Willi Boskovsky, che diresse fra l'altro dal 1955 al 1979 il Concerto di Capodanno dei Wiener Philharmoniker dal podio – un austriaco inconfondibile e un eccellente virtuoso dell'archetto. Quando suonava Johann Strauss, il mondo si trasformava in un sogno viennese a lungo vagheggiato. Qui però non si parlava proprio di sogni, anzi; Boskovsky scrutò le note, che sono molto difficili già da leggere, si alzò in piedi e disse, in schietto dialetto viennese: «Questa roba non mi piace, io non la suono». Il trombettista Helmut

Wobisch, che allora era amministratore dell'orchestra, cercò di convincerlo, ma senza successo. Decidemmo allora che il programma non sarebbe stato cambiato, ma che avremmo cercato un sostituto per il primo violino; da quel momento in poi non si parlò più dell'incidente, e nel corso degli anni successivi abbiamo suonato meravigliosamente bene insieme.

Più tardi, a Los Angeles, ho conosciuto anche la vedova di Schönberg, Gertrud; abitava con i suoi due figli non lontano da me, e la sua casa era sempre aperta. Inoltre a Venezia mi è capitato di incontrare di quando in quando la figlia di Schönberg, Nuria, che era sposata con Luigi Nono.

Sono profondamente convinto che non si possa imparare a dirigere ascoltando dischi o CD, ma alle incisioni ci si può benissimo ispirare. Sarebbe perciò esagerato se affermassi che la collezione di dischi di mio padre mi ha trasmesso l'essenziale riguardo alla musica, ma è indubbio che mi ha fornito stimoli non trascurabili, come ho già detto dettagliatamente in precedenza; e infatti io sento di essere influenzato da direttori che non ho mai ascoltato in concerto, ma che conosco solo dai dischi – e questo vale sia per i colleghi più anziani che per quelli più giovani di me.

Toscanini e Furtwängler, per esempio, mi hanno regalato delle esperienze musicali straordinarie, grazie alle loro incisioni. Ho ascoltato dischi di Sir Thomas Beecham e molti anche di Leopold Stokowski. Stokowski era uno di quei direttori che hanno cominciato a interessarsi assai presto anche alle possibilità tecniche con cui è possibile lavorare; si intendeva parecchio di tecnica di registrazione. Anche sul nostro antiquato giradischi di Bombay i dischi suonavano perfettamente; l'aver potuto ascoltare da ragazzo il modo in cui Stokowski dirigeva Šostakovič e i *Gurrelieder* di sicuro mi ha fortemente influenzato. Questo direttore era un rivoluzionario: aveva messo in scena il *Wozzeck* a Philadelphia – un evento sensazionale, all'epoca – e trasformato la Philadelphia Orchestra nell'orchestra dotata del suono più bello di tutta l'America. Stokovski ne era stato il direttore dal 1912 al 1936: un periodo incredibilmente lungo.

Mi diverte sempre molto sentire degli europei affermare presuntuosamente che una certa orchestra ha un suono "troppo americano". Per lo più ribatto che in realtà sono stati soprattutto degli europei a formare le più grandi orchestre degli Stati Uniti: Toscanini la New York Philharmonic Orchestra e la NBC Symphony Orchestra, Koussevitzky la Boston Symphony Orchestra, Stokowski la Philadelphia Orchestra e Fritz Reiner la Chicago Symphony Orchestra. A voler essere precisi, prima di Leonard Bernstein non vi fu un solo americano di nascita di una qualche importanza attivo nel campo.

Gli stimoli più determinanti per il mio lavoro li ho comunque ricevuti solo attraverso la musica che ho ascoltato direttamente, dal vivo. I miei modelli erano quindi i grandi direttori – in alcuni casi anche già anziani – che ho fatto in tempo ad ascoltare in concerto. Ogni volta che mi era possibile, naturalmente andavo a sentire Krips ed Erich Kleiber; Karl Böhm era ovviamente uno dei miei idoli, come pure Herbert von Karajan. Poterlo osservare all'opera una sera dopo l'altra, nei miei anni viennesi, fu non soltanto una lezione chiara e incisiva su come si dirige un'orchestra, ma anche una fonte di pura ispirazione.

Le esecuzioni dirette da Karl Böhm rientrano tra i miei primi ricordi dei miei anni da studente; l'ho sentito tantissime volte. Diversi anni dopo abbiamo potuto conoscerci più intimamente; fra noi c'era molta simpatia reciproca, che pure, di quando in quando, è stata messa alla prova. Nel frattempo sono entrato in possesso dell'anello di Arthur Nikisch, un anello da donna, in verità, che Böhm aveva ricevuto dai discendenti del grande direttore tedesco: consiste in una perla dei mari del Sud circondata di brillanti. Karl Böhm me l'ha lasciato nel suo testamento, e mi sento molto onorato di aver ricevuto questo segno di distinzione.

Si racconta che Böhm avesse sempre l'anello con sé, nel taschino del panciotto, come una sorta di talismano. Io purtroppo sono così sbadato e distratto che non oserei mai portarlo su di me.

Karl Böhm poteva irritarsi molto, se qualcosa non gli andava a genio; una volta ne feci le spese anch'io, quando dovetti dirigere alla Staatsoper di Vienna la *Salomè* di Richard Strauss che Böhm aveva prodotto insieme a Jürgen Rose. La prima aveva avuto luogo già da un po', quando mi giunse da Rudolf Gamsjäger, che allora era il direttore della Staatsoper, l'invito ad assumere la direzione dell'opera; accettai con piacere, senza immaginare che Böhm non ne sapeva nulla e che questa proposta fatta a me lo avrebbe molto irritato. A seguito delle proteste di Karl Böhm, Gamsjäger mi chiamò e mi pregò di rinunciare alla cosa, spiegandomi che non voleva indispettire e far agitare inutilmente il maestro, allora già molto anziano. Naturalmente rinunciai; mi avrebbe ripugnato infilarmi in un simile braccio di ferro. Gamsjäger però aveva fatto spargere la voce che io ero malato e che era per quello che avevo dato forfait, il che gettava una falsa luce su di me, poiché in quello stesso periodo avrei dovuto dirigere un concerto dei Wiener Philharmoniker; d'altronde, non si poteva certo dire che Böhm ce l'aveva con Mehta.

In seguito la faccenda si accomodò: Böhm mi chiamò per invitarmi a pranzo all'Hotel Sacher, e in quell'occasione mi spiegò tutto. Uno dei motivi per cui ero stato ricusato, mi disse, era che aveva messo così tanto di personale in quell'allestimento, che veramente poteva essere solo lui a mantenerne la traccia in ogni rappresentazione e a infondergli vita. Non lo contraddissi, anche perché avevo troppo rispetto del suo lavoro. Poi Böhm mi raccontò una storia simile, che risaliva a tempi molto più remoti: una volta anche Franz Schalk, direttore della Wiener Staatsoper dal 1918 al 1929, non aveva permesso che un giovane direttore riprendesse un nuovo allestimento messo in scena da lui: si trattava di Wilhelm Furtwängler. Mi permisi solo di chiedere, del tutto innocentemente, se lui, Karl Böhm, si vedesse nei panni di Schalk e vedesse me, Mehta, addirittura in quelli di Furtwängler.

All'epoca, tutta la questione aveva sollevato un po' di polverone e dato origine a molte chiacchiere, ma io non me ne sono più curato. Karl Böhm e io ci siamo incontrati ancora molte volte amichevolmente, soprattutto a Salisburgo, dove spesso mangiavamo insieme dopo gli spettacoli; in quelle occasioni, ognuno pagava sempre per sé. Una volta ho anche "studiato" con Karl Böhm per due ore; ero andato da lui con la partitura del *Pipistrello*, ed era stato così gentile da rivedere con me tutta l'opera. Incontri del genere sono di un valore inestimabile per un giovane direttore d'orchestra, perché gli trasmettono una sorta di filo conduttore musicale – che peraltro non deve essere vincolante, soprattutto non in ogni momento. Tuttavia, poter lavorare su un pezzo con un grande musicista esperto, rivedere con lui una partitura e ascoltare le sue osservazioni personali al riguardo è come un dono del Cielo.

Ho vissuto qualcosa di simile con Herbert von Karajan, quando questi, in occasione di una sua visita a Vienna, ripercorse con me l'intero *Tristano*. Karajan era chiaramente scisso nella sua valutazione del mio potenziale musicale. Del concerto che diressi nel 1962 con i Wiener Philharmoniker non fu affatto entusiasta, e cercò addirittura di ostacolarlo; poi però, come ho già raccontato, mi invitò a dirigere il *Ratto dal serraglio* a Salisburgo e mi fece persino proporre di entrare alla Wiener Staatsoper come secondo direttore. Tuttavia, il concerto con i Wiener non era riuscito bene; semplicemente, non fui all'altezza dell'occasione, e poi avevo avuto a disposizione troppo poche prove. Karajan aveva assistito al concerto, ma non aveva fatto commenti. Quando, poco tempo dopo, aveva rivisto con me tutta la partitura dell'*Otello*, non ne aveva fatto parola.

Parecchio tempo dopo, già negli anni Settanta, Karajan voleva convincermi ad andare alla Deutsche Oper di Berlino; ma, anche in quel caso, era troppo presto per me. A parte le esperienze al Met e a Montreal, conoscevo ancora poco l'opera, non avevo praticamente mai diretto Mozart né Wagner; in quelle condizioni, non avrei mai potuto lavorare in Germania. Molto ma molto tempo dopo, solo nel 1998, mi sono finalmente sentito pronto ad assumere la direzione musicale di un teatro d'opera tedesco – la Bayerische Staatsoper di Monaco.

I rapporti erano più difficili, sia dal punto di vista umano che musicale, con Nathan Milstein. Era un violinista prodigioso e un grande musicista, ma se qualcosa non gli andava bene, poteva capitare che di colpo piantasse tutti in asso nel bel mezzo di una prova. A volte mi ha proprio messo a dura prova. La prima volta che lo ebbi come solista fu a Montreal, con il *Concerto per violino e orchestra* di Čajkovskij, e in quell'occasione tutti furono molto soddisfatti; quando poi però ci ritrovammo a Vienna a provare il *Concerto per violino e orchestra* di Beethoven fu una vera catastrofe per tutti gli interessati. Ogni due battute Milstein trovava qualcosa da ridire sull'orchestra: non gli andava bene niente di quello che facevano. Bisogna sapere che i Wiener, allora, avrebbero potuto eseguire l'intero *Crepuscolo degli dèi* senza neanche fare una prova prima, ma non erano abituati a lavorare con dei solisti. Forse poteva dipendere anche da una particolarità del sistema orchestrale viennese: la Wiener Staatsopernorchester è un'orchestra pagata dallo Stato, mentre i Wiener Philharmoniker sono una società privata, che si "rifornisce" presso l'orchestra della Staatsoper. Un musicista – o anche una musicista, attualmente – deve avere alle spalle almeno cinque anni di attività nella Staatsopernorchester prima di poter essere scelto, o scelta, per suonare nell'orchestra dei Wiener Philharmoniker, che si esibisce in numerosi concerti a Vienna e in tournée.

Milstein, dunque, era scontento, criticava continuamente tutto ed era veramente offensivo nei confronti degli orchestrali; per esempio mi chiedeva a voce alta in francese: «E questi sarebbero i Wiener Philharmoniker?». Grazie a Dio non succede spesso che i capricci e le manie di onnipotenza di un solista o di una solista arrivino addirittura agli insulti; l'epoca del divismo e delle star, con artisti clamorosamente isterici o silenziosamente rassegnati, appartiene decisamente al passato, almeno nel settore della musica classica.

Poter suonare ancora una volta con Jascha Heifetz, in occasione dell'inaugurazione del Los Angeles Music Center, fu per me molto commovente. Comunque anche lì non furono tutte rose e fiori, giacché Heifetz, in quanto artista estremamente sensibile, aveva desideri molto precisi. Ho già parlato delle diverse concezioni dei tempi nel *Concerto per violino e orchestra* di Beethoven. Il guaio era che Heifetz non esprimeva i suoi desideri direttamente e apertamente, ma preferiva arrivarci per vie traverse, a volte anche molto tortuose. Così avvenne, per esempio, che precedentemente al concerto una sua collaboratrice prese appuntamento con mio padre in modo alquanto fumoso e misterioso, per trasmettergli una richiesta che in realtà era rivolta a me: potevo per favore – mi pregava Heifetz – dirigere il concerto non a memoria? Il perché e il percome di una simile richiesta rimasero oscuri. Naturalmente accettai di soddisfare questo suo desiderio; in verità, la cosa non recava alcun danno al mio ego. Se questo poteva tranquillizzare il grande violinista, fui lieto di esaudire la sua richiesta.

Prima del concerto, Heifetz mi invitò a casa sua; viveva ormai da molti anni a Los Angeles, dove insegnava anche all'università. In realtà non voleva affatto conversare con me, bensì eseguire davanti a me l'intero concerto, come in una sorta di udienza privata – e nient'altro che questo.

Quando si presentò alle prime prove, trovò da eccepire su diverse cose. Intanto proibì che lo si chiamasse "Maestro" e anche che lo si fotografasse: tolse letteralmente di mano la macchina fotografica a un violista che si apprestava a farlo. Inoltre il mio podio doveva essere leggermente abbassato – tutte piccolezze, ma si cercò di lasciar correre; nessuno intendeva prendersela seriamente al riguardo.

In seguito non ho più avuto contatti diretti con lui, ma quell'incontro rivestì una grande importanza personale per me: in fin dei conti Heifetz faceva parte dei miei primissimi ricordi musicali. Voleva bene a mio padre, che in compenso addirittura lo venerava. Heifetz aveva fama di essere un interprete tecnicamente perfetto, ma senz'anima – e se lo si osservava mentre suonava, si sarebbe potuto pensare che fosse completamente privo di sentimento. Tuttavia, chi sapeva ascoltare percepiva che Heifetz era capace di provare una grande commozione romantica. I musicisti sono molto diversi l'uno dall'altro in quello che lasciano trasparire; io, per esempio, non riesco assolutamente a dissimulare il mio amore per la musica e le emozioni che mi agitano.

Arthur Rubinstein, Jascha Heifetz e il violoncellista Gregor Piatigorsky erano anche membri di un trio, una triade di musica da camera eccezionale. I tre erano anche stati definiti da qualche ironico buontempone "The Million Dollar Trio", perché i loro compensi già a quell'epoca avevano raggiunto livelli vertiginosi; ma erano delle personalità talmente straordinarie che, secondo me, anche i loro compensi non potevano non essere adeguati. Diversamente da alcune figure dell'odierna industria musicale, non si trattava di solisti osannati e trasformati in breve tempo in star, di quelli che poi dimenticano, travolti dalla fama, che un artista non può restare fermo sempre allo stesso punto; al contrario, erano musicisti che hanno continuato per tutta la vita a lavorare seriamente e a migliorare le proprie capacità.

A Isaac Stern, che veniva spesso in Israele, ero legato da un rapporto molto speciale. Era uno di quei solisti, come pure Henryk Szeryng, che conoscono perfettamente ogni parte dell'orchestra, e non solo quella del proprio strumento. Le prove, con un musicista come lui, non si riducono a un semplice «Così è troppo forte» o a qualche altra osservazione vaga: con lui si può elaborare con precisione il quadro sonoro complessivo, facendo riferimento a tutte le parti. Isaac Stern era presidente della America-Israel Cultural Foundation, che tra l'altro aiutava a portare studenti israeliani negli Stati Uniti e si occupava di movimenti e scambi, soprattutto in ambito culturale. Stern era anche un *public relations man* di grande talento; è grazie a lui e al suo impegno indefesso che si è potuta salvare la Carnegie Hall di New York. Si è esibito ovunque nel mondo, ma ha sempre coerentemente rifiutato di suonare in Germania e in Austria, per motivi politici. All'inizio della nostra conoscenza i nostri rapporti erano come quelli tra zio e nipote, ma alla fine eravamo come fratelli. Ancora oggi in certi momenti mi capita di ricordare, durante un concerto, come Isaac Stern interpretasse questo o quel passaggio. Sento spesso la sua mancanza, e allora spiego ai giovani violinisti come avrebbe suonato il vecchio Isaac in un punto o nell'altro.

Con Szeryng ho preparato a New York il *Concerto per violino* di Alban Berg; grazie a lui i musicisti della New York Philharmonic Orchestra hanno imparato ad analizzare perfettamente il pezzo e ad elaborare il suono complessivo. Dopo il concerto, Szeryng mi regalò la partitura su cui aveva annotato la sua analisi in tutti i dettagli.

In queste prove ci si familiarizza con le rappresentazioni del suono orchestrale di un altro, che spesso si differenziano notevolmente da quelle che abbiamo maturato personalmente dentro di noi. In ogni caso, però, anche la propria analisi diventa più lucida, e si acquisiscono conoscenze completamente nuove.

Anche per quanto riguarda i pianisti, ho fatto in tempo a conoscere alcuni dei grandissimi. Con Wilhelm Backhaus avevo eseguito a Vienna il *Terzo Con-*

certo per pianoforte e orchestra di Beethoven, nei primi anni Sessanta. Era una persona molto tranquilla che esercitava un effetto calmante anche su di me, ma al pianoforte sviluppava un temperamento focoso e appassionato.

Wilhelm Kempff venne a Montreal e a Los Angeles, e suonò a Firenze le *Variazioni Goldberg* di Bach, nell'ambito del Maggio Musicale. Una volta mi diede una dimostrazione straordinaria della sua bravura; stavamo nello stesso albergo e ci trovammo in una sala da ballo, in cui c'era un orribile pianoforte a coda dipinto di bianco. Avevo un paio di domande di rapida soluzione da fargli a proposito di certi tempi. Kempff si sedette a quel tremendo pianoforte scordato, cominciò a suonare e dalle sue mani uscirono suoni addirittura melodiosi: fu una cosa incredibile.

Purtroppo non ho mai suonato con Svjatoslav Richter; in compenso ho suonato varie volte con Emil Gilels, con cui ho eseguito spesso il *Terzo Concerto per pianoforte e orchestra* di Rachmaninov, e anche inciso quello di Čajkovskij. Da Gilels ho imparato moltissimo. Diversamente dalla maggior parte dei pianisti russi, non suonava partendo dall'articolazione del polso, bensì dalla spalla. La sua intonazione e il suo atteggiamento furono per me estremamente istruttivi.

Rudolf Serkin fu come un padre per me. Era timido e sommesso, e sempre molto gentile; gli costava fatica criticare ciò che non gli piaceva. Il suo destino era stato segnato dalla crudeltà del Terzo Reich; era sopravvissuto solo perché era fuggito dall'Austria al momento giusto. L'ho frequentato molto anche al di là del nostro rapporto professionale. Nel 1972 celebrò la sua centesima esibizione con la New York Philharmonic Orchestra – un evento non comune per un musicista.

Tutti questi grandi solisti, insieme a molti altri, sono stati determinanti per me, e lo resteranno per il resto della mia vita.

L'incontro con Daniel Barenboim a Siena, quando ero ancora un ragazzo, fu per me una combinazione fortunata, all'origine di un'amicizia che dura da tutta la vita. Abbiamo vissuto molte esperienze insieme, non solo musicali, ma anche personali e naturalmente, per quanto riguarda Israele, anche di tipo politico.

Delle nostre vicende durante le due guerre in Israele – nel 1967 e nel 1973 – ho già parlato. L'amicizia tra di noi due si estese, in modo del tutto naturale, anche alla prima moglie di Barenboim, la violoncellista Jacqueline du Pré; appartenevano al nostro gruppo anche Pinchas Zukerman e Itzhak Perlman. Abbiamo suonato insieme per molti anni; Zukerman e Perlman erano tra quei solisti che venivano volentieri in Israele, per esibirsi con la Israel Philharmonic Orchestra. Perlman venne regolarmente a Tel Aviv per oltre dieci anni; abbiamo inciso molti dischi insieme. Purtroppo è molto difficile che io possa farlo insieme a Daniel Barenboim, perché siamo sotto contratto con case discografiche diverse; e così di noi due insieme esistono solo le registrazioni dei due concerti di Brahms con la New York Philharmonic Orchestra e la *Burleske* di Strauss con i Berliner Philharmoniker.

Jacqueline du Pré lottò con un coraggio veramente ammirevole contro la malattia che l'aveva colpita e che alla fine la uccise – non dimenticherò mai il giorno in cui telefonò a Daniel, che era con me in Israele, nella stessa stanza d'albergo, per comunicargli la diagnosi che aveva appena saputo dai medici: fu un colpo terribile. Nel marzo del 1973 aveva suonato con me il *Concerto per violoncello* di Elgar; era stato il suo ultimo concerto. Jacqueline e io eravamo legati da un rapporto fraterno. E da venticinque anni sono molto vicino anche alla moglie attuale di Daniel, Elena, e ai suoi due figli, David e Michael.

Provo per Daniel Barenboim un sentimento che niente potrebbe intaccare, tanto profondamente è radicato in me; in tutti questi anni non c'è mai stato il minimo malinteso o screzio tra di noi. Il suo modo di fare musica mi incantò sin da quel primo giorno a Siena, in cui nella penombra di una sala buia lo avevo preso per un nano, straordinariamente dotato per dirigere un'orchestra. Già allora aveva un modo di suonare tranquillo e perfetto, che non tendeva mai all'effetto, neanche per una sola battuta. Quando si suona insieme a lui, si avverte che capisce perfettamente, e dall'interno, il nucleo, la struttura di un brano o di una frase. È sempre interessante provare con Barenboim, anche quando si tratta di brani che abbiamo già eseguito spesso insieme; non smette mai di riflettere sulla musica, e in questo modo naturalmente influisce anche sul direttore, perché lo obbliga a pensare insieme a lui, esercitando nel contempo anche un'enorme influenza sui musicisti dell'orchestra.

In musica, questa disponibilità a pensare sempre in modo nuovo è di fondamentale importanza: solo così si può evitare la routine, la noia e soprattutto quella sensazione di *déjà vu* che è la morte assoluta della musica, la quale ha continuamente bisogno di essere ridestata alla vita. Ovviamente ci devono essere delle idee di fondo, anche quando un pezzo viene eseguito per l'ennesima volta; tuttavia gli artisti esperti sono sempre in grado di collegare ciò che hanno studiato e assimilato con qualcosa di nuovo, che viene creato nel momento stesso dell'esecuzione.

I dettagli, soprattutto, si rinnovano continuamente, e per dettaglio si intende il fatto che una persona suoni un determinato strumento – che sia un pianoforte, un oboe, un violino o una tromba. Anche questi particolari devono inserirsi in una concezione che li comprenda tutti, e che nel caso più fortunato corrisponde a quella del direttore, sicché tutto si fonde nell'unità desiderata.

Come Daniel Barenboim nella musica infonde sempre nuovo interesse a cose ben note, così avviene anche nella nostra amicizia, che si rinnova continuamente, si approfondisce e si evolve grazie a uno scambio sempre vivo e continuo: ed è il suo bello. Proprio perché ci conosciamo da così tanto, possiamo instancabilmente stimolarci l'un l'altro. Lo ammiro per ciò che ha fatto con la sua West-Eastern Divan Orchestra, e apprezzo molto il suo atteggiamento nei confronti di Israele. Daniel Barenboim è mio amico.

Verso la fine degli anni Sessanta, Barenboim ebbe l'idea di organizzare a Londra un festival dedicato essenzialmente alla musica da camera: il South Bank Summer Music Festival. Allora esistevano già da tempo i celebri "Proms", i concerti estivi alla Royal Albert Hall, ma la Festival Hall e la Queen Elizabeth Hall in estate restavano vuote, in quanto ospitavano concerti sinfonici solo durante la stagione. Perché dunque non colmare questa lacuna?

Le trattative andarono a buon fine, a Daniel Barenboim venne affidata la direzione artistica, e così negli anni dal 1968 al 1970 si svolsero i primi concerti sotto la sua conduzione.

A quell'epoca Barenboim, sua moglie Jacqueline, Pinchas Zukerman, Itzhak Perlman e io eravamo legati da grande amicizia; Zukerman suonava anche in trio con Barenboim e Jacqueline. Dal punto di vista musicale ci intendevamo a meraviglia, ci volevamo bene e quando potevamo ci aiutavamo a vicenda. Retrospettivamente, vedo quel periodo come uno dei più intensi e dei più felici della mia vita.

Nel 1969, subito dopo il mio matrimonio con Nancy a Los Angeles, in cui fu mio testimone di nozze, Daniel suonò il *Secondo Concerto per pianoforte e orchestra* di Brahms nella sede estiva della Los Angeles Philharmonic Orchestra, la Hollywood Bowl. Poi andai con Nancy in viaggio di nozze alle Hawaii, e subito dopo iniziò il South Bank Festival a Londra. Quella estate Barenboim ebbe l'idea di eseguire il *Quintetto della trota* di Franz Schubert – tutti insieme. Per me significava esibirmi nuovamente come strumentista: avrei dovuto infatti eseguire la parte del contrabbasso. In quella esecuzione, tutto, o quasi, fu insolito. L'intero concerto venne filmato da Christopher Nupen con una macchina da presa a funzionamento silenzioso, grande novità per l'epoca; ne è nato un documento davvero raro. In quel mese di agosto del 1969 non venne ripreso un semplice concerto, che inizia con l'ingresso dei musicisti sul palcoscenico e termina con l'ultima nota, bensì molto di più: la macchina da presa accompagnò noi cinque interpreti dal primo momento delle prove, che iniziarono una settimana prima del concerto vero e proprio, fino a ben oltre il nostro ritorno dietro le quinte al termine dell'esecuzione. In quel periodo tra di noi ci divertimmo infinitamente – e la parola divertimento non va intesa in senso banale, ma esprime piuttosto la voglia travolgente di fare musica insieme che animò per tutto il tempo delle riprese i cinque giovani artisti entusiasti che eravamo. Il risultato, con il titolo *Die Forelle*, è diventato il film più trasmesso sulla musica classica; ancora oggi ogni tanto viene riprogrammato su qualche canale, ed è stato anche riversato su DVD.

Dopo il *Quintetto della trota*, diressi il *Pierrot lunaire* di Schönberg; accanto agli amici, due inglesi suonarono il flauto e il clarinetto, e la grande attrice Vanessa Redgrave lesse le poesie. Fu una magnifica esecuzione, che avrebbe meritato anch'essa di essere filmata.

Tra il pubblico, accanto alla mia fresca sposa Nancy, sedeva anche Placido Domingo. Sarei quasi tentato di dire che sono stato io a scoprire Domingo – il che però non corrisponde esattamente alla verità. Nel 1968 aveva cantato in Israele, in una esecuzione della *Carmen* in forma di concerto; nel secondo atto, al termine dell'*Aria dei fiori*, avevo veramente le lacrime agli occhi. Josef Krips, che come direttore ospite sedeva tra gli spettatori, mi chiese dopo lo spettacolo dove avessi trovato quel tenore. Avevo avuto Domingo anche per il *Requiem* di Verdi al Pablo Casals Festival di Porto Rico; prima di allora Casals non lo conosceva, ma aveva sentito parlare di sua madre, che era una notissima interprete di *zarzuela*.

Credo inoltre che abbia debuttato con me al Met, ma fu per caso: in quella occasione sostituì Franco Corelli, che aveva dato forfait. Correva l'anno 1969, ed era la prima volta nella mia vita che dirigevo *Il Trovatore*; Placido aveva però già cantato alla New York City Opera. Da allora, comunque, siamo legati da una sincera amicizia.

Il concerto conclusivo del South Bank Festival si svolse alla Royal Festival Hall, dove gli amici, diretti da me, suonarono ancora una volta il *Triplo Concerto* di Beethoven e per finire la *Sinfonia da camera* di Schönberg.

È ben noto che provo una grande affinità per Gustav Mahler. Quando una volta mi si presentò l'opportunità di conoscere personalmente Alma Mahler-Werfel, naturalmente fui subito entusiasta all'idea di parlare con una persona legata tanto strettamente alla vita e all'opera di Mahler. Avevo letto molto su di lei: quello che lei stessa aveva detto a proposito della sua vita con Gustav Mahler, e ciò che altri pensavano e avevano scritto di lei. C'erano quindi ragioni importanti per andare a farle visita a New York.

Bastò il suo appartamento a farmi una profonda impressione; ricordo che quando vi entrai per un momento mi sentii trasportato a Vienna. Le stanze erano piene zeppe di mobili scuri; vi regnava un'atmosfera pesantemente teatrale, e ovunque c'erano oggetti memorabili, disposti in modo decorativo – un ventaglio di Kokoschka, un progetto di Gropius o una partitura di Mahler. Alma Mahler-Werfel, com'è noto, aveva vissuto di luce riflessa, all'ombra dei tanti uomini che aveva radunato intorno a sé e aveva saputo tenere legati, esercitando su di loro un'attrazione rimasta evidentemente inalterata fino a tarda età. In effetti era dotata di un fascino enorme, al quale nemmeno io potei sottrarmi; aveva una personalità fortissima, da cui traspariva una notevole originalità. Quando osservai, del tutto incidentalmente nel corso della conversazione, che trovavo sua nipote molto bella, mi rispose perentoriamente che purtroppo aveva un sedere molto grosso.

Ascoltai i suoi racconti con il massimo interesse; in fin dei conti era in grado di narrare, per sua esperienza personale e diretta, cose che io potevo tutt'al più scoprire nei libri o intuire dalle note di Gustav Mahler.

Per tutta la durata della visita mi tenne la mano, e ogni volta che mi apprestavo a congedarmi, le veniva in mente qualcos'altro da raccontarmi. La assecondai volentieri, preso com'ero dalla sua magia – a un punto tale che finii per dimenticarmi l'ora del decollo del mio volo per Parigi, e puntualmente lo persi.

L'episodio avrebbe avuto per me delle conseguenze assai spiacevoli. A Parigi infatti avevo appuntamento per un'intervista, subito dopo il mio arrivo, con un noto critico, Bernard Gavoty, che scriveva sotto lo pseudonimo di Clarendon. Quando questi non mi vide comparire – succedeva ai tempi in cui non si era ancora raggiungibili ovunque e in qualsiasi momento –, se la prese moltissimo; in fin dei conti, non mi ero neanche scusato! Quando ebbi la possibilità di riparare, era ormai troppo tardi. Non ci siamo mai più incontrati; e ogni volta che leggevo le stroncature che Gavoty scriveva su di me, avevo la spiacevole sensazione che mi avrebbe serbato rancore fino alla fine dei suoi giorni, a motivo di quell'imbarazzante episodio.

Ho già detto varie volte che sono un uomo fedele, il che riguarda anche le orchestre con le quali ho cominciato presto a lavorare. Naturalmente nel frattempo si sono verificati continuamente tentativi e tentazioni, se così posso dire, di confrontarmi con nuove sfide. La Israel Philharmonic Orchestra con gli anni mi è diventata molto cara, come anche, naturalmente, l'Orchestra di Los Angeles; i Wiener Philharmoniker rappresentano le mie radici, e i Berliner Philharmoniker mi hanno offerto precocemente nuove opportunità musicali. Ciò non mi ha impedito di tentare nuovi esperimenti al Covent Garden e a Firenze; e Firenze, soprattutto, ha assunto sempre più importanza per me – così come, alcuni anni dopo, i Münchner Philharmoniker e soprattutto la Bayerische Staatsorchester sono pure entrati a far parte della mia famiglia musicale. Le famiglie si ingrandiscono, si ramificano, producono nuove generazioni – è così è successo anche in questa. Alcuni di questi nuovi rami non si sono dimostrati così robusti da diventare dei riferimenti portanti, altri invece sì. E come all'inizio degli anni Sessanta ho ottenuto successi insperati, quando sono arrivato a dirigere nei luoghi più disparati e nelle circostanze più diverse, così, logicamente, mi è capitato anche di non riuscire ad accontentare tutti.

La mia prima esibizione al Teatro alla Scala di Milano, per esempio, non fu certo un grande successo. Il mio debutto milanese ebbe luogo nel 1962. I primi dubbi su di me erano nati ancor prima della mia comparsa, quando l'allora sovrintendente Ghiringhelli se la prese con il direttore artistico Siciliani, chiedendogli chi mai, per l'amor di Dio, fosse andato a prendere per il suo onorato teatro. L'anno prima era già venuto un giapponese, Seiji Ozawa, a esibirsi nella sacra sala di quel tempio della musica, che pure avrebbe dovuto essere riservato solo ai più grandi tra i direttori d'orchestra, e ora era la volta di un indiano! Sicuramente sarebbe salito sul podio con un turbante in testa!

Non andò poi così male come aveva immaginato Ghiringhelli; non portavo il turbante e non credo di aver profanato la sacra sala della Scala. Del resto, in seguito siamo diventati buoni amici. Tuttavia, il mio debutto musicale non poté dirsi particolarmente riuscito, a dire il vero; avevo ancora una volta messo in programma i miei beneamati *Sei Pezzi* di Webern e poi il *Don Chisciotte* di Richard Strauss, ma in quella occasione non funzionò. Iniziare con Webern fu proprio uno sbaglio; sentii un paio di porte sbattere, e uno spettatore gridò «Che bella musica!» – il che suonò estremamente ostile.

A Firenze, dove nel 1964 diressi la mia prima opera "europea", ebbi molto più successo come direttore ospite; malgrado ciò dovevano passare alcuni anni, dopo quella prima collaborazione, perché tornassi a Firenze, dove ora ho un incarico stabile come direttore principale.

Un altro debutto ebbe un'accoglienza più calorosa, anche se poi rimase in pratica senza conseguenze: fu alla Royal Opera House del Covent Garden, a Londra, dove nel 1977 diressi l'*Otello* con Jon Vickers, un tenore che stimo enormemente. Nello stesso anno, sempre al Covent Garden, lavorai a un allestimento della *Fanciulla del West* di Puccini, un'opera che purtroppo viene eseguita assai di rado. Lo stesso Puccini la riteneva la sua opera migliore o una delle migliori, e dal punto di vista musicale concordo pienamente. Questo lavoro, il cui soggetto è veramente insulso, musicalmente mi ha procurato molta gioia, e continuo a ritenere la partitura straordinariamente avanzata per l'epoca; in certi punti sembra addirittura Ravel. Per quanto riguarda l'armonia, è una musica meravigliosa. Sono convinto che se Puccini fosse vissuto più a lungo si sarebbe spinto ancora più avanti; del resto, era un grande ammiratore di Schönberg.

Il libretto, peraltro, era decisamente stantio già all'epoca della prima rappresentazione, e oggi è francamente insopportabile. La prima ebbe luogo al Metropolitan di New York nel dicembre del 1910, con Enrico Caruso e il soprano Emmy Destinn; dirigeva Arturo Toscanini. La parte di Minnie è assolutamente infernale per una cantante; anche molte artiste di fama preferiscono evitarla. Solo negli anni Settanta si trovò nuovamente una cantante disposta ad accettare la sfida che questo ruolo comporta: Carol Neblett fu Minnie a Vienna nel 1976, con Placido Domingo, e poi a Londra nel 1977, sotto la mia direzione. Lo spettacolo ebbe un successo enorme: la performance dei due protagonisti fu perfetta, sia dal punto di vista vocale che interpretativo. In Puccini le parole e la musica non si possono separare; era un maestro nell'arte di fonderle. Non si potrebbe mai ascoltare la sua musica senza il testo – ancora meno che nel caso di Wagner.

Purtroppo *La fanciulla del West* non viene eseguita quasi mai. Scenicamente parlando, al giorno d'oggi è praticamente impossibile rappresentarla in modo sensato, ma Piero Faggioni, il regista, trasse veramente il massimo dal materiale che aveva a disposizione. La registrazione che venne poi fatta con la compagnia di canto dello spettacolo è tuttora disponibile; accanto a Placido Domingo e Carol Neblett cantava Sherrill Milnes, e anche i ruoli secondari erano splendidamente ricoperti, per esempio c'era anche Gwynne Howell.

Quella fra il Covent Garden e me non è stata una storia particolarmente commovente, di quelle che toccano il cuore. È rimasta abbastanza famosa la rappresentazione di San Silvestro del 1977, in cui andò in scena il *Pipistrello* con la regia di Leopold Lindtberg. Il cast era eccezionale: poiché Hermann Prey faceva Eisenstein e Kiri te Kanawa Rosalinde, Eisenstein diventò un viennese sposato con un'inglese, per giustificare l'uso di una mescolanza di inglese e tedesco nella conversazione. Josef Meinrad faceva Frosch, Isaac Stern sorprese tutti suonando un assolo di Mendelssohn come inserto fuori programma nel secondo atto, e Daniel Barenboim suonò le *Parafrasi sul Rigoletto* di Liszt. Fu una serata molto divertente, oltre che eccezionale dal punto di vista vocale. L'anno dopo diressi di nuovo il *Pipistrello*, con Birgit Nilsson, che cantò come inserto «Wien, Wien, nur du allein...» – uno spettacolo cui non si assiste certo tutti i giorni!

Fino agli anni Novanta ho continuato a dirigere a Londra di quando in quando – Verdi, Strauss, un *Tristano*, un'altra opera di Puccini, la *Tosca*. Mi hanno offerto due volte di assumere la direzione del teatro; negli anni Ottanta John Tooley venne apposta a Los Angeles per trattare con me. Ma mi sarebbe stato assolutamente impossibile mantenere un altro impegno così importante insieme al mio incarico di direttore della New York Philharmonic Orchestra.

In questo capitolo racconto di molti incontri con varie persone, che sono principalmente incontri fatti nel mondo della musica: si tratta per lo più di cantanti e solisti, o di altri direttori e modelli della mia età giovanile. A volte però questi incontri riguardano anche persone che si muovono in contesti totalmente diversi. Pertanto, a questo punto vorrei parlare di due amici che mi accompagnano sin dalla prima infanzia; abbiamo giocato insieme con la sabbia a Bombay, e da allora siamo rimasti sempre in contatto. Nusli Wadia è diventato un grande industriale, vive ancora a Bombay e si occupa, insieme alla moglie Maureen, con un impegno personale incredibile, dei più poveri fra i poveri: costruisce alloggi per loro e fa in modo che siano curati gratis, nel Wadia General Hospital. L'altro mio amico, Yusuf Hamied, si potrebbe definire benissimo uno dei più grandi salvatori e soccorritori dell'umanità: è un industriale farmaceutico e provvede al trattamento medico dei malati di AIDS, soprattutto in Africa e in Asia, cercando di lenirne le sofferenze con i suoi prodotti dai prezzi particolarmente bassi. In questo modo può aiutare moltissimi esseri umani che altrimenti non potrebbero permettersi alcuna terapia. Stimo immensamente questi miei due amici e li ammiro per il loro impegno.

Da cinquant'anni mi dedico alla mia professione, che mi porta continuamente a contatto con persone a loro modo uniche, straordinarie, spesso bizzarre e strane, fantasiose e originali. Accanto ai miei desideri artistico-musicali, che devo chiarire da solo e soddisfare personalmente, sono anche tenuto ad adattarmi continuamente a tipi e caratteri molto diversi; è necessario inoltre che io dimostri comprensione per stati d'animo, dubbi, condizioni di vita esterne, o per la semplice routine quotidiana, come pure che mi occupi della tale o talaltra importante questione esistenziale.

A seguito della mia popolarità crescente di direttore d'orchestra o di opere – e comunque di direttore di orchestre prestigiose –, non mi sono mancati gli incontri con i cosiddetti potenti. La politica ama farsi bella con la cultura, l'arte e la musica, anche per dimostrare, fra l'altro, che il duro lavoro quotidiano e l'interesse per il bello possono andare benissimo di pari passo. La musica si adatta particolarmente a questo scopo, sia come semplice cornice sia unitamente ai contenuti, che in tal modo si vorrebbero rendere più comprensibili.

Mentre prima, per ignoranza giovanile o immaturità, non avevo in pratica alcun interesse per le questioni politiche o economiche, ora ne seguo con grande partecipazione gli sviluppi; a ciò ha contribuito notevolmente il mio impegno in Israele.

Tuttavia sono comunque dell'opinione che un artista non debba ritirarsi in uno spazio protetto, in cui dedicarsi esclusivamente alla propria arte e alle sue possibilità creative. Io mi intrometto volentieri, dico la mia opinione quando qualcosa non mi piace e reagisco con i mezzi che mi sono propri – sia a livello verbale che nel campo della musica; ciò significa che come direttore mi metto a disposizione della musica, con la quale cerco di aiutare, ma anche di protestare o di far riflettere.

Questo, secondo me, è un compito straordinario.

Non di rado hanno luogo i cosiddetti grandi eventi, dove un concerto serve anche a creare una bella cornice; se questo sia o no un uso improprio della musica, si può discutere – in ogni caso, fa parte della vita pubblica.

Quando nel 1970 venne festeggiato il 25° anniversario delle Nazioni Unite, nel programma delle celebrazioni fu inserito anche un concerto con la Los Angeles Philarmonic Orchestra, che avrei dovuto dirigere nel quartier generale dell'ONU. Era un incarico molto prestigioso; sarebbero stati presenti i capi di Stato di molti paesi e la *Nona* di Beethoven, con i versi di Schiller, avrebbe dovuto creare uno stato d'animo adeguato alla situazione; inoltre era in programma la prima di *Cosmogonia* di Penderecki. Ovviamente avremmo dovuto provare intensamente: la gigantesca sinfonia di Beethoven deve essere elaborata con la massima cura, proprio perché a molti sembra così nota, pur non essendo in realtà eseguita continuamente dalle orchestre – e una prima esecuzione richiede sempre un lavoro seriamente approfondito.

Il mio problema, per questo concerto commemorativo, era che la sala prevista per l'esecuzione era occupata con molto anticipo: Richard Nixon avrebbe dovuto tenervi un discorso davanti all'assemblea riunita, per cui la sala non poteva essere messa a mia disposizione per le prove. Per puro caso, qualche tempo prima dell'anniversario si svolse una cena di gala, alla quale partecipammo mia moglie ed io – e anche il presidente Nixon. Quando mi chiese notizie del concerto, colsi al volo l'occasione per raccontargli i miei problemi con le prove; sottolineai quanto fossero importanti e insistetti che in quel caso era assolutamente necessario farle nella sala prevista per il concerto, non solo perché si trattava di una prima esecuzione, ma anche perché l'acustica non era molto buona – purtroppo però il presidente degli Stati Uniti doveva tenere il suo discorso proprio in quella sala... Non ho aggiunto che la sala, dal punto di vista dell'acustica, aveva le qualità di un deserto. Il risultato del mio intervento fu strepitoso: Nixon chiamò Henry Kissinger, il suo consigliere per la sicurezza, nei cui compiti non rientrava assolutamente l'organizzazione della prenotazione delle sale nel quartier generale dell'ONU – ma dovette comunque occuparsene, avendo ricevuto dal suo capo supremo l'ordine di mettermi a disposizione la sala per una prova e di spostare il discorso del presidente a un'altra data. Credo che Kissinger fosse furibondo. Quando al termine della serata ci incontrammo nell'ascensore, mi ringhiò che me l'avrebbe fatta pagare per averlo messo in quell'impiccio.

Io non mi sentivo affatto in colpa, anzi mi parve gentile che Nixon si interessasse alle mie prove – ma poi arrivò il gran finale. In effetti il discorso di Nixon fu spostato a un'altra data, per cui ebbi modo di provare splendidamente. Tuttavia Kissinger, infuriato per il mio intervento a suo dire saccente, aveva trovato una soluzione radicale e fatto in modo che il ricevimento ufficiale si tenesse a Washington. La sera del mio concerto, perciò, i capi di Stato banchettarono a Washington invece di dilettarsi con la musica di Beethoven e di fare la conoscenza di Penderecki, mentre al mio concerto si erano dati appuntamento solo sottosegretari di Stato e funzionari amministrativi dei vari paesi del mondo. Indira Gandhi in seguito mi scrisse – in fin dei conti io ero, per così dire, il "suo" rappresentante – che avrebbe ascoltato ben volentieri la mia musica, ma purtroppo le era stato impossibile essere presente.

Resta da aggiungere che negli anni seguenti sono diventato amico di Kissinger, e che ogni tanto questa storia ci fa ancora ridere. E questo è quanto, a proposito della cornice che la musica talvolta deve creare per la politica.

Concerto nella Sala Botticelli della Galleria degli Uffizi, Firenze 2003. (Gianluca Moggi/New Press Photo/Archivio Stampa Teatro del Maggio Musicale Fiorentino)

New York, Firenze: la musica del XX secolo

Verso la fine del 1975 Carlos Moseley, sovrintendente della New York Philharmonic Orchestra, venne a Los Angeles per chiedermi, a nome del consiglio d'amministrazione, se volevo accettare l'incarico di direttore stabile. Il mio contratto con Los Angeles scadeva nel 1978, anno in cui avrei compiuto sedici anni ininterrotti alla guida della Los Angeles Philharmonic Orchestra. Nel corso del tempo, avevo assunto personalmente molti orchestrali; ci conoscevamo tutti molto bene e reagivamo subito al minimo cenno reciproco. D'altro canto, questa vicinanza così intensa e prolungata aveva però anche dato origine a un certo logorio, per quanto ciò possa sembrare banale; era indubbio che sarebbe stato un bene se si fosse verificato un cambiamento e un altro direttore avesse assunto la direzione dell'orchestra. Avevo provato e studiato tutti i capolavori classici con i musicisti di Los Angeles, che ormai conoscevano le note a memoria – il che non è certo uno svantaggio – ma sempre e unicamente nella mia interpretazione; in effetti ormai da tempo gli orchestrali avrebbero potuto suonare altrettanto bene anche senza di me, e nel modo da me desiderato. Quando si è troppo legati e ci si è influenzati reciprocamente, nel peggiore di casi questo può causare una certa trascuratezza; viene comunque a mancare lo slancio per affrontare le cose in modo nuovo o diverso.

Per farla breve, mi chiesi seriamente se non fosse giunto il momento per un nuovo inizio con un'altra orchestra. Naturalmente non era la prima volta che mi ponevo quella domanda, ma fino a quel momento, oltre a quell'incarico, il lavoro con l'orchestra in Israele, i concerti a Vienna e a Berlino e le esibizioni occasionali a Firenze mi avevano impegnato pienamente; tra l'altro ero stato anche ingaggiato regolarmente come direttore per sei anni, dal 1965 al 1971, dal Met di New York.

E ora mi voleva come direttore musicale proprio l'orchestra filarmonica di quella città, con cui in passato avevo avuto un incontro del tutto conflittuale. E poi c'erano molte altre considerazioni da fare: vivevo volentieri a Los Angeles, dove avevo una bella casa; i miei genitori abitavano lì anche loro, in una situazione serena e tranquilla, proprio vicino a me. Dovevo veramente rinunciare a tutto questo?

A ciò si aggiungeva una storia antipatica, che risaliva al 1967 e aveva lasciato un cattivo ricordo a me e a tutte le parti in causa. Una volta, in ambito privato, avevo fatto un appunto sull'orchestra di New York che un giornalista aveva poi reso pubblico, suscitando un'irritazione considerevole: avevo detto che a volte la New York Philharmonic Orchestra se ne infischiava dei suoi direttori, che semplicemente li ignorava, per quanto stimati fossero, e che sarebbe diventata un "cimitero per direttori".

Indubbiamente il mio commento suscitò reazioni molto violente. Ero un giovane direttore di trentun anni, e all'epoca ero impegnato al Met con un nuovo allestimento della *Carmen*; nella stagione successiva avrei dovuto dirigere la New York Philharmonic Orchestra. La stampa sollevò un polverone, da cui non uscii esattamente bene, e la mia futura esibizione venne rinviata; in ogni caso, dovetti poi scusarmi formalmente per quell'affermazione. Quand'anche nel mio giudizio potesse nascondersi un briciolo di verità, era stato comunque espresso in modo maldestro, e mi aveva messo in grave imbarazzo. Dovette passare un po' di tempo, prima che fossi nuovamente invitato a esibirmi a New York.

Quando mi arrivò l'offerta di diventare il nuovo direttore musicale dell'orchestra, erano già passati alcuni anni, e l'agitazione suscitata da quella faccenda si era calmata da un pezzo. Finii per accettare molto volentieri e iniziai la mia attività a New York nella stagione 1978-79; le condizioni erano ottime e sembravano perfettamente conciliabili con i miei altri impegni. Era prevista per contratto una presenza di sedici settimane, il che rispondeva alle mie esigenze.

All'inizio della mia attività a New York, la stampa mi diede il benvenuto con due articoli: in uno, naturalmente, il giornalista andava a rivangare la mia infelice osservazione del 1967 e vi si dilungava con rinnovato compiacimento, ma nell'altro si ricordava invece una coincidenza degna di nota – uno dei miei grandi predecessori in quell'incarico, ossia Arturo Toscanini, aveva dato il suo concerto d'addio con la New York Philharmonic Orchestra proprio il giorno della mia nascita, il 29 aprile 1936.

Da parte degli orchestrali non avvertii la minima riserva che dipendesse da quella vecchia storia, che pure avrebbe potuto lasciare dei risentimenti. Ci trovammo d'accordo su ogni aspetto, e potemmo dare inizio senza problemi alla nostra collaborazione, che in un primo momento avrebbe dovuto limitarsi a tre anni. Se poi, anche qui, i tre anni inizialmente previsti sono diventati un lungo e proficuo periodo di tredici anni in tutto, ciò è dipeso effettivamente dalla mia tendenza a mettere radici e dalla mia già più volte citata fedeltà nei confronti dei musicisti con cui lavoro.

Con l'orchestra, quindi, mi trovai subito bene; per quanto riguarda la stampa di New York, invece, sono stato di continuo l'oggetto di attacchi malevoli. Harold Schonberg del *New York Times* cercò sempre di mantenersi equilibrato nelle sue critiche, ma il suo successore parlava sempre male di me per principio, e le cose in sostanza non sono cambiate fino a oggi – una situazione veramente singolare. Mi ricordo ad esempio di un evento che ebbe luogo molto tempo dopo il mio impegno stabile: un concerto congiunto della Israel Philharmonic Orchestra e della New York Philharmonic Orchestra, insieme a Lorin Maazel. Il mio collega venne osannato per la sua interpretazione della *Prima Sinfonia* di Mahler, mentre di me e della *Quarta Sinfonia* di Čajkovskij si scrisse soltanto: «come sempre». Alcuni membri della New York Philharmonic Orchestra, fortemente irritati da quel giudizio, scrissero una lettera ai giornali, che però non fu mai pubblicata.

Dover leggere una cattiva critica dispiace sempre, naturalmente, ma l'irritazione e il turbamento spesso non durano più di quindici o venti minuti; poi si ritorna sul podio e si riprende il lavoro con gli orchestrali. Pur partendo dal presupposto che anche loro l'abbiano letta, non se ne discute mai; in ogni caso, da quando faccio il direttore d'orchestra – e sono ormai diversi decenni – non mi è mai capitato di farlo, né durante la prova seguente né dopo il concerto successivo. Forse anche questo fa parte delle strategie che si sviluppano per garantire uno svolgimento senza attriti dell'attività orchestrale.

Certe critiche dimostrano continuamente che anche lo studioso o l'esperto di musica più stimato può sbagliare, o sacrificare la sua competenza a favore di una superficiale saccenteria; questo può fare impressione sul lettore o sull'ascoltatore normale, ma non sempre poi corrisponde alla realtà dell'ascolto. A questo proposito citerò due esempi, che mi hanno particolarmente colpito – in senso negativo.

Eseguimmo in un concerto a New York la cosiddetta *Gran Partita*, la *Serenata in si bemolle maggiore* per 12 fiati e contrabbasso di Mozart; tra i fiati, Mozart aveva previsto due corni di bassetto. Il corno di bassetto è uno strumento giunto dalla Boemia a Vienna, dove fu molto popolare per un breve periodo verso la fine del XVIII secolo; ha un suono del tutto particolare, tra il clarinetto e il clarinetto basso. Mozart lo ha utilizzato in alcuni suoi lavori, tra cui *Il ratto dal serraglio* e *La clemenza di Tito*. È uno strumento molto difficile da suonare e richiede degli specialisti, che naturalmente avevo in orchestra. Eppure, con mia sorpresa, che cosa mi toccò leggere in una critica al concerto? Che si sapeva già che il direttore Mehta era contrario a utilizzare strumenti originali e che in generale ce l'aveva con le versioni originali, e che per questo motivo la *Gran Partita* era stata purtroppo eseguita con due clarinetti bassi, invece che con i corni di bassetto previsti da Mozart. Sicuramente i lettori del pezzo saranno rimasti profondamente impressionati dalla presunta vastità dell'erudizione di quel critico, ma io montai su tutte le furie. Quando ci si scontra con un'ignoranza e una malafede così clamorose, non si può riprendere la propria attività come se niente fosse, dopo alcuni istanti di irritazione; perché passi, ci vuole un po' di tempo.

L'altro esempio si riferisce alla conclusione di una sinfonia di Schubert, in cui alla fine c'è una battuta vuota, che naturalmente è stampata come tale nella partitura. Una volta, in un concerto, dopo la conclusione percettibile, avevo marcato anche questa battuta vuota, con gran divertimento degli orchestrali. A questo proposito un critico scrisse che evidentemente non sapevo che la sinfonia era finita e che persino gli orchestrali non avevano potuto fare a meno di ridere della mia incredibile ignoranza. Certo, è vero che avevano riso; ma per tutt'altra ragione, ossia per il mio scherzo.

Alcuni dei miei colleghi, quando si verificano malintesi di questo genere, contattano il critico in questione. Io non lo faccio mai. Le parole scritte, diversamente dalle note suonate e dal tempo battuto, possono essere riviste; ma a che pro? Uno dei molti aneddoti che si raccontano sui direttori d'orchestra riguarda la moglie del mio collega francese Paul Paray. Nel corso di una tournée sudamericana del marito, un giornalista aveva scritto una pessima critica su di lui; la signora, decisa a chiedergliene conto, si accertò che fosse proprio lui quel critico e quando quello glielo confermò, assestò al malcapitato un sonoro ceffone! Presumibilmente non è neanche questo il modo giusto di reagire a una critica malevola.

In un certo periodo, a New York comparivano continuamente articoli in cui mi si rinfacciava un presunto atteggiamento hollywoodiano, oppure ero preso di mira perché secondo loro ero sempre presente alle feste e agli eventi sociali più di spicco; in questo modo si cercava evidentemente di mettere in dubbio la serietà con cui mi dedicavo al mio lavoro. Cose del genere si devono per forza sopportare; se si reagisse, si cadrebbe nel ridicolo.

Una volta però un articolo apparso su una rivista mi ha fatto veramente dispiacere, perché vi venivano citati testualmente un paio di musicisti dell'orchestra di New York (che ne comprende più di cento), i quali si erano espressi in modo non esattamente amichevole nei miei confronti. Un direttore non può pretendere di essere amato da tutti gli orchestrali; sarebbe un'illusione. Uno si era lamentato che facevo troppe facce truci e smorfie, e l'altro aveva delle critiche da farmi, che avrebbe anche potuto comunicarmi direttamente; quanto a questo, quel modo di esprimere pubblicamente critiche e lamentele riguardanti questioni interne mi aveva molto ferito. Subito dopo convocai un'assemblea dell'orchestra e proposi di discutere delle affermazioni citate, in modo da poter forse arrivare a un chiarimento sui problemi più pressanti e placare gli animi irritati. La chiacchierata che ne seguì fu interessante e istruttiva, e il libero scambio di opinioni fu utile a entrambe le parti: potemmo così chiarire che cosa avrebbe dovuto essere cambiato e che cosa doveva essere ritenuto immutabile. Come ho detto, mi vennero tra l'altro rimproverate le smorfie che ero solito fare; sotto questo aspetto promisi solennemente di correggermi, perché mi resi conto che non era il caso di mostrare apertamente durante un concerto se qualcosa non mi piaceva o se un punto non riusciva particolarmente bene. Naturalmente, però, avevo anch'io qualche richiesta da fare agli orchestrali: è terribile per un direttore vedere nel bel mezzo di un'orchestra che sta suonando musica meravigliosa, un musicista che si sta palesemente annoiando ed esegue la sua parte faticosamente e per obbligo, come se non ne avesse la minima voglia, così, tanto per contribuire all'insieme. Rimasi sorpreso dalla risonanza che questa mia critica suscitò tra molti membri dell'orchestra; uno dei fiati, per esempio, ammise che trovava insopportabile vedere il violinista davanti a lui che sonnecchiava, proprio mentre lui, da parte sua, cercava di impegnarsi al massimo.

Purtroppo quasi in ogni orchestra si trovano uno o due musicisti annoiati di questo genere. Per me è un enigma soprattutto come si possa arrivare a ostentare un simile tedio; a che scopo, allora, quei musicisti si sono esercitati per un certo periodo otto ore al giorno, se più tardi si annoiano e basta? E quanti uomini possono dire di essere costantemente a contatto, nella loro professione, con una tale misura di bellezza e perfezione, come avviene nel caso dei musicisti?

Grazie a quell'assemblea, dunque, molte cose furono chiarite, e con ciò potemmo riprendere tutti quanti a lavorare in modo positivo e soddisfacente. Ho trascorso un bel periodo a New York, nel complesso. Ho visto rifiorire l'orchestra che era stata diretta dai più importanti direttori del XX secolo, ma che fino ad alcuni anni prima del mio arrivo non era stata seguita sempre con pari intensità.

Con la New York Philharmonic Orchestra ho eseguito molta musica moderna, più di quanta ne suoni oggi. New York è, secondo me, il posto adatto per la musica del XX secolo. Pierre Boulez aveva già fatto molto in questa direzione, forse addirittura troppo, e nei tredici anni della mia attività vi furono 52 prime esecuzioni, trenta delle quali dirette personalmente da me. Durante il mio periodo a New York ci è stato conferito cinque volte il Premio della American Society of Composers, Authors and Publishers (ASCAP). L'ASCAP è una società che esiste dal 1914 e difende soprattutto i diritti dei compositori americani.

Naturalmente tra i pezzi nuovi ce ne sono molti che alla lunga non si imporranno; ciò nonostante, bisogna comunque avere la disponibilità e la volontà di confrontarsi con il nuovo. Nella mia opinione, un direttore musicale ha addirittura il dovere di spianare la strada ai giovani compositori, affinché in primo luogo il pubblico possa accorgersi di loro. Questo non significa affatto pensare di dover sempre aiutare dei capolavori a nascere, ma piuttosto che le linee secondo cui si sviluppa il percorso di un compositore o della storia della musica in generale, devono essere seguite con attenzione.

In America, sia a Los Angeles che a New York, avevo al mio fianco un cosiddetto *Composer in residence*, ossia una specie di "compositore della casa" che solleva il direttore da molte delle sue incombenze: per esempio, rivede le partiture dei nuovi lavori che arrivano. Il direttore musicale di una struttura così grande, come quella che comporta un'orchestra filarmonica, non può studiare personalmente nel dettaglio tutti i pezzi che vengono sottoposti alla sua attenzione; la quantità di ciò che arriva al dominio pubblico è sterminata. E il "nuovo" non è tale solo perché è stato appena scritto, ma perché attraverso una nuova idea o un nuovo suono è divenuto musica che val la pena di studiare e ascoltare. Uno dei miei *Composers in residence* fu Jacob Druckman, con il quale ho lavorato a New York dal 1982 al 1986; è un compositore molto noto in America. Alcuni dei suoi lavori sono stati eseguiti per la prima volta dalla New York Philharmonic Orchestra, non però sotto la mia direzione.

Dal 1979 al 1986 a New York ci fu una serie di concerti chiamata "Horizons", in cui veniva eseguita esclusivamente musica contemporanea. Bisogna però guardare in faccia la verità: al pubblico non sempre piaceva ciò che veniva suonato, e sicuramente non si tratta di un fenomeno unicamente americano. La musica proposta non viene necessariamente bene accolta solo perché è interpretata da una grande orchestra. A volte mi è capitato di vivere esperienze tremende, come quando una volta suonammo a New York la *Turangalîla-Symphonie* di Messiaen – una sinfonia in dieci movimenti, che quindi riempiva il programma di un'intera serata. Messiaen era in sala, anche se ufficialmente non lo si sapeva. Fu orribile rendersi conto che la gente poco per volta stava lasciando la sala; dopo ogni movimento c'erano sempre più poltrone vuote. Quando diressi lo stesso pezzo a Chicago, Messiaen era di nuovo presente; questa volta lo presentai al pubblico e diedi qualche spiegazione prima di dare inizio al concerto, in modo da rompere il ghiaccio. Da allora ho preso l'abitudine di fare una specie di prologo, giacché ho constatato che è molto importante condurre gli ascoltatori a capire ciò che il compositore vuole dire con il suo lavoro. D'altro canto, bisogna anche essere molto cauti, quando si fanno queste introduzioni. In fin dei conti la gente non viene ai concerti per essere istruita come se fosse a scuola; la maggior parte degli spettatori viene per compiere un viaggio dello spirito o per farsi trasportare in un mondo di sensazioni diverse. Le differenti ragioni che spingono le persone ad andare a sentire un concerto sono innumerevoli, e le aspettative e le idee che ognuno si fa devono essere soddisfatte – o per lo meno dovrebbero poterlo essere.

Anche la mia prima stagione a New York, 1978-79, fu inaugurata con una prima esecuzione: *Third Essay for Orchestra* di Samuel Barber. Barber aveva potuto essere presente alle prove sin dall'inizio, il che per me è fondamentale, quando si prepara una prima esecuzione. Mai ho imparato così tanto come in presenza dell'autore di un lavoro: il compositore può infatti chiarire le sue idee a me e ai musicisti, dare suggerimenti e correggere, se per caso si sbaglia o si interpreta erroneamente qualcosa. Senza dubbio i due compositori dai quali ho imparato di più sui loro rispettivi pezzi sono Olivier Messiaen e Pierre Boulez; sapevano spiegare meravigliosamente ciò che avevano in mente. Tuttavia, tra i compositori contemporanei ce ne sono anche molti che non prestano la minima attenzione alle domande, oppure non capiscono che cosa voglio sapere da loro come direttore, affinché il pezzo riesca conforme anche alla loro idea. Altri, invece, forniscono informazioni che semplicemente non aiutano ad andare avanti, il che, nel peggiore dei casi, induce un disorientamento ancora maggiore.

Può essere molto utile parlare di un pezzo di musica moderna con dei colleghi che ne hanno già fatto esperienza nella loro prassi esecutiva. Mi viene in mente un caso in particolare. La New York Philharmonic Orchestra e io stavamo provando un pezzo estremamente complesso, la *Symphony of Three Orchestras* di Elliott Carter, il grande vecchio della musica americana, quello che secondo Aaron Copland è il compositore americano più importante del XX secolo. Apprezzo grandemente le composizioni di Carter, che però esigono molto dai musicisti. Siamo tutti abituati alle modulazioni ritmiche classiche, ma nei moderni in generale e in Carter in particolare è diverso: per esempio si deve contare una quintina e poi nel tempo successivo equiparare tre ottavi di questa quintina a un quarto. È una cosa immensamente difficile. Carter era presente alle prove, ma non era in grado di aiutarmi veramente, ed ebbi dei problemi enormi. Per questo pezzo ci sono tre orchestre sul palcoscenico, ma il direttore è uno solo, e deve venire a capo di tutte e tre.

In un giorno di prove in cui era in programma proprio il pezzo di Carter, incontrai per caso Lenny Bernstein, che lo aveva diretto nella prima esecuzione; mi precipitai subito verso di lui e gli chiesi come avesse risolto il problema delle modulazioni metriche e dei diversi tempi ad esse connessi. Bernstein aveva molta esperienza di pezzi contemporanei e mi spiegò, con la massima tranquillità, che mi facevo troppi problemi e che dovevo solo far suonare l'orchestra prima più lentamente e poi di nuovo più velocemente; di altro non mi dovevo preoccupare.

Non era quel che si dice una risposta esauriente, o per lo meno non risolveva i miei problemi. Al concerto la New York Philharmonic Orchestra fece onestamente la sua parte e Carter fu soddisfatto del risultato, anche se non fu una performance particolarmente brillante. Certo non fu quella l'interpretazione definitiva dell'opera!

La risonanza che ebbe però sulla stampa fu sorprendente. Un critico paragonò la mia esecuzione a quella di Bernstein su CD e pretese di aver percepito che la mia era stata di mezzo minuto più veloce; il che, nel caso di un pezzo così complicato, non si può sicuramente affermare basandosi sulla memoria – o per lo meno, io non avrei potuto farlo.

Le prime esecuzioni rivestono un'importanza particolare per un direttore d'orchestra, in quanto gli permettono di entrare a far parte di un processo creativo e di sentirsi tutt'uno con il compositore – per quanto io provi la stessa sensazione quando dirigo una sinfonia di Beethoven.

Gli orchestrali e il direttore fanno tutto quello che è in loro potere per esprimere adeguatamente le intenzioni e le idee del compositore. È penoso doversi accorgere che qualcosa non è riuscito come si desiderava e si sperava. A volte sono le costrizioni esterne che rendono impossibile un'esecuzione perfetta, come per esempio quando si è avuto a disposizione troppo poco tempo per le prove d'insieme. In un concerto, un'orchestra esegue quasi sempre due o tre o anche più brani diversi; ciò significa che ci sono almeno due, a volte anche tre o più pezzi diversi da provare. Ora, poiché si può usufruire solo di un numero limitato di prove, bisogna per forza decidere quante volte va provato ciascun pezzo, il che crea delle difficoltà, quando si vuol rendere giustizia a ogni brano in egual misura.

Se il compositore collabora e mette a disposizione la sua assistenza, questo può essere di grande aiuto al direttore e agli orchestrali; ho già cercato di spiegare perché io ci tenga molto. Però può essere anche controproducente, se fa sì che la bilancia si sposti troppo a favore del suo lavoro e di conseguenza non rimanga quasi più tempo per gli altri.

Mi è successo proprio questo con un compositore di fama internazionale, che trovo sommamente interessante dal punto di vista musicale. Con mio dispiacere, la storia è andata in modo tale che da allora non abbiamo più avuto contatti. È capitato quando ero ancora a Los Angeles e stavamo provando un suo pezzo, della durata di circa dieci minuti. In genere vengono fissate quattro prove, in cui bisogna rivedere l'intero programma del concerto; io ne avevo riservata una e mezza solo a questo pezzo, e quindi in ciascuna delle due prove successive il brano di quel compositore – che era presente – venne suonato tutto di fila ancora una volta, e poi basta. Purtroppo il compositore giudicò insoddisfacenti tutte le prove – cosa non molto incoraggiante per il direttore e gli orchestrali; tuttavia, a causa dei vincoli di cui sopra, non fu possibile dedicare ulteriori prove al suo pezzo. In fin dei conti, erano in programma anche il *Concerto per violino* di Bartók e quello di Čajkovskij, con Isaac Stern come solista.

La sera del concerto, dopo l'esecuzione, invitai il celebre compositore sul palcoscenico, ma rifiutò di salire e preferì ostentare la sua palese irritazione.

Il mio debutto a New York con la New York Philharmonic Orchestra fu un evento straordinario già solo per il gran numero di spettatori che attirò: circa 140.000 persone. Si svolse al Central Park e fu uno di quei famosi concerti all'aria aperta cui tutti possono assistere gratuitamente – un servizio grandioso offerto dalla città di New York. In America i concerti all'aria aperta sono una componente naturale e riconosciuta della vita musicale, a differenza che in Europa, dove sono sempre percepiti come eventi d'eccezione, e come tali destano grande interesse. Inoltre, non bisogna dimenticare che in America i concerti spesso sono dovuti anche alla pura necessità: là le stagioni concertistiche sono molto più brevi che in Europa, e le orchestre devono cercarsi ogni volta una sede estiva. La Los Angeles Philharmonic Orchestra suonava nella famosa Hollywood Bowl, in cui trovano posto parecchie migliaia di spettatori ed esiste una vera e propria "stagione estiva". L'orchestra di Boston suona a Tanglewood, quella di Philadelphia a Saratoga e quella di New York al Lewisohn Stadium.

Io tengo in gran conto questi concerti estivi, perché in un certo senso forniscono un'educazione alla musica e permettono di guadagnare un nuovo pubblico; gli argomenti che vengono avanzati contro questo genere di concerti sono piuttosto snobistici. Nella mia opinione, non c'è nulla da eccepire se si va in un parco con un cestino da picnic e lì si ascolta un'orchestra di alto livello – anche se la musica si disperde un po'. Può darsi infatti che a qualcuno degli ascoltatori venga voglia di frequentare le sale da concerto anche in inverno. Tutti i direttori dovrebbero fare almeno un concerto all'anno in cui i biglietti non abbiano i prezzi elevati che vengono richiesti al pubblico durante la stagione invernale.

Quella prima stagione a New York con la New York Philharmonic Orchestra fu densa di eventi anche sotto altri aspetti: effettuammo insieme molte incisioni e varie esibizioni televisive, registrammo la colonna sonora del film di Woody Allen *Manhattan*, con musica di George Gershwin, e facemmo insieme la prima tournée, che ci portò in Argentina e nella Repubblica Dominicana.

A New York convivono tutti i contrasti possibili e

immaginabili, e i concerti della Filarmonica non fanno eccezione. Da un lato c'erano le famose "Opening Nights", che costituiscono ogni anno il concerto inaugurale della nuova stagione: è un evento anche mondano in cui si esibiscono grandi star, cantanti o solisti che siano, e la serata si conclude generalmente con una cena di gala alla quale intervengono i cosiddetti *rich and beautiful* della buona società newyorkese. È noto che le orchestre americane devono finanziarsi molto diversamente da quelle europee, per cui la raccolta di fondi là ha un'importanza fondamentale, cui va dedicata la massima attenzione. Per ottenere l'appoggio di ricchi mecenati, si offre ai possibili benefattori una serata speciale e artisticamente gradevole.

Mi ha sempre fatto molto piacere avere con me in questi concerti i miei amici del mondo musicale, con i quali potevo fare musica a vantaggio di molti e per la gioia di tutti. Per il sessantesimo compleanno di Isaac Stern, nel 1980, si esibirono insieme Itzhak Perlman, Pinchas Zukerman e il festeggiato; Stern suonò Bach, Mozart e Vivaldi insieme ai suoi amici, e il *Concerto per violino e orchestra* di Brahms come solista. In un'altra occasione organizzai come concerto inaugurale una serata indiana; proprio in quel periodo si stava svolgendo un Festival dell'India, e fu possibile realizzare un magnifico spettacolo insieme al famoso suonatore di sitar Ravi Shankar – nell'atrio d'ingresso della Avery Fisher Hall era addirittura in mostra un vero elefante.

Questo lato – il brillante aspetto esteriore di simili iniziative – probabilmente a qualcuno può apparire "hollywoodiano"; è un appunto che non mi ha mai turbato, giacché la gaiezza e il fasto di certi eventi non sono affatto in contrasto con la serietà della musica, e anzi, addirittura rendono la musica possibile *in primis* – perché apportano gli indispensabili finanziamenti.

Nel settembre del 1990 diedi con Mstislav Rostropovich – che chiamiamo tutti Slava – il mio millesimo concerto con la New York Philharmonic Orchestra; solo la cifra di per sé è impressionante, dato che in fin dei conti indica semplicemente le prestazioni che mi sono state richieste in qualità di direttore musicale dell'orchestra.

Oltre alle brillanti serate di gala e ai grandi eventi musicali, c'era però anche un programma alternativo. Ovunque nel mondo si trovano esseri umani le cui necessità e preoccupazioni sono così immense, che non è facile distoglierli dalle loro necessità immediate; eppure sono convinto che si possa portare un po' di luce pure nella più cupa indigenza, anche solo facendo in modo che almeno per un paio d'ore il pensiero predominante di queste persone non sia la lotta quotidiana per la vita.

Dopo lunghi colloqui e trattative con il sacerdote responsabile della Chiesa Battista Abissina del quartiere di Harlem, a New York, gli orchestrali ed io decidemmo di darvi dei concerti di tanto in tanto. Harlem si trova ai margini – sotto ogni punto di vista. Siamo andati là non perché fossimo convinti che con la musica si possano cambiare le cose, alleviare effettivamente la miseria o impedire la violenza, ma per restituire un po' del dono che ci è stato concesso in abbondanza: ossia per suonare musica che arrivi al cuore e che la maggior parte della gente che abita in quel quartiere difficilmente ha occasione di ascoltare – tanto meno se eseguita da un'orchestra rinomata, abituata ad esibirsi in tutte le grandi sale da concerto del mondo. Abbiamo suonato per la prima volta nella chiesa di Harlem nell'aprile del 1980; inutile dire che nessuno di noi ha voluto essere pagato. Quando Leontyne Price venne a sapere della nostra idea, mi chiamò subito e dichiarò che voleva assolutamente partecipare anche lei al progetto: si era sposata in quella chiesa e voleva cantare là insieme a noi.

E così avvenne. Il concerto con Leontyne Price, una miscela meravigliosamente assortita, fu un successo strepitoso. La grande cantante interpretò dei gospel, ma anche delle arie di Verdi e Puccini, con l'accompagnamento dell'orchestra: e l'eccellente coro della chiesa contribuì al godimento musicale generale. Nel corso degli anni, molti artisti di rilievo si esibirono in quei concerti insieme all'orchestra.

L'idea di base era la stessa dei concerti organizzati nel quartiere Watts di Los Angeles. Il sacerdote responsabile della chiesa di Harlem era un uomo di grande esperienza, dotato di sufficiente sensibilità per capire cosa significasse mettere insieme i due mondi contrapposti di Harlem e della New York Philharmonic Orchestra.

Solo quell'unica volta la stampa ci trattò bene – questo va detto – e scrisse: «La Filarmonica prende la A1»; il che significa che eravamo stati piuttosto bravi, ma fa anche riferimento al fatto che la metropolitana della linea A porta a Harlem. Purtroppo questa bella iniziativa conobbe dopo alcuni anni una fine piuttosto spiacevole, perché il successore del responsabile della Parrocchia fece delle dichiarazioni politicamente poco opportune, che suscitarono notevole indignazione tra gli orchestrali.

Vado volentieri in tournée con le orchestre di cui sono responsabile, si sa; mi fa piacere poter accompagnare una delle "mie" orchestre in giro per il mondo.

Con la New York Philharmonic Orchestra ho fatto alcuni viaggi degni di nota. Nel 1980, nel mio secondo anno di attività come direttore, venimmo in Europa durante l'estate e suonammo anche in alcune città tedesche e al Festival di Salisburgo. Il 1984 fu un anno di particolare soddisfazione per me, perché realizzammo una lunga tournée in Asia, nel corso della quale ci esibimmo anche nella mia terra natale, l'India; in quell'occasione mia madre venne apposta dall'America per assistere al concerto di Bombay.

Nella mia memoria e in quella degli orchestrali sono rimasti particolarmente impressi due concerti, tenuti nel giugno 1985 in quella che allora era la DDR, a Dresda e a Lipsia: non perché il pubblico fosse in qualche modo speciale, ma perché la situazione politica in cui si trovavano ancora, a quei tempi, la gente e il paese, indusse molti di noi alla riflessione. Fummo naturalmente pagati in marchi dell'Est, con cui al di fuori della DDR non si poteva fare molto; così lasciammo parte del denaro a disposizione degli studenti di musica e col resto comprammo una quantità di partiture.

Nella DDR avvenne un episodio piuttosto divertente, fondato su un malinteso. Con la New York Philharmonic Orchestra ho sempre concesso volentieri, come bis, un brano popolare: come i Wiener Philharmoniker suonano magari la polka *Donner und Blitz*, così gli americani eseguono spesso *Stars and Stripes* – che è una marcia perfetta, niente di serio, ed è conosciuta in tutto il mondo. Le autorità della DDR però credettero che fosse l'inno nazionale americano e andarono su tutte le furie; dietro le quinte mi vennero subito chieste spiegazioni, e dall'alto mi fu espressa la massima disapprovazione. La situazione si chiarì facilmente, ma l'episodio dimostra quali fossero le condizioni del paese ancora a quei tempi.

In quell'estate del 1985 facemmo un lungo giro, che ci portò in Germania e in Austria e poi ancora in Italia e in Spagna, fino in Turchia; per concludere ci esibimmo in Israele, dove mi fu possibile mettere insieme le due orchestre alle quali ero così legato a quell'epoca. Il punto culminante del nostro soggiorno fu appunto il concerto congiunto della New York Philharmonic Orchestra e della Israel Philharmonic Orchestra a Tel Aviv. Come spesso si fa in occasioni simili, suonammo la *Symphonie fantastique* di Berlioz; come ho già detto, sono assolutamente sicuro che Berlioz aveva sognato per questa sinfonia una megaformazione così, con due orchestre filarmoniche. Quando capitano questi concerti congiunti, a volte escogito anche uno scherzo: quella volta feci vestire gli orchestrali diversamente – gli uni in bianco, gli altri in nero. E dopo il terzo movimento li feci cambiare di posto: il primo violino o il flauto si scambiarono con quelli dell'altra orchestra, in modo che le prime parti nel quarto e nel quinto movimento furono eseguite da quelle dell'altra orchestra. Questo è puro divertimento, ma è fantastico, e al pubblico piacciono queste cose.

Un'esperienza sconcertante fu il nostro viaggio in Unione Sovietica. Nel 1988, nonostante la *glasnost* e la *perestrojka* che allora stavano incominciando ad affermarsi, l'Unione Sovietica era ancora un paese molto remoto, che apparve chiuso e straniero a buona parte di noi. Anche in quell'occasione il momento culminante della tournée fu un concerto con due orchestre: la New York Philharmonic Orchestra suonò con i colleghi dell'Orchestra Filarmonica Statale di Mosca, al Gorki Park di Mosca. Benché piovesse a dirotto, un pubblico di migliaia di persone venne ad ascoltare Berlioz e la *Quinta Sinfonia* di Šostakovič sotto l'ombrello. Il direttore russo Gennadi Rozhdestvensky e io ci "spartimmo" il concerto; una volta il collega russo diresse anche l'orchestra americana da solo.

Anche a quell'epoca, naturalmente, la mia attività non si limitava a New York: avevo sempre il mio incarico come direttore della Israel Philharmonic Orchestra, e molti altri impegni da mantenere. Per esempio, dal 1961 dirigo regolarmente i Berliner e i Wiener Philharmoniker, ai quali sono profondamente legato sin da quando ero studente; per questo motivo nel 2001, in occasione del quarantesimo anniversario della prima volta in cui li avevo diretti, i Wiener mi hanno nominato membro onorario. La motivazione con cui l'assemblea generale dell'orchestra mi ha concesso questa distinzione è estremamente amichevole nei miei confronti; vi si legge, tra l'altro, che i responsabili dell'orchestra di allora avevano dato prova di «audacia e facoltà profetiche», quando mi avevano invitato a dirigere un concerto durante le Festwochen, l'11 giugno 1961. Spero di poter continuare a essere all'altezza dello straordinario livello artistico di questa orchestra! Il discorso del suo presidente, Clemens Hellsberg, durante la cerimonia solenne mi ha profondamente commosso.

Un'altra orchestra che mi ha sinora dimostrato una grande amicizia, offrendomi una ulteriore patria artistica, è quella del Maggio Musicale Fiorentino. Anche a Firenze sono stato per la prima volta nel 1961, e ho già raccontato che la prima opera "europea" da me diretta con questa orchestra fu *La Traviata*, al Teatro Comunale, seguita da alcune repliche della *Tosca*, nel 1965.

Nel 1969 mi fu proposto di assumere la direzione artistica del Maggio Musicale di quell'anno, il che malgrado l'incarico a Los Angeles e l'impegno sempre crescente con la Israel Philharmonic Orchestra si conciliava molto bene col resto. Il Festival del Maggio Musicale Fiorentino, che si svolse per la prima volta nel 1933, è uno dei più antichi festival musicali europei e dà anche il nome all'orchestra; ha luogo ogni anno in maggio e giugno; nella stagione autunnale l'orchestra esegue opere e balletti, e da gennaio ad aprile concerti sinfonici.

Il Festival dal punto di vista musicale fu una vera e propria maratona. Ci fu un nuovo allestimento dell'*Aida* e uno del *Fidelio* con la regia di Giorgio Strehler, da Salisburgo venne ripreso il mio beneamato *Ratto dal serraglio* e inoltre vi furono concerti con tutti i miei amici musicisti: Arthur Rubinstein suonò con l'orchestra di Israele, che venne ospite a Firenze, Claudio Abbado venne con la London Symphony Orchestra, Barenboim e sua moglie Jacqueline du Pré si esibirono con la English Chamber Orchestra – fu un formidabile lavoro d'insieme, a un livello musicale altissimo.

Il Maggio Musicale Fiorentino ha dietro di sé una tradizione lunga e importante, che tra i direttori può vantare nomi del calibro di Bruno Walter, Furtwängler, Mitropoulos, Karajan e Muti; la Callas vi fece il suo debutto, e anche molti compositori contemporanei hanno trovato spazio al Teatro Comunale, dove hanno potuto presentare personalmente la loro musica – da Stravinskij e Bartók a Luigi Nono e Luciano Berio.

Nel 1978, quando avevo appena assunto il mio incarico a New York, mi fu proposto di mettere in scena il *Ring* a Firenze, con la regia di Luca Ronconi e la scenografia di Pierluigi Pizzi. Non sarebbe stata la mia prima opera di Wagner, ma il mio primo *Ring* sì: finalmente mi si offriva l'opportunità di occuparmi intensivamente di Wagner. Era prevista un'opera della Tetralogia ogni anno, per cui non dovetti imparare tutto in una volta contemporaneamente alla mia attività newyorkese, ma ebbi modo di accostarmi a Wagner con calma e quindi di studiarlo a fondo. Gli italiani se la cavano sommamente bene con Wagner, per esempio meglio che con Richard Strauss. In quella produzione *L'oro del Reno*, per cui Pizzi aveva ideato una scenografia molto semplice, fu un grande successo; ma anche la *Valkiria* e *Il crepuscolo degli dèi* riuscirono molto bene – diversamente dal *Sigfrido*, di cui ho un ricordo spaventoso.

Dunque, dal 1978 al 1981 sono venuto ogni anno a Firenze come direttore ospite e sono anche cresciuto parecchio insieme all'orchestra, grazie a una collaborazione tanto intensa. Negli anni Ottanta Riccardo Muti lasciò Firenze, e questa partenza imprevista creò una situazione di emergenza artistica. Una delegazione dell'orchestra venne in Israele, dove avevo già cominciato a lavorare, e mi pregò di prendere il posto di Muti; accettai subito e mi esibii come direttore ospite senza stipendio, affinché il progetto restasse invariato.

Dal 1986 sono direttore musicale dell'orchestra a Firenze, il che in italiano suona molto chic: Direttore principale del Teatro del Maggio Musicale Fiorentino. Dunque, un'altra patria musicale. Se mi si chiede dove mi senta veramente a casa, rispondo che è nei luoghi dove lavoro e dove mi sento legato a tutto ciò che è importante nella mia vita. Lavoro veramente molto volentieri a Firenze, anche per come funziona il sistema là: se dobbiamo per esempio provare un'opera, la suoniamo varie volte di fila, e ho sempre davanti a me gli stessi orchestrali. In questo modo, sin dalla prima prova e fino all'ultima rappresentazione posso lavorare con gli stessi musicisti, e tutto ciò che faccio, musicalmente parlando – dai suggerimenti alle critiche – rimane circoscritto all'interno dello stesso gruppo. Capisco perfettamente che ciò non sia realizzabile, per diverse ragioni, in un teatro d'opera come quello di Monaco o di altre città, dove logicamente gli orchestrali, che in tutto sono circa 140, devono essere disponibili a eventuali sostituzioni o a formare un secondo cast –

altrimenti non sarebbe possibile mantenere un'attività operistica di quelle dimensioni, con un repertorio enorme.

A Firenze ho diretto per la prima volta le opere mozartiane su libretto di Lorenzo Da Ponte, con la regia di Jonathan Miller; lavorare con lui è stato un vero piacere. Una produzione affascinante fu anche il *Flauto magico* con la regia di Julie Taylor, che è diventata famosa per la sua regia del musical *Il Re Leone*, con cui nel 1998 ha conseguito un Tony Award. Naturalmente sono andato in tournée anche con l'Orchestra del Maggio; per i musicisti fu un'esperienza nuova. Siamo andati insieme in Sudamerica e in Turchia, e abbiamo girato anche l'Italia. A Parigi abbiamo eseguito in presenza di Olivier Messiaen la sua *Turangalîla-Symphonie*, un pezzo che amo molto. A Firenze abbiamo suonato anche l'ultima opera di Messiaen, composta nel 1991: *Éclairs sur l'Au-delà*.

Si cominciava già a parlare del fatto che a Firenze venivano eseguiti molti compositori moderni contemporanei; del resto, un direttore musicale ha il dovere di impegnarsi a far rappresentare il nuovo – anche se il pubblico a volte reagisce con irritazione. Se però all'incomprensione si accompagna anche l'ignoranza, naturalmente la capacità di recepire sarà molto scarsa; a maggior ragione, pertanto, ritengo di essere tenuto, in quanto direttore, a contribuire a migliorare la comprensione generale. Ho già detto che eseguo volentieri musica "nuova", e prima dei concerti cerco di preparare un poco il pubblico a entrare nello spirito della musica che tra poco ascolterà; però non mi verrebbe mai in mente di mettermi di colpo a parlare della *Sesta Sinfonia* di Beethoven – anche se spesso mi capita di pensare che a volte potrebbe essere molto utile.

Dobbiamo cercare delle strade per portare all'opera e ai concerti anche le nuove generazioni; in ogni statistica si può leggere che il nostro pubblico diventa sempre più vecchio. Allo stesso modo, diminuisce anche l'interesse per gli abbonamenti, che fissano le date per gli spettacoli con molto anticipo: questo non è conforme ai gusti dei giovani, semplicemente perché la gioventù ama vivere spontaneamente. Di conseguenza i direttori musicali, i sovrintendenti e gli amministratori di orchestre e teatri d'opera, come anche gli organizzatori di concerti e i musicisti stessi, dovrebbero riflettere seriamente su come destare l'interesse della gente, per riempire le sale. Perciò sono anche dell'opinione che si debbano fare molte concessioni, affinché le persone possano riuscire a "entrare" nella musica classica, magari per la prima volta. Con questo non voglio affatto sostenere la "cultura degli assaggi": tuttavia le giovani generazioni non si convinceranno esclusivamente con una compassata solennità. Il patrimonio prezioso che dobbiamo amministrare merita un'attenta riflessione sulle nuove strade che si possono imboccare, per destare nella gente il gusto per la musica classica.

Vale la pena raccontare come si è giunti alla celebre esecuzione di *Turandot* nella Città Proibita di Pechino. L'idea era già nata nel 1996, quand'ero in tournée in Cina con i Wiener Philharmoniker; il produttore austriaco Michael Ecker, durante una passeggiata attraverso la Città Proibita, continuava a ripetere con entusiasmo come sarebbe stato fantastico poter mettere in scena l'ultima opera di Puccini sullo sfondo del Palazzo dei Ming. La specialità di Ecker è allestire le opere nei loro luoghi d'azione originali. Era veramente un'idea affascinante, ma anche audace, per la cui realizzazione sarebbe stato necessario prima di tutto ottenere il consenso delle autorità cinesi, prima di poter fare ulteriori riflessioni.

Non fu affatto facile destare l'entusiasmo dei cinesi per il progetto. Da quando Bertolucci aveva girato alcune riprese del suo film sull'ultimo imperatore nella Città Proibita, dato che evidentemente aveva alquanto imperversato – ossia aveva lasciato dietro di sé un caos enorme –, la disponibilità a permettere nuovamente a operatori culturali occidentali, o comunque volessero chiamarci, di lavorare sul posto si era molto ridotta; alla fine però ci riuscimmo. Durante l'intervallo di un concerto dei Wiener Philharmoniker, colsi al volo l'opportunità di parlare con il ministro della cultura cinese; ebbi così modo di convincerlo che un simile spettacolo sarebbe stato grandioso e avrebbe potuto avere un effetto positivo anche all'estero.

Il secondo passo fu trovare un regista che da un lato avesse sufficiente sensibilità per la musica, e dall'altro fosse capace di trasformare la fiabesca azione scenica in qualcosa che fosse anche visivamente convincente. Qualcuno ebbe l'idea di interpellare il regista cinese Zhang Yimou, che nel 1988 era diventato di colpo famoso con il suo primo film, *Sorgo rosso*: sembrava l'uomo giusto per il nostro megaprogetto.

Mettersi in contatto con Zhang fu piuttosto complicato; malgrado i suoi successi cinematografici in Occidente – o forse proprio per questo – in un primo momento le autorità cinesi fecero delle difficoltà; finalmente, però, nel 1996 riuscimmo a entrare in trattative con lui. Dopo un periodo di riflessione, Zhang si dichiarò disposto ad assumersi questo incarico, per lui completamente nuovo.

Era previsto che la prima della *Turandot* con la sua regia si svolgesse a Firenze, per essere poi portata a Pechino un anno dopo. Zhang era un completo neofita in campo operistico, ma si era immerso nello studio dell'opera con grande serietà e molta intelligenza. Già solo gli sfarzosi costumi, tutti confezionati a mano, erano di una bellezza straordinaria. La sensibilità di Zhang per la musica crebbe man mano che il lavoro procedeva, e alla fine lo spettacolo ebbe un grande successo.

Tuttavia non fu facile trasportare l'allestimento fiorentino a Pechino così com'era, anzi in sostanza risultò impossibile; innumerevoli elementi dovettero essere rifatti ex novo o riadattati. In totale, più di mille persone furono coinvolte in questo enorme progetto, e i problemi logistici furono tali da far impallidire tutte le esperienze del genere che avevo vissuto fino a quel momento. A Firenze Zhang aveva imparato tutto quello che c'era da sapere sulla *Turandot*, e a Pechino fu in grado di impartire chiare disposizioni su quello che c'era da fare – un compito titanico. Nel 1998, finalmente, fu tutto pronto e l'orchestra, il coro e tutte le maestranze del Maggio Musicale Fiorentino presero il volo per Pechino.

Naturalmente era una Cina molto fiabesca quella che fu presentata agli spettatori sulla scena, con una dovizia straordinaria di colori, costumi fastosi e sullo sfondo i palazzi illuminati della Città Proibita. La versione che in seguito venne portata in giro per anni negli stadi calcistici si reggeva pur sempre sulla concezione di base di quell'allestimento straordinario, ma non poté mai trasmettere tutta la magia dello spettacolo originario. In quell'occasione andarono in scena nove rappresentazioni in nove giorni, con tre diversi cast, davanti a un pubblico di circa quattromila spettatori ogni sera. Fu un successo enorme.

Al termine delle repliche, il 14 settembre 1998 salii a Pechino su un aereo diretto a Monaco, verso il mio primo giorno di lavoro alla Bayerische Staatsoper come direttore musicale del teatro.

Ora desidero assolutamente parlare dei famosissimi "Tre Tenori" e del ruolo da me svolto in proposito. Al riguardo corrono una quantità di voci folli in tutto il mondo, soprattutto sull'entità dei compensi. Spero di poter contribuire a chiarire quella che fu la storia effettiva della nascita di quel concerto e a correggere eventuali errori.

Mario Dradi, un agente italiano molto attivo che conosce tutti gli artisti di questo mondo, ebbe l'idea di organizzare un concerto straordinario, un evento mai avvenuto prima d'allora, durante il Campionato del Mondo di calcio del 1990 a Roma: Luciano Pavarotti, Placido Domingo e José Carreras avrebbero dovuto esibirsi insieme nelle antiche Terme di Caracalla. L'occasione sarebbe servita anche a ridare il benvenuto nel mondo musicale a Carreras, ormai guarito, e a raccogliere fondi per l'associazione a favore dei malati di leucemia creata dallo stesso Carreras; il compenso per la serata sarebbe stato devoluto all'associazione. Sarebbe ingenuo pensare che alla base di tutto ci fossero esclusivamente dei nobili motivi; com'è ovvio, se ne doveva ricavare anche un guadagno economico. Ciò è del tutto legittimo, e chi collabora a progetti di questo genere si impegna a perseguire il successo anche in termini finanziari; in ogni caso, noi protagonisti non ci avremmo guadagnato nulla, ma ci tenevamo a raccogliere una bella somma per la buona causa. Mi dichiarai disposto a dirigere l'orchestra, e posi soltanto una condizione: che non fosse ingaggiata soltanto l'orchestra dell'Opera di Roma, ma anche la mia orchestra fiorentina. Ora, naturalmente, nella letteratura operistica non esiste alcun trio per tre voci di tenore; proposi perciò che ciascuno dei tre scegliesse alcune delle sue canzoni preferite, e che il compositore argentino Lalo Shiffrin ne facesse un pot-pourri. In questo modo avremmo raggiunto il risultato voluto, ossia che i tre tenori cantassero insieme.

La casa discografica Decca era disposta a registrare la serata per poi farne un CD; anche questa ci parve una buona idea, su cui fummo tutti d'accordo. Ci assicurarono, con argomenti attendibili, che era piuttosto complicato realizzare una registrazione di quel genere, e che il successo commerciale dell'impresa era assolutamente incerto; era quindi giustificato che noi sottoscrivessimo una rinuncia ad avanzare ulteriori richieste nei confronti degli organizzatori e della casa discografica – e così facemmo. Ciò che né noi né, presumibilmente, la Decca potevamo sapere era che quel CD sarebbe diventato il singolo di musica classica più venduto di tutti i tempi; in ogni caso, non ne ricavammo un soldo. Un successo imprevisto è sempre una soddisfazione, e la nostra situazione era tale da poterci permettere, tutti e quattro, di non partecipare ai guadagni; però avrebbero potuto almeno inviarci una cartolina natalizia con l'effettiva entità delle vendite del CD e gli auguri...

Il concerto di quella sera, alla luce di una splendente luna piena, fu per noi soprattutto una manifestazione lieta e allegra, che aveva però carattere di eccezionalità. Nessuno allora avrebbe potuto immaginare che da quell'idea sarebbe nato uno schema valido in certo senso ancora oggi.

Quattro anni dopo, in occasione del Campionato del Mondo di calcio a Los Angeles, ripetemmo l'esibizione con la Los Angeles Philharmonic Orchestra. A questo punto si sapeva quali masse immense di folla avrebbero attirato i tre tenori migliori del mondo, per cui fummo pagati tutti molto bene. Se a Roma la serata aveva richiamato circa seimila spettatori, al Dodger Stadium di Los Angeles ne entrarono più di cinquantamila, che non vollero perdersi quell'evento sensazionale.

Ho diretto solo quei due primi concerti. In seguito l'iniziativa è diventata un'operazione regolare e un sinonimo di musica commerciale, ma io non ho avuto più niente a che fare con essa.

Un concerto di protesta contro la guerra in Vietnam nel campus dell'UCLA.

Portare la musica alla gente

Non sono del tutto sicuro che si debbano raccontare le buone azioni compiute. Per me è naturale aiutare gli altri, se ho i mezzi per farlo; e questo comporta anche che non rimango a guardare, quando mi capita di imbattermi in qualche ingiustizia. Generalmente il pubblico che richiamo è interessato alla musica, ma talvolta, grazie alla notorietà acquisita in questi anni, riesco a raggiungere anche il grande pubblico; e se in questo modo posso riuscire a smuovere le cose, anche di poco, in un caso concreto, ne sono molto contento.

Mi addolora vedere la gente cadere in miseria a causa di guerre, povertà o catastrofi naturali. Per attirare l'attenzione su chi si trova in difficoltà e raccogliere denaro per provvedimenti di soccorso, sono disposto ad attivarmi in qualsiasi momento con il massimo impegno. Non sono assolutamente più generoso di altri, ma provo una profonda gratitudine per tutto l'amore e l'aiuto che gli altri mi hanno dato, affinché potessi realizzare liberamente la mia vita.

Per tutto ciò che ho conseguito nella mia vita, devo ringraziare soprattutto i miei genitori. Senza la premurosa attenzione di mia madre, senza la competenza musicale e l'operosità indefessa di mio padre non avrei mai potuto seguire il mio percorso professionale così come mi è stato concesso di fare. Spero di aver dimostrato a sufficienza ai miei genitori, finché vissero, che ero ben consapevole di tutto quello che avevano fatto per me. I loro consigli furono importanti fino all'ultimo, così come l'affetto e l'interesse che mi dimostravano.

A casa nostra a Bombay, l'attuale Mumbai, nel 2003 è stata creata la Fondazione Mehli Mehta; mi è sembrato il modo giusto per dimostrare la mia gratitudine anche agli occhi del mondo. Se ne sono occupati i miei amici di Bombay; io purtroppo non sono abbastanza bene organizzato, e mi manca un apparato di una certa dimensione che mi permetta di fare di più. Forse è questo il motivo per cui io metto in moto sempre e soltanto piccole iniziative. Le grandi organizzazioni e i problemi direttivi sono per me un incubo; sarà una mia debolezza, ma non posso farci niente. Un giorno mi chiamò Rostropovich, che stimava molto mio padre e gli voleva bene: intendeva assolutamente fare due concerti a Bombay con me e l'Orchestra del Maggio Musicale Fiorentino, per raccogliere i fondi per creare una scuola musicale in cui venisse insegnata la musica occidentale. A tutt'oggi questa scuola consiste solo di due appartamenti, in cui però si sta già lavorando. Ho fatto in modo che tutta la mia famiglia si impegnasse in questa iniziativa, e anche i miei nipoti hanno dato il loro contributo.

Nella nostra famiglia il talento artistico si direbbe ereditario, pertanto ritengo a maggior ragione che sia un dovere familiare impegnarsi in questo progetto, affinché il nome di Mehli Mehta rimanga vivo nella memoria.

Forse a volte pretendo troppo dai miei orchestrali, quando li persuado ad attraversare il mondo con me per fare coraggio alla gente o fare in modo che i più gravi e infami delitti contro l'umanità non vengano dimenticati. Io però sono dell'opinione che valga sempre la pena di darsi da fare per una buona causa. E così, per esempio, diressi un concerto con la Bayerische Staatsorchester nel primo anniversario dello *tsunami* a Chennai, l'antica Madras, che il 26 dicembre 2004 era stata colpita dalla catastrofe; a questo scopo tutti gli orchestrali avevano dovuto prendere l'aereo per l'India la mattina del giorno di Natale, il che fu sicuramente una bella scocciatura per alcuni di loro. Del resto, le catastrofi sono una scocciatura ancora maggiore. Che poi io desiderassi, in quel caso specifico, anche mostrare all'orchestra la mia terra d'origine e dare loro un'idea delle sue bellezze, è un altro conto e resta subordinato alla buona azione. Volevo far conoscere ai miei musicisti il Taj Mahal di Agra. Il nostro viaggio fu reso possibile dalla generosità di vari sponsor italiani e tedeschi.

Il concerto di Chennai si svolse in un teatro molto semplice, in cui non era mai stata eseguita prima della musica europea. Naturalmente i biglietti non erano a pagamento: una cosa del tutto inusitata. Dal podio, chiesi di fare offerte per le vittime della catastrofe dello *tsunami*; e a Nuova Delhi facemmo poi un grande concerto in uno stadio davanti a quattordicimila spettatori.

Non intendo certo qui enumerare tutti i concerti grazie ai quali è stato recato – forse – sollievo o apportato indirettamente dell'aiuto a chi ne aveva bisogno; sarebbe ridicolo, e soprattutto noioso. Tuttavia, vorrei dare rilievo ad almeno due concerti straordinari, degni di nota anche solo per il luogo in cui si sono svolti.

Uno si tenne a Weimar nel 1999, con la Israel Philharmonic Orchestra e la Bayerisches Staatsorchester: in quell'occasione, i musicisti ebrei di Israele eseguirono insieme a quelli tedeschi la *Seconda Sinfonia* di Gustav Mahler. Quell'anno Weimar era Capitale Europea della Cultura e aveva voluto organizzare quel concerto – che ebbe luogo il 29 agosto nel parco del Castello di Tierfurt, davanti a circa cinquemila spettatori – per dare un segnale di tolleranza, intesa e conciliazione. Quel luogo, che rispecchiava la storia della Germania in duplice modo – uno bello, l'altro terribile – aveva un carico emotivo molto intenso per gli orchestrali, ma la musica agì come un potente elemento di unione.

Il giorno prima del concerto visitai il memorial di Buchenwald insieme ai membri israeliani dell'orchestra; volevo accompagnare i miei musicisti a quel luogo di orrore. In quello che era stato il crematorio del lager, uno dei violoncellisti suonò un brano in memoria dei tanti che lì erano stati uccisi.

Il secondo concerto di cui vorrei parlare, perché fu veramente una cosa fuori del comune, si svolse nel giugno del 1994 in un luogo di distruzione, di guerra, il simbolo stesso dell'inconciliabilità. Ancora una volta, l'idea venne da Mario Dradi. Anche questo evento fu spettacolare, ma in un senso tutto diverso rispetto al concerto dei tre tenori: avremmo dovuto suonare il *Requiem* di Mozart nella Biblioteca islamica bombardata di Sarajevo. In questo modo si voleva significare il lutto, ma anche la fiducia nel futuro; le circostanze però erano purtroppo ben poco incoraggianti e non permettevano di sperare che ben presto sarebbero ritornate la pace e la tranquillità.

Mi dichiarai subito disponibile, e anche i cantanti furono convinti ad accettare; accanto a Cecilia Gasdia e all'ungherese Ildiko Komlosi, furono ingaggiati José Carreras e Ruggero Raimondi. Mia moglie mi accompagnò a Sarajevo; non ama particolarmente questo genere di viaggi, ma stavolta l'occasione e le circostanze erano così speciali che volle venire con me. Ci imbarcammo quindi insieme ad Ancona su un aereo militare diretto a Sarajevo. Alle prove, che si svolsero nel Teatro d'Opera della città, rimasto intatto, e furono tutte aperte al pubblico, assistettero molte persone; al concerto vero e proprio nella Biblioteca nazionale distrutta dalle bombe, il pubblico non avrebbe infatti potuto essere presente. Questo concerto avrebbe dovuto essere l'occasione per un evento mediatico di grande effetto; venne trasmesso da ventisei stazioni televisive e anche riprodotto su DVD. L'intero ricavato fu devoluto al Fondo dell'ONU per i rifugiati.

Suonammo con l'Orchestra Sinfonica di Sarajevo; i musicisti erano in una situazione di estremo bisogno, chiaramente avvertibile e visibile. Agli archi mancavano le corde, i clarinetti erano senza ance, ma tutti fecero del loro meglio. La totale assurdità di quella guerra si sentiva in ogni momento: nel nostro albergo, sui vetri delle finestre era stata incollata della carta per oscurarle, di notte si sentivano colpi d'arma da fuoco e poco prima del concerto un bambino venne ucciso dall'alto della collina. Provammo quindi ancora più riconoscenza, noi che eravamo arrivati lì per condividere solo per poco tempo la miseria e il dolore di quella povera gente, per essere stati così fortunati nella nostra vita.

Accanto a queste occasioni molto serie, sono sempre disposto a prestarmi a commemorazioni liete. Nel primo anniversario del trattato di pace concluso nel 1993 fra israeliani e palestinesi, i norvegesi mi invitarono a dirigere un concerto presso lo stadio da basket di Oslo. Per la parte "leggera" riuscii a ottenere la partecipazione di Harry Belafonte, mentre i solisti del programma classico furono Ivo Pogorelich e Ivry Gitlis. Decisamente fu qualcosa al limite: per metà musica pop, per metà classica. Tra gli ospiti c'erano Arafat e Shimon Peres, i vincitori del Premio Nobel per la Pace di quell'anno 1994. Tutti si rallegravano al pensiero che ben presto nel Vicino Oriente ci sarebbe stata una pace sicura e duratura, e di conseguenza lo stato d'animo era generalmente spensierato. Un coro di bambini – 25 israeliani, 25 palestinesi e 25 norvegesi – intonò un canto di pace, a dimostrazione del convincimento generale che la speranza di una futura pacifica vita in comune tra Israele e la Palestina stesse per divenire realtà. Nessuno pensava che soltanto un anno dopo, in parte a causa dell'assassinio del premier israeliano Rabin, tutti quegli sforzi e quelle speranze sarebbero stati rimessi nuovamente in forse.

Con Nancy, accanto all'antico frantoio nella casa fiorentina. (Armando Rotoletti/Grazia Neri s.r.l.)

Che cosa significa dirigere, ovvero: senza amore non è possibile

Elias Canetti, in *Masse und Macht*, descrive il direttore d'orchestra come un temporaneo "signore del mondo": «Non esiste espressione più evidente di potere del direttore d'orchestra. È onnisciente, e infatti mentre ogni orchestrale ha solo la sua parte sul leggìo davanti a sé, il direttore ha l'intera partitura in testa o sul podio».

Io vedo la mia posizione diversamente: per me non è affatto investita di un potere "universale", ma richiede invece dedizione, ascolto attento ed empatia. Il direttore è, sì, nella situazione privilegiata di conoscere le parti di tutti gli strumenti, ma non deve strumentalizzare questo privilegio. Mi percepisco piuttosto come un coordinatore, a volte come un suggeritore, ma soprattutto come un compagno di squadra.

Vale qui la pena che ci occupiamo brevemente della storia della professione di direttore d'orchestra. In realtà è una professione molto giovane – perlomeno paragonata alla musica che ascoltiamo e suoniamo, che è stata composta dai primi del XVI secolo a oggi. Solo in Francia le orchestre avevano già dal XVIII secolo un collega appositamente incaricato di battere il tempo; al di fuori della Francia, però, non venne ritenuto necessario fino a Ottocento inoltrato. A quell'epoca era il primo violino a dare il tempo; e per essere visto meglio dai colleghi, a volte suonava anche stando in piedi.

In Francia il ruolo del direttore d'orchestra è riconosciuto fin dai tempi di Luigi XIV. Il direttore dava il tempo picchiando un bastone sul pavimento, stando in piedi e dando le spalle ai musicisti. Ciò non era molto consigliabile, per varie ragioni, ma soprattutto perché il rumore prodotto dai colpi del bastone doveva essere decisamente fastidioso per chi ascoltava, anche se così i musicisti andavano a tempo.

Nel XIX secolo si diffuse a poco a poco una "asticella per battere il tempo", il cui impiego all'inizio venne considerato quasi rivoluzionario. Compositori come Mendelssohn-Bartholdy ed evidentemente anche Carl Maria von Weber già si vantavano di utilizzare quella novità. Soprattutto per i cori, la bacchetta apparve ben presto indispensabile, mentre per le esecuzioni puramente orchestrali si mantenne ancora a lungo l'abitudine di battere il tempo con l'archetto del violino. Solo verso la fine del XIX secolo la bacchetta divenne parte integrante e imprescindibile di ogni esecuzione orchestrale; ed è da allora che quella del direttore d'orchestra è una professione a sé stante, senza un'ulteriore specializzazione come strumentista o compositore. Questo per quanto riguarda la storia.

Io stesso, come ho già raccontato, ho imparato il mestiere di direttore dal leggendario Hans Swarowsky, a Vienna; le cose principali che mi ha insegnato sono state la disciplina e la fedeltà all'originale. Noi giovani studenti restavamo quindi estremamente sorpresi, quando ci rendevamo conto che quei due principi basilari non avevano affatto validità universale. Nella pratica, mi capitava di ascoltare cose che nella partitura avevo letto in tutt'altro modo. Il rigore assoluto, che Swarovsky aveva adottato come criterio fondamentale, è stato un elemento molto disciplinante della sua educazione musicale. Qualsiasi atteggiamento che si richiamasse alla pura ispirazione gli appariva altamente sospetto e non tollerabile, giacché avrebbe permesso che si instaurasse del lassismo in orchestra.

Ora, naturalmente, si pone la domanda: che cosa si intende esattamente per fedeltà all'originale? Per chiarirlo, mi piace ricorrere al paragone con un antico dipinto, che venga liberato dalla vernice protettiva che gli era stata applicata in passato, in modo che a ogni strato che viene tolto si distingua sempre di più il soggetto originale, i contorni appaiano più nitidi, i colori più freschi, l'idea informatrice più evidente. Riportando la similitudine alla musica, la vernice rappresenta la pratica – abituale in molti direttori della fine dell'Ottocento e dei primi del Novecento – di fare dei veri e propri interventi sulla musica, da cui ebbero origine nuove abitudini di ascolto, che a loro volta si sono radicate e sono modificabili solo a prezzo di grandi sforzi.

Bisogna sapere che prima dell'epoca di Toscanini, direttori come Wagner o lo stesso Gustav Mahler ritoccavano spesso i pezzi. Per esempio esistevano delle "ristrumentazioni", che conferivano a molte opere un suono completamente diverso; ciò riguardava le sinfonie di Schubert come anche quelle di Beethoven. Toscanini fu il primo ad insistere che si doveva lavorare sull'originale e suonare solo ciò che era nelle intenzioni del compositore, dunque senza apportare ritocchi o completamenti o addirittura ampliamenti.

Furtwängler parlava spesso del messaggio tra le note; con questo intenderei qualcosa come un'interpretazione. Al contempo, però, in questa affermazione si esprime anche la mistica della nostra professione, che è difficile da descrivere. Malgrado tutta la fugacità della musica, in un ascolto corretto e attento c'è qualcosa di valido, che può avere una certa stabilità per l'orecchio. Se si ascolta l'Adagio dell'*Ottava Sinfonia* di Anton Bruckner nelle vecchie registrazioni di Furtwängler, vi si sente un'etica, e si avverte come Furtwängler riuscisse a trascinare i musicisti ben al di là delle loro normali capacità. Una volta Josef Krips mi ha raccontato che quando dirigeva Furtwängler, in orchestra si producevano molti più armonici del solito, e che con lui i musicisti suonavano con molto più colore che con altri direttori.

L'arte del dirigere consiste nel fornire l'ispirazione, ma sempre e soltanto con la necessaria disciplina. La passione pura non deve mai avere il sopravvento, non può essere ammessa nessuna sfrenatezza; l'anarchia e l'ispirazione in *questo* senso sono la morte di qualunque musica.

Anche l'immagine del direttore come dittatore che esercita il suo potere mi appare falsa, per un altro motivo. Certo, non c'è dubbio che questo tipo sia esistito – il temuto e al tempo stesso adorato signore e padrone di più di cento musicisti, le cui sorti dipendevano da lui. Quei tempi però sono finiti per sempre – benché ancora oggi circolino rappresentazioni francamente grottesche della professione del direttore d'orchestra, soprattutto nei media, in cui si ignora di proposito che l'attività di direttore consiste in gran parte in un puro e semplice esercizio. Anche quando conosce bene un pezzo, il direttore dovrà sempre ristudiarsi la partitura da capo; le prove con gli orchestrali non solo portano via un sacco di tempo a entrambe le parti, ma sono anche molto faticose. Tutto questo non viene percepito – né deve esserlo – nel momento in cui la sera di un concerto o di un'opera tutto funziona più o meno bene, in modo conforme ai desideri e alle idee del pubblico.

Io mi faccio un vanto di essere sempre a disposizione dei miei orchestrali, se vogliono parlarmi, e spero di essere sempre riuscito a comunicare questa disponibilità. I musicisti devono avere la sensazione di poter sicuramente contare su di me e sulle mie concezioni musicali di base. Ciò però significa anche che dev'esserci una disciplina di fondo cui tutti devono adeguarsi; né l'una né l'altra cosa esclude, peraltro, che il corno, alla sesta prova per la registrazione di un CD, faccia un piccolo rubato e che io glielo lasci fare, semplicemente.

Come Swarovsky predicava sempre, il direttore d'orchestra deve padroneggiare perfettamente la tecnica direttoriale, giacché solo questa sicurezza lo mette in condizione di variare, e solo allora può lasciare per una volta l'orchestra "da sola". Si narra che Richard Strauss fosse strordinariamente preciso nella sua tecnica e abbia sempre scandito tutto molto correttamente, quando dirigeva le sue opere; in Clemens Krauss, per contro, la musica di Strauss "c'era" molto di più, perché lui ci metteva il cuore e l'anima.

Mi sia concesso questo paragone, che non va preso troppo sul serio: nel mio lavoro di direttore d'orchestra, mi percepisco un po' come una specie di simpatico poliziotto della cultura, che indica la strada e disciplina tutto. I musicisti devono trovare una sorta di organizzazione che naturalmente è già scritta nella partitura, ma io per parte mia devo avere in mano questa organizzazione in modo tale da poter suonare tutto in perfetta armonia. Se dirigo un pezzo che magari conosco da decenni, ma eseguo solo ogni due o tre anni – per esempio la *Nona* di Beethoven –, allora devo anch'io "riorganizzare" il mio atteggiamento nei confronti del pezzo in questione – il che poi significa che ogni volta scopro qualcosa di nuovo, particolari che precedentemente non avevo notato. Anche questo è simile alla contemplazione di un quadro che si conosce da molti anni, e in cui si riesce sempre a scoprire un nuovo dettaglio, se ci si dà la pena di osservarlo di nuovo con attenzione; è lo stesso che succede a me con quel pezzo che pure mi è familiare da lungo tempo.

Un direttore deve però anche essere la coscienza dell'orchestra ed è vincolato non soltanto alla disciplina, ma soprattutto alla volontà del compositore – con il che siamo tornati di nuovo alla questione della fedeltà all'originale. I musicisti di un'orchestra devono poter trattare con il direttore liberamente, da buoni colleghi, in modo da potergli esporre i loro dubbi, se ritengono che un determinato punto non sia stato correttamente capito nel modo in cui è stato convenuto e suonato. Per queste cose sono sempre disponibile all'ascolto; quanto ad accettare effettivamente ciò che mi viene proposto, è un'altra faccenda – ma comunque mi fa piacere che mi facciano delle domande.

In un certo senso, però, il direttore deve in effetti essere un po' dittatore, non certo perché sia uno che esercita freddamente un potere sui sottoposti, ma perché è lui che controlla l'organizzazione generale. Il "levare" e il tempo devono venire dal direttore: qui è ammessa un'unica opinione, queste cose non si possono discutere. Sedici violini non possono decidere ciascuno per conto proprio quale tempo debba avere una sinfonia. Non bisogna dimenticare che il ruolo di un direttore d'orchestra, sotto molti aspetti, è scisso già di per sé. Finora si è parlato solo di doveri ed esigenze musicali; io però devo essere sempre consapevole di avere a che fare con persone spesso di grande sensibilità, ciascuna delle quali fa vibrare il proprio strumento grazie alla sua bravura e al suo talento. A volte purtroppo mi capita di ferire uno dei miei orchestrali – senza volerlo oppure per una questione che non ha nulla a che fare con il motivo originario dell'irritazione – il che è altrettanto spiacevole.

In questa professione, mi vedo come un universalista – uno cioè che deve sapersi destreggiare agevolmente in una quantità di ruoli, da confessore a consigliere musicale. Comunque sono un universalista anche nella mia valutazione musicale; non ho mai voluto specializzarmi in una determinata musica, il che tra l'altro sarebbe stato anche assolutamente impossibile, per la strada che ho intrapreso nella mia professione. Per esempio durante la mia attività a Los Angeles o a New York, quando dovevo dirigere concerti per sedici settimane, difficilmente sarebbe stato possibile stabilire determinati punti focali nei rispettivi sedici programmi.

Se sono considerato uno specialista dei post-romantici, ciò è dovuto soprattutto al mio repertorio discografico; e anche questo è da ricondurre al mio periodo americano. Negli Stati Uniti, quando si incidono dischi o CD, per principio tutta l'orchestra deve essere sempre pagata: perciò, anche se servono solo 50 orchestrali, come per esempio nel caso di Mozart, devono essere comunque pagati tutti e 110. A questo punto le case discografiche fanno un conto molto semplice e propongono preferibilmente un'incisione di Strauss o di Mahler, in cui per lo meno vengono utilizzati tutti i membri dell'orchestra.

Pertanto, io sono un direttore generalista.

Una domanda che mi viene posta continuamente è se la memoria musicale si logori, se rimanga generalmente un ricordo della musica che uno ha eseguito. Il suono in effetti si dilegua, scompare o si fonde in quello successivo.

È difficile descrivere fino a che punto io mi senta tutt'uno con la musica, quando sono sul podio. Sono convinto di "suonare" io l'orchestra, per quanto possa sembrare assurdo; ma devo credere che questo gigantesco strumento sia mio, e perciò posso anche ricordarmi ogni volta il modo in cui l'ho suonato in passato. Ho la sicura sensazione che la musica venga dal profondo del mio essere, e sento di poterla trasmettere grazie alla mia capacità di comunicare con gli orchestrali. A volte, naturalmente, può capitare che io non riesca a provare questa sensazione, né a riversarla nella musica; quando ciò accade, mi è di stimolo per cercare di suonare nuovamente nel modo giusto la volta successiva; infatti ho nella memoria il modo in cui la musica dovrebbe essere suonata, e so che mi deve riuscire di nuovo.

Dico sempre che "mi" deve riuscire – che si tratti di una frase, di una modulazione, di un punto di frattura tra sviluppo e ripresa o di qualche altra piccolezza; con ciò intendo naturalmente questo gigantesco strumento che è l'orchestra, che mi è affidato, di cui sono parte e da cui traggo energie. Solo dalla reciproca interazione e dall'impegno comune può nascere il suono giusto.

Può accadere che durante il mio lavoro, per alcuni brevi istanti, io sia "altrove", e questo può essere determinato da una circostanza esterna, come ad esempio una sala dotata di un'acustica particolarmente cattiva, o da un'intima emozione che mi invade.

Un'orchestra questo lo avverte subito, soprattutto quando ci si conosce da lungo tempo e c'è un buon accordo reciproco. Nella situazione ideale, tra me e gli orchestrali si stabilisce un'interazione: io "sento" che l'orchestra mi riattira nell'universo musicale e ne vengo nuovamente avvolto. Questo è un gioco che può essere molto stimolante; logicamente, però, una simile interazione può verificarsi solo se tra me e i musicisti sussiste una vera confidenza, e anche un contatto personale.

Ritengo assolutamente normale, secondo l'umana natura, che ci siano momenti in cui diminuisce la concentrazione. D'altra parte, posso tranquillamente "staccare", nel giro di pochissimo tempo, da una situazione stressante, come può essere un viaggio faticoso in auto fino al luogo di un'esecuzione, per concentrarmi sulla musica che tra poco interpreterò insieme all'orchestra. Spesso sono così contento, semplicemente, all'idea di dover interpretare un certo pezzo, che basta già questa sensazione a mettermi in uno stato di attenzione intensa e concentrata.

Benché io dedichi la mia vita esclusivamente alla musica da molti decenni, percepisco sempre come una vittoria la possibilità di studiare intensivamente ed eseguire l'opera completa di un compositore; questa mi sembra una vera e propria grazia, che riceviamo noi musicisti. Anche per questo motivo mi fanno veramente arrabbiare certi musicisti, che fanno visibilmente solo il loro "dovere" – dell'esempio della New York Philharmonic Orchestra ho già parlato. L'opera di un compositore dovrebbe suscitare godimento, non noia, e stimolare i musicisti, se non addirittara spronarli a impegnarsi al massimo. D'altro canto esistono molti musicisti che rendono percettibile il loro piacere nell'eseguire ogni singola nota, per i quali suonare è un desiderio e un appagamento: a costoro voglio dare, anche come direttore, tutto ciò di cui sono capace.

Come può capitare che io abbia dei brevi momenti di disattenzione nel bel mezzo di un pezzo, sono ovviamente soggetto anche a variazioni del mio stato di salute, per cui può succedermi di salire sul podio quando non sono dell'umore adatto; in questo caso sono proprio musicisti come quelli di cui ho appena parlato, che con la loro gioia e il loro entusiasmo mi riportano dove dovrei essere.

Un compito triste e spiacevole connesso alla mia posizione è dover dire a un orchestrale che la sua carriera è giunta al termine. Personalmente trovo assurdo che un violoncellista o un violinista debba andare obbligatoriamente in pensione a sessantacinque anni. In molti paesi, tutto finisce il giorno in cui si raggiungono i limiti di età; ciò spesso non è affatto giustificato, e in questi casi bisognerebbe almeno permettere al musicista in questione di finire la stagione iniziata. Nel caso dei legni, per contro, esistono dei limiti effettivi legati all'età, giacché la muscolatura labiale si indebolisce con gli anni, per cui spesso non riescono più a emettere la nota desiderata. Naturalmente anche qui ci sono delle eccezioni, per cui tutto questo non vale. Pur dispiacendomene, a volte sono costretto a operare dei tagli radicali; e se un orchestrale, per qualsiasi ragione, non vuole andarsene, si crea ovviamente una situazione incresciosa, che può ingenerare un'atmosfera sommamente sgradevole, in cui per di più ci si deve continuamente ancora vedere – e sentire –, turbando la tranquillità di tutti.

La posizione più importante nell'orchestra è quella del primo violino, che è un po' come il primo ministro del direttore. La sua concezione di un pezzo deve concordare con quella del direttore, altrimenti possono nascere divergenze insormontabili – che peraltro possono anche sorgere quando il primo violino è dotato di un ego musicale molto spiccato e ritiene che la sua interpretazione sia l'unica valida. In una situazione del genere un direttore giovane se la cava meglio di uno esperto, perché spesso ha ancora delle incertezze da superare, e può darsi che abbia bisogno di un po' più di tempo per prendere una decisione musicalmente corretta.

Anche in simili circostanze il gioco degli equilibri tra cedere e indicare la strada si dimostra un'arte, che un direttore deve saper dominare. Non è necessariamente per fare opposizione o resistenza che un orchestrale vuole fare di testa sua, seguendo una strada che non coincide con la mia. Io devo dichiararmi disposto a prestare ascolto a una soluzione che suona nuova o inconsueta alle mie orecchie; se mi convince, allora sono ben lieto, naturalmente, di occuparmene concretamente. D'altra parte, l'interpretazione musicale che mi viene proposta deve accordarsi con la mia concezione; alla fine, deve risultarne un insieme che abbia una sua logica.

Nella gerarchia dell'orchestra sono estremamente importanti le prime parti, ossia i musicisti che guidano i diversi gruppi di archi, soprattutto durante le prove; si tratta di un aiuto e di una guida indispensabile. Tra di loro si trovano solisti di grande talento, che non si possono più dimenticare, perché sono capaci di suonare in un modo veramente incomparabile. Nella mia gioventù ho avuto la fortuna di avere davanti a me in orchestra dei musicisti vecchi e saggi, ai quali sono ancora oggi riconoscente per avermi dato dei criteri così ben definiti. A Los Angeles, per esempio, suonava un violista, un autentico "musicista primordiale", che era veramente incisivo nel modo in cui indicava la strada agli altri. Vedo sempre la posizione di un simile musicista come in un quadro allegorico: le prime parti devono librarsi nello spazio con il direttore e al tempo stesso, senza sforzo apparente, portarsi dietro lassù anche i loro rispettivi gruppi.

A volte considero l'orchestra un quartetto enormemente ampliato, con primo e secondo violino, viola e violoncello; e conformemente a ciò, i musicisti dovrebbero essere in grado di suonare anche "cameristicamente". Devono quindi essere in contatto tra di loro, capirsi e fidarsi l'uno dell'altro; e al tempo stesso non devono mai perdere il collegamento con me. Prendendo di nuovo a prestito un concetto della vita parlamentare, dirò che questi quattro sono i miei ministri più importanti; d'altronde nella storia della musica ci sono sinfonie che devono effettivamente essere suonate come quartetti – l'intero Classicismo viennese affonda le sue radici proprio nei quartetti per archi.

Un direttore non deve mai dimenticare che i musicisti di una grande e prestigiosa orchestra suonano con diversi direttori, e quindi nel corso degli anni hanno accumulato molte esperienze; perciò naturalmente possono apportare correzioni o sollevare obiezioni – e anche protestare, se si pretende da loro qualcosa di totalmente illogico o inusitato.

Ci sarebbero da raccontare molti esempi apparentemente irrilevanti, che illustrano come possa essere spinoso, per un direttore, trovare il giusto tratto con gli orchestrali – e naturalmente anche il contrario. Così, per esempio, ogni oboista suona a modo suo la sua frase nella Marcia Funebre dell'*Eroica*, e questo io, come direttore, devo rispettarlo. In fin dei conti il musicista è un artista, che si è immaginato qualcosa e ha lavorato su quel punto; poi trasferisce nel suo modo di suonare il suo convincimento musicale, che deve essere preso sul serio. Questo non deve impedirmi di criticare, ma al tempo stesso devo trovare, per esprimere la mia critica, una linea tale per cui il rispetto verso l'artista e il mio senso della corretta interpretazione non si debbano escludere reciprocamente.

Tra l'altro, i primi oboi delle grandi orchestre sono generalmente dei grandi musicisti. Ad esempio nella Bayerische Staatsorchester di Monaco suona un oboista formidabile, Simon Dent, di cui sento subito la mancanza se dirigo ad esempio il *Tannhäuser* con un'altra orchestra. Ciò equivale quasi a una dipendenza, che si basa su una particolare forma di completamento; ed è questa dipendenza da una prima parte molto stimata, da un solista di cui ci si fida in pieno, che crea i ricordi musicali più durevoli. E quando si incontra un musicista particolarmente notevole agli inizi della carriera, questo incontro resta nella memoria un po' come un grande amore del passato: non lo si dimentica mai.

C'è anche un'altra ragione per cui il direttore deve mostrare la sua disponibilità a confrontarsi con il "nuovo" e a prestare ascolto a ciò che può proporgli un orchestrale o un solista: è soprattutto così che si evita la routine, che non è soltanto pericolosa, ma è anche la morte della musica, tanto quanto l'anarchia che nasce da una direzione troppo disinvolta o troppo debole. Da molti solisti si può imparare, e quando se ne incontra uno che nella sua professione è un maestro, se ne riceveranno degli stimoli completamente nuovi. Anche in questo consiste il fascino della direzione d'orchestra.

Ho già detto che io desidero ottenere un determinato suono dall'orchestra. Ora, è difficile trasmettere e far capire che cosa si ha nell'orecchio, come ci si immagina questo suono. Ai musicisti della Los Angeles Philharmonic Orchestra, come ho già detto, ho fatto sentire i dischi dei Wiener Philharmoniker, per dare loro un'idea del suono che avevo in mente e che mi aspettavo da loro. A quei tempi avevo proprio l'ossessione di trasmettere ciò che avevo imparato a Vienna; per sedici anni ho tormentato gli orchestrali perché cogliessero e riproducessero il "suono viennese". Questo però non bastava: mi aspettavo anche che si preparassero al suono della musica francese. Un'orchestra dev'essere abbastanza duttile da poter produrre suoni diversi, russo, francese, viennese – è questo che la rende di livello internazionale. Nello stesso concerto, dev'essere possibile ascoltare due suoni completamente diversi, per esempio se un'orchestra esegue *La Mer* di Debussy prima dell'intervallo, e poi una sinfonia di Beethoven.

Secondo me, la musica del XX secolo ha un suono troppo poco personale, poco appariscente; la musica del nostro tempo si richiama molto più fortemente al ritmo, alla chiarezza e all'intonazione. Lo si sente quando si suonano pezzi di Stockhausen o dell'ultimo Stravinskij. In Messiaen è diverso: soprattutto la sua musica religiosa può essere eseguita con dolcezza e sentimento – quasi come quella di Bruckner.

Secondo me, la provenienza musicale degli orchestrali ha un'influenza determinante sul timbro; ciò si spiega bene con l'esempio della Israel Philharmonic Orchestra. Quando cominciai a lavorare con questa orchestra, la maggior parte dei suoi membri provenivano dalla scuola e dalla tradizione dell'Impero Austro-ungarico, nel senso più ampio del termine; essendo io un giovane direttore che si era formato a Vienna, ciò mi era particolarmente gradito, e creò subito una grande confidenza. Oggi molti degli orchestrali vengono dalla Russia e hanno tutt'altra idea del suono; con questo non voglio assolutamente esprimere un giudizio di valore, è piuttosto una cosa che ha a che fare con le mie idee. I violinisti sono per la maggior parte capaci di grandi virtuosismi, ma devono ancora imparare il calore del suono – come per esempio in Brahms. Poiché naturalmente esistono cento diverse possibilità di accento, bisogna lavorare con grande precisione, e devo descrivere con la massima esattezza ciò che voglio ottenere. Non basta dire che si deve suonare con più amore, bisogna invece spiegare i dettagli, per esempio sul tipo di arcata o su come va iniziata una nota. Nel caso specifico, si aggiungono anche delle difficoltà di comunicazione – io non parlo russo né ebraico, e gli orchestrali russi spesso non sanno l'inglese e nemmeno lo *jiddisch*, che io mastico un poco; spesso perciò ci possiamo intendere solo a gesti, o aiutarci con espressioni italiane.

Alla questione del suono è legato, secondo me, anche il discorso del grado di familiarità con un determinato compositore. Alcuni di loro mi sembra quasi di conoscerli personalmente; ho letto libri su di loro, conosco le loro lettere e ho studiato le loro riflessioni di argomento musicale. Sono legato in modo così intenso al loro lavoro, che a volte ho davvero l'impressione di averli già incontrati. Questa illusione è molto importante, e così come penso di "suonare" l'orchestra, anch'essa rappresenta per me un'opportunità per immergermi profondamente in un'opera. Mi succede ad esempio con Brahms; poiché a Vienna ho trascorso anni decisivi e sono per così dire cresciuto musicalmente, mi sembra del tutto naturale percepire Brahms come un amico fidato, al quale mi sento anche umanamente molto vicino.

Alcuni colleghi tengono il conto di tutti i pezzi che hanno diretto e del numero di volte che hanno diretto ogni pezzo. Io non lo faccio, ma logicamente so, pressappoco, se ho eseguito una sinfonia cento o più volte con una determinata orchestra; e ci sono pezzi che potrei senz'altro dirigere ogni giorno. Tra questi, vi sono la *Seconda Sinfonia* di Brahms o l'*Eroica*, per cui ho una grande venerazione, perché nell'intera sinfonia nulla va per conto suo: la musica richiede costantemente l'impegno totale di ciascuno. Malgrado ciò, se fossi obbligato a eseguirla ogni giorno, di sicuro ci sarebbe da discutere. La *Sinfonia in sol minore* di Mozart è un'altra delle opere che potrei dirigere tutti i giorni.

Vita d'eroe o la *Sinfonia delle Alpi*, per contro, tutti i giorni non potrei sopportarle; non si può reggere di continuo un simile eccesso di emozione, così come la programmaticità di quella musica: va bene solo di tanto in tanto. Con Schumann ho un altro problema: non ha più la disciplina viennese, come per esempio Brahms, che è diventato il compositore viennese per eccellenza. Schumann, nella mia opinione, non ha assimilato la disciplina della forma, che da Haydn in poi è diventata determinante. Viene troppo dal Lied, e i suoi pezzi per pianoforte sembrano improvvisazioni. Le sinfonie di Schumann devono essere provate con la massima cura e precisione, perché non si suonano "da sé". Se però, a seguito di un accurato lavoro durante le prove, una sinfonia di Schumann riesce bene, provo un'intensa sensazione di appagamento musicale. Ci sono molti direttori che cambiano la strumentazione di Schumann; Gustav Mahler, per esempio, riteneva che solo in tal modo fosse possibile ottenere ciò che lo stesso Schumann voleva veramente.

L'*Ottava Sinfonia* di Bruckner è una delle mie opere romantiche preferite, e la dirigo spesso e volentieri. Ho dei magnifici ricordi di questa musica, di quando l'ho sentita per la prima volta a Vienna e poi nel 1956 ad Amsterdam, nell'interpretazione della Concertgebouworchest diretta da van Beinum – e in seguito ancora con Karajan e i Wiener Philharmoniker.

Tra l'altro, è a Gustav Mahler che spetta il merito di essere stato il primo a eseguire il ciclo completo delle sinfonie di Bruckner in America, quando era direttore ospite a New York; nella mia esperienza, tuttavia, ancora oggi risulta difficile suonare Bruckner in America. Il pubblico va a sentirlo se c'è un direttore famoso, ma non per la musica in sé, che a molti risulta di fatto inaccessibile. Con Mahler è diverso: nei suoi confronti non si può assolutamente rimanere indifferenti, rappresenta una sfida e uno stimolo per ogni musicista e per ogni ascoltatore.

Sono sicuro che Mahler, anche nei suoi primi anni di vita, non fu mai felice, ma sempre tormentato da un'intima urgenza. Aveva attraversato periodi difficili soprattutto quando, giovane direttore d'orchestra, aveva lavorato a Leopoli, Budapest e Amburgo; negli anni della maturità stava sicuramente meglio, soprattutto quando trascorreva l'estate sulle rive di uno dei suoi beneamati laghi – componendo nella sua "casetta di composizione" e sentendosi in comunione con la natura: attingeva così nuove energie. Per me l'opera di Gustav Mahler, ogni volta che me ne occupo, rappresenta una sfida che impegna tutte le mie capacità, ; tuttavia, a ogni esecuzione di Mahler è sempre legata una profonda soddisfazione musicale. La *Terza Sinfonia* di Gustav Mahler, che ho studiato intensivamente nel 2004 con la Bayerische Staatsorchester, mi si è rivelata in tutta la sua incredibile molteplicità, improntata a uno scetticismo universale. È risaputo che nel luglio 1896 Gustav Mahler disse a Bruno Walter, in visita ad Attersee all'epoca in cui stava lavorando a questa sinfonia, al cospetto della catena delle Höllengebirge: «Non ha più bisogno di guardare – le ho prese io e ho messo tutto nella musica». Ciò spiega anche la valutazione dell'opera da parte dello stesso Mahler, secondo il quale «non si trattava quasi più di musica» ed erano «quasi soltanto rumori della natura». Ogni volta che dirigo la *Terza Sinfonia*, mi commuovo. Con questa sinfonia ho anche diretto per la prima volta i Münchner Philharmoniker, nel maggio del 1987; suonare con questa orchestra, a suo tempo formata in larga misura da Celibidache, fu per me un'esperienza di fondamentale importanza, che mi permise di progredire ulteriormente. Una volta, durante il mio periodo con la New York Philharmonic Orchestra, mi capitò di parlare a lungo di questa sinfonia con Leonard Bernstein, che era venuto a sentire uno dei miei concerti; secondo lui, in essa Mahler apre la sua anima in modo tale che non si deve proteggerlo da se stesso, rendendolo "più bello". Quando Mahler è "volgare", Bernstein consigliava semplicemente di suonarlo anche in modo volgare, così che nella forza del contrasto le parti profondamente sentite dell'ultimo movimento risaltassero maggiormente.

Nell'autunno del 2004 ho suonato con la Bayerische Staatsorchester la *Settima Sinfonia* di Mahler, che fino ad allora avevo eseguito solo una volta con la Los Angeles Philharmonic Orchestra e un'altra con la Israel Philharmonic Orchestra. Tra le due esecuzioni era trascorso un lungo intervallo di tempo. Il concerto con la Israel Philharmonic Orchestra faceva parte di una tournée che ci aveva portato fino a Lodz; e là abbiamo suonato quel lavoro spaventosamente difficile in circostanze molto insolite – in una sala rivestita di tappeti, con leggii di altezze tutte diverse: un vero incubo per gli orchestrali. La forza e l'intensità di questa musica sono così straordinarie che quel concerto risultò comunque uno dei più convincenti di tutta la tournée.

Ritengo che la *Settima* di Mahler sia una delle opere più difficili di tutta la letteratura musicale. Benché Mahler si attenga di fatto alla forma classica, vi sono di fatto riconoscibili degli elementi di disgregazione. Nel primo movimento ci sono già nell'introduzione tre temi diversi, che poi eccezionalmente vengono citati nella ripresa. Lo sviluppo consiste di otto diverse parti, e solo dopo segue la ripresa con i tre temi introduttivi sopra citati – e inoltre, naturalmente, i temi principali dell'esposizione e infine la coda conclusiva. Eppure per me questa non è che l'evoluzione di un primo movimento di una sinfonia di Haydn. Non si può dirigerla di battuta in battuta. E i musicisti sono così impegnati a tener d'occhio le loro note, che non sanno quasi neanche più dove sono; devono concentrarsi profondamente, per non perdere il filo che corre lungo tutta la sinfonia, come un sottile cordino di seta. Di conseguenza, in una situazione così difficile, è necessario spiegare con la massima precisione ai colleghi la forma di questo pezzo, durante le prove.

Mahler ha composto il Paradiso, il Cielo, e dall'altro lato il più cupo rifiuto del mondo; egli stesso ha definito una volta la *Settima Sinfonia* come «prevalentemente lieta», tuttavia gli stessi valzer, quelle terzine buffonesche nello Scherzo, che emergono come batuffoli di cotone, non vanno interpretati come un'espressione di felicità, ma sono semplicemente da intendersi come ironici. In questa sinfonia di Mahler non ci si possono permettere imprecisioni; danno nell'occhio anche nel mezzo dei più massicci agglomerati sonori. Si tratta di un'opera straordinaria sotto tutti gli aspetti, che assolutamente non ha ancora ottenuto l'attenzione che merita agli occhi del pubblico.

Con l'Orchestra del Maggio Musicale Fiorentino, in tournéèe in Sudamerica, 1991, alla confluenza fra Rio Blanco e Rio Negro. (Gianluca Moggi/New Press Photo/Archivio Stampa Teatro del Maggio Musicale Fiorentino)

La strada verso Monaco

Il mio contratto con la New York Philharmonic Orchestra finiva nel 1991. Continuavano ad esserci naturalmentei miei impegni a Firenze e a Tel Aviv, ma ora ero libero di assumere nuovi incarichi e contento della libertà ritrovata.

La Lyric Opera of Chicago mi propose di mettere in scena il *Ring* con August Everding: un compito entusiasmante, che fui ben lieto di assumermi. Ogni anno sarebbe stato prodotto un nuovo allestimento di una delle opere della Tetralogia, in modo che l'intero progetto giungesse a compimento nel 1999. Era la prima volta, dall'anteguerra, che a Chicago andava in scena l'intero *Ring*; da allora, non era mai più successo che le quattro opere venissero rappresentate nello spazio di una settimana o almeno di un anno.

Fino a quel momento, tra l'altro, anch'io mi ero occupato solo sporadicamente dell'intero *Ring*. Certo, potevo rifarmi all'esperienza fiorentina, ma risaliva ormai ad alcuni anni prima. Per tutto il periodo dei miei studi, a Vienna, avevo affrontato Wagner solo occasionalmente, con una certa titubanza, e mi ci era voluto parecchio tempo per stabilire con lui un rapporto più stretto. Quando arrivò Karajan, la prima opera da lui diretta che andai a sentire fu la *Valkiria*.

Nel 1974, mentre stavo già lavorando a Los Angeles, diressi a Vienna per la prima volta un'opera wagneriana, per la precisione il *Lohengrin*. Purtroppo non fu un'esecuzione riuscita; alla mia inesperienza, infatti, si aggiunse l'aggravante di un'improvvisa malattia del tenore; durante la prova generale, aveva cantato a voce bassissima dalla prima fila. L'allestimento non valeva molto, il regista continuava a prendersela col coro, e tutti si detestavano apertamente. Forse un direttore più esperto avrebbe potuto rimettere a posto le cose; in ogni caso, io sfortunatamente fallii nell'impresa. Non fu proprio un buon inizio.

Poi seguì, sempre a Vienna, il "mezzo" *Ring*. Ci abbiamo provato – di più non si può dire. Il regista, Filippo Sanjust, che aveva lavorato come scenografo per Visconti, era un uomo molto colto, ma non aveva un'idea precisa di cosa fosse una regia. *L'oro del Reno* e la *Valkiria* erano completamente mancati; il regista sapeva spiegare e motivare meravigliosamente le sue idee, ma una volta trasposte sulla scena non ne veniva fuori niente di utilizzabile. Esistono solo pochissimi scenografi che siano anche dei bravi registi; Zeffirelli era uno di questi, e anche Ponnelle. Inoltre, la prima dell'*Oro del Reno* mi regalò un'esperienza che in realtà avrei dovuto fare già da tempo – ossia, venni fischiato. L'irritazione del pubblico si sfogò pesantemente su di me che dirigevo; non ne capii del tutto il perché e ne fui molto avvilito. Dopo la prima uscimmo tutti insieme; con noi c'era anche Lorin Maazel, che mi consolò dicendomi che tutti dovevano fare almeno una volta quell'esperienza, faceva parte del mestiere. Il giorno dopo mi telefonò un amico londinese, che aveva seguito l'opera da un palco insieme a un noto direttore d'orchestra, il quale a un certo punto aveva fatto un segno ai contestatori ammassati nei posti in piedi. Ora – che cosa dovevo fare di quell'informazione? Più tardi, quando arrivai in teatro, una delle maschere dei palchi si precipitò verso di me. Era uno della vecchia guardia, che mi conosceva fin dai tempi in cui ero studente e mi buttava sempre fuori dai posti in piedi in platea, se mi ero intrufolato in teatro senza biglietto – come spesso accadeva. Nel frattempo era diventato un mio grande fan; forse era orgoglioso di quel nostro passato per così dire in comune. E fu proprio lui a darmi la chiave di ciò che era accaduto: mi raccontò che quelli che avevano fischiato erano arrivati in teatro solo poco prima della fine dell'opera, e in realtà non avevano praticamente visto lo spettacolo. Nutriva il pesante sospetto che fosse in atto un complotto contro di me. Il che può anche essere: per varie ragioni, il "mezzo" *Ring* rimase tale.

A Vienna mi è capitato un'altra volta di essere contestato in modo violento, e precisamente dopo un *Trovatore* con la regia di István Szabó, la cui idea era parsa molto interessante sia a me che al direttore della Staatsoper, Holender. Al pubblico però lo spettacolo non piacque affatto, e quando al termine della prima abbracciai Szabó tra i fischi, le urla crebbero ulteriormente di volume. Quella volta tra il pubblico c'erano i miei genitori, che ne soffrirono tremendamente.

E poi ci fu Chicago: ogni anno un'opera con Everding come regista. Lavorare con Everding era un piacere per me, perché prendeva sul serio ogni singola parola delle opere. Sono convinto che il Ring sia un lavoro teatrale, un *Gesamtkunstwerk* – un'opera d'arte totale – come l'intendeva Wagner. Everding aveva messo in risalto, attraverso la sua regia, il senso di ogni parola, e quando i cantanti riuscivano a interpretare adeguatamente anche il testo, potevo dirmi soddisfatto. Ho già detto altrove che non posso dirigere Wagner a memoria, perché non riesco proprio a ricordarmi tutto il testo. Il direttore spesso ripete il testo con i cantanti, come una sorta di suggeritore, e respira per così dire con loro. Una frase vocale non va accompagnata solo musicalmente, ma anche con le parole che comunque le appartengono.

Se un cantante padroneggia perfettamente la sua parte, sia dal punto di vista musicale che interpretativo, come direttore posso lasciargli molta libertà d'espressione; tuttavia, il dramma deve essere condotto dal podio. Il rapporto direttore-cantanti ha un'importanza assolutamente determinante e deve funzionare senza il minimo intoppo – dove "funzionare" è una parola troppo tecnica per descrivere ciò che avviene in realtà: tra il podio e il palcoscenico si deve creare una corrente che non dovrà mai interrompersi.

Wagner non voleva che i suoi lavori venissero recepiti solo musicalmente, anche se egli stesso diresse dei concerti perché aveva urgente bisogno di denaro. Molti muovono critiche ai suoi testi, ma a me piacciono; la musica di Wagner lavora sull'inconscio, affinché l'ascoltatore possa assimilare il testo. Non basta che la musica sia bella, bisogna capire che cosa vuole dirci.

Per gli stranieri, logicamente, è molto difficile cantare Wagner e soprattutto saper infondere al testo lo spirito giusto; se non lo si fa, Wagner rimane incomprensibile. Ai cantanti di madrelingua non tedesca va lasciato più tempo per imparare le pazzesche allitterazioni wagneriane, almeno se si pretende – come faccio io, ma anche altri colleghi – che si debba capire l'esatto senso di ogni parola.

Negli ultimi anni, l'atteggiamento di fronte alla questione se un cantante debba cantare in modo comprensibile è parecchio cambiato; molti direttori della giovane generazione non danno più molta importanza alla cosa. Se poi i cantanti tornano a lavorare con uno di noi, della vecchia guardia, a questo proposito spesso rendiamo loro la vita assai difficile. Daniel Barenboim, per esempio, richiede la massima precisione ai cantanti, sicché poi lavorare con loro è un piacere. La scarsa intelligibilità ha molto a che fare con l'attività di routine che al giorno d'oggi uniforma tutto. I cantanti viaggiano da un teatro all'altro, a volte non fanno nemmeno una prova con il pianoforte, e alla fine non rimane più tempo per farli esercitare a non mangiarsi le parole.

È diverso quando si lavora a un allestimento nuovo; allora il regista può insistere che anche nelle prove di regia le parole siano pronunciate chiaramente e correttamente, anche se si canta solo accennando a mezza voce.

Durante il periodo di Chicago ricevetti da Monaco l'invito a dirigere nel 1994 il nuovo allestimento del *Tannhäuser*, con la regia di David Alden. Sir Peter Jonas aveva preso dal 1993 il posto di Wolfgang Sawallisch come sovrintendente della Staatsoper di Monaco. Lo conoscevo solo superficialmente; era stato vicedirettore della Chicago Symphony Orchestra e poi direttore dell'English National Opera di Londra.

Parecchi anni prima, quando Everding era ancora sovrintendente, mi aveva già offerto una volta di assumere la direzione della Staatsoper di Monaco, ma avevo declinato il suo invito, perché non mi sentivo ancora così sicuro da dirigere un grande teatro d'opera tedesco. La mia unica esperienza con la Bayerische Staatsorchester risaliva all'epoca di Sawallisch, quando avevo diretto una volta un concerto a Monaco – Haydn, Penderecki e Richard Strauss.

Tannhäuser sarebbe stata quindi la mia prima opera monacense; era anche la prima volta che dirigevo quest'opera di Wagner, e finora l'ho fatto solo a Monaco. Sin dal primo giorno fu un piacere lavorare con l'orchestra: per me aveva un suono che ricordava moltissimo quello dei Wiener Philharmoniker. La Bayerische Staatsorchester aveva naturalmente una lunga esperienza di come si esegue Wagner, e potei così iniziare sin dalle prove a un livello altissimo. La concezione registica di Alden in alcuni punti era di realizzazione alquanto problematica, ma si capiva che cosa voleva dire. Alden aveva una visione assolutamente contemporanea del teatro musicale che Wagner voleva mettere in scena anche con il *Tannhäuser*, come con tutte le altre sue opere.

La preparazione dell'opera si inseriva bene nella mia agenda, dato che quell'anno avevo cominciato a lavorare sempre di più con i Münchner Philharmoniker, che avevo imparato ad apprezzare sin dal concerto con la *Terza Sinfonia* di Mahler. Comunque, all'epoca Peter Jonas sicuramente deve avermi preso per un tipo poco serio: mi pigliai infatti ben due giornate "libere" durante le rappresentazioni del *Tannhäuser*, una per dirigere il concerto nella Biblioteca di Sarajevo, e un'altra – *horribile dictu* – per accompagnare i Tre Tenori al Campionato del Mondo di calcio a Los Angeles. Sono certo che Jonas, per via di quell'episodio, non mi prese del tutto sul serio, ma con lui feci un patto: se mi avesse esonerato dallo spettacolo estivo, sarei tornato in autunno e in cambio avrei diretto ancora una volta il *Tannhäuser* senza compenso. Anche questa proposta fu accettata.

Negli anni precedenti ero già stato qualche volta a Monaco; negli anni Ottanta avevo diretto l'Orchestra Sinfonica della Radio Bavarese nella Herkulessaal, con i *Gurrelieder* e la *Nona Sinfonia* di Bruckner. Celibidache mi invitò poi, a più riprese, a dirigere i Münchner Philharmoniker. Una volta lo sostituii, dopo la caduta a seguito della quale morì. Si trattava di dirigere la *Quarta Sinfonia* di Bruckner a Firenze e a Vienna, e sapevo che Celibidache l'avrebbe fatto molto volentieri; mi dispiaceva tanto per lui. Nel corso della mia carriera, ho avuto spesso la sensazione che Celibidache fosse dietro di me e mi incoraggiasse. Ho preferito devolvere il compenso per quel concerto agli orchestrali, a titolo di offerta per una fondazione che hanno poi creato a sostegno dei musicisti.

Negli anni immediatamente precedenti al 1998, la mia collaborazione con i Münchner Philharmoniker si è intensificata, e ho potuto costruire un buon rapporto con loro, molto soddisfacente dal punto di vista musicale. Abbiamo suonato insieme tutta la musica della Scuola Viennese e della Seconda Scuola Viennese: a iniziare da Schubert, Brahms, Bruckner e Mahler, per arrivare ai *Sei Pezzi per orchestra* di Anton Webern che tanto amo.

Nell'aprile del 1997, poco prima del cinquantesimo anniversario dell'indipendenza dell'India, mi trovavo in tournée nella mia terra natale con i Münchner Philharmoniker; era la prima volta che l'orchestra di Monaco si esibiva nel subcontinente indiano. La tournée era stata finanziata dal Ministero degli Esteri, come parte dei festeggiamenti per il cinquantenario, e suonammo con grande successo a Nuova Delhi e a Mumere un'orchestra straniera in India fu per me un'esperienza particolarmente commovente; percepisco queste esibizioni come una sorta di ponte tra i diversi popoli e mi vedo come intermediario tra i mondi.

Malgrado l'impressione di poca serietà che temevo di aver dato a Peter Jonas, questi all'inizio del febbraio 1995 venne, con il capo della direzione artistica del teatro, Gerd Uecker, a Chicago, dove quell'anno avevamo dato per otto volte di fila un *Sigfrido* che era andato completamente esaurito, e mi propose di assumere a partire dal 1998 la direzione musicale della Bayerische Staatsoper a Monaco.

Fino a quel momento non avevo voluto dirigere nessun teatro d'opera e avevo rifiutato offerte da Berlino, da Monaco e dal Covent Garden; a quel punto però mi sentivo abbastanza sicuro da accettare senza esitazioni. Ero convinto di aver acquisito nel frattempo la capacità di svolgere adeguatamente un incarico come quello. Convenimmo di mantenere segreto l'accordo fino al 18 aprile 1995, martedì di Pasqua di quell'anno, quando la mia futura attività a Monaco fu annunciata ufficialmente. Il contratto, che avrebbe avuto una durata di cinque anni, mi impegnava a dirigere quaranta serate all'anno, più due concerti accademici all'opera.

Il panorama musicale monacense mi era già familiare, ed ero molto contento di poter finalmente dirigere un teatro d'opera. Nel frattempo avevo già acquisito un'ampia esperienza nel campo della lirica, però non ero mai stato legato a una normale attività di repertorio, come quella che mi aspettava a Monaco. Finché non iniziai il mio lavoro alla Bayerische Staatsoper, avevo diretto molti più concerti che opere; le cose cambiarono quando nell'anno 1998 cominciò la mia attività di *Generalmusikdirektor* a Monaco.

L'orchestra mi era molto cara già da tempo, il coro era meraviglioso, l'acustica formidabile, e si è lavorato insieme senza attriti sin dal principio. Sir Peter mi ha sempre ampiamente sollevato da altri problemi, come le questioni amministrative o la ricerca di sponsor; sapeva mediare molto bene tra arte, politica ed economia ed è stato capace di convincere le autorità bavaresi e il pubblico ad accettare i tempi nuovi. Aveva fatto esperienza di simili situazioni durante la sua attività in America e a Londra.

Monaco per me fu anche il primo impegno stabile della mia carriera in Germania. Il mio primo spettacolo di repertorio mi costò sicuramente qualche capello grigio in più: dovetti dirigere di colpo un'opera dopo aver fatto una sola prova! Benché a questo punto conoscessi bene la letteratura operistica, mi sembrò un compito difficile, ma emozionante: anche quella era una sfida, e all'età di sessant'anni avevo ancora qualcosa di nuovo da imparare! Il cartellone iniziò con la

Traviata, che andò abbastanza bene, ma per l'opera successiva, *Le Nozze di Figaro*, il risultato non fu altrettanto felice; per Mozart avrei avuto bisogno di provare di più. La compagnia di canto era ancora la stessa della prima rappresentazione; gli interpreti erano in sintonia fra loro e uniti da un rapporto di reciproca fiducia. Poi però sono arrivato io e ho voluto fare tutto in maniera diversa da com'erano abituati. Già durante il primo spettacolo mi accorsi subito che mancava qualcosa, e precisamente l'esperienza della squadra affiatata da tempo. Inserirsi di punto in bianco nella normale attività di repertorio di un grande teatro d'opera è infinitamente più difficile che montare un nuovo allestimento, in cui si è presenti fin dall'inizio, migliorandolo ad ogni replica.

L'orchestra di Monaco è peraltro di un tale livello che i musicisti "ingranano" con una sicurezza quasi automatica; lo fecero anche in quell'occasione, ma anche loro, naturalmente, non mi conoscevano ancora abbastanza bene da capire sempre esattamente che cosa volevo. Nonostante l'entusiasmo reciproco che può sorgere spontaneamente, ci vuole sempre un po' di tempo perché tra orchestra e direttore si sviluppi un rapporto tale per cui ogni battito di ciglia viene capito al volo, e si crea una comunicazione totale.

Alla fine del mio incarico a Monaco avevamo provato e suonato insieme così tanto, che veramente a quel punto avremmo potuto eseguire i *Maestri cantori* senza prove – e sarebbe stata un'esecuzione formidabile. Durante la mia prima stagione a Monaco diressi il "vecchio" *Ring*, che nel 2002 è stato sostituito da un nuovo allestimento; in quel periodo la mia ammirazione per l'orchestra crebbe ancora. Ho imparato molto dai miei orchestrali, dalla loro sensibilità per lo stile appropriato, necessario appunto per suonare in maniera adeguata un autore come Wagner.

Il repertorio spaventa molti dei miei colleghi, ma per me è stata una buona ragione in più per andare a Monaco: in nessun altro luogo, infatti, è possibile conoscere altrettanti stili diversi. Certo, l'attività di repertorio presenta sempre il rischio di cadere nella routine; si può evitarla solo grazie all'autodisciplina, che è una cosa che si impara. D'altronde, perché un'opera riesca, è necessario soprattutto mantenere sempre il giusto amore per la musica.

In tutte le fasi della mia vita, ho sempre stabilito dei solidi legami con i teatri e con le orchestre: per me è indispensabile. Potermi sentire "a casa" in un'istituzione così legata alla tradizione come è la Bayerische Staatsoper di Monaco, per me è stato non solo molto importante, ma anche un grande onore. Infatti l'incarico di *Generalmusikdirektor* di quel teatro, prima di me, è stato ricoperto da personaggi con cui non pretendo assolutamente di misurarmi: penso a Bruno Walter, Clemens Krauss, Knappertsbusch o Sawallisch, per citarne solo alcuni. Ma sicuramente ho una caratteristica fondamentale in comune con loro: erano tutti direttori "generalisti", non specialisti. Ciò significa, molto semplicemente, che allora si doveva saper fare tutto, e non essere esperti in prevalenza di un determinato periodo, epoca o stile.

Inaugurai il Festival 1998 con *Tristano e Isotta*, un'opera di Wagner che conoscevo molto bene; l'avevo diretta per la prima volta a Roma in un'esecuzione in forma di concerto con Birgit Nilsson, e in seguito anche a Montreal, alla Deutsche Oper di Berlino, a Vienna e a Los Angeles. È l'opera di Wagner che ho diretto più spesso. A proposito dell'allestimento di Los Angeles, ricordo molto volentieri la collaborazione con David Hockney e Jonathan Miller; in quell'occasione, la Los Angeles Philharmonic Orchestra aveva suonato in via eccezionale per l'Opera di Los Angeles. Anche se Miller non era un ammiratore di Wagner, come egli stesso ammetteva, diede il meglio di sé, e la scenografia di Hockney era straordinariamente interessante.

L'allestimento monacense di Peter Konwitschny non fu del tutto incontrastato, a voler essere indulgenti, ma il giudizio sui cantanti, sull'orchestra e su di me fu unanimemente buono, il che mi rallegrò molto per il mio debutto come *Generalmusikdirektor* della Baviera, ormai saldamente insediato.

Nello stesso periodo andò in scena anche un nuovo allestimento, molto riuscito, del *Freischütz*, con Thomas Langhoff e Jürgen Rose. Alla fine di quella prima stagione, potevo ripercorrere con soddisfazione il lavoro svolto; le mie aspettative, che pure erano molto alte, erano state ampiamente superate dalla realtà.

Il Festival operistico di Monaco è un'istituzione saldamente radicata – strano a dirsi, è forse la più antica in assoluto. Ogni volta che si deplora il fatto che in luglio, durante il Festival, al pubblico vengano offerti "solo" dei normali spettacoli di repertorio a prezzi più cari, bisognerebbe controbattere che in nessun altro luogo uno spettatore può assistere a sette rappresentazioni diverse in sette giorni – né durante la stagione né a Salisburgo, per non parlare degli altri festival musicali.

A Monaco ho imparato davvero parecchio, il che significa, ancora una volta, che ho imparato molte cose nuove. Ho diretto sedici prime rappresentazioni, una delle quali, il *Tannhäuser*, è stata una prima volta anche per me; inoltre ho potuto arricchire il repertorio verdiano da me acquisito fino a quel momento di altre tre opere. Il *Don Carlos*, che ho messo in scena con Jürgen Rose, è stato una vera festa per me. Conoscevo già Rose da una precedente collaborazione a Vienna – un allestimento della *Salomè* – e ammiro senza riserve le sue concezioni registiche. Del *Don Carlos* avevo un immenso rispetto; devo ammettere che avevo per così dire sempre girato alla larga da quest'opera, finché non l'abbiamo messa in scena a Monaco. Mi è sempre apparsa come una gigantesca cima rocciosa svettante nel cielo, che si può scalare solo lentamente e con molta circospezione, essendo di dimensioni veramente imponenti. La complessità e l'intensità di ciascuno dei personaggi sono incredibili, come forse in nessun'altra opera di Verdi. Nell'allestimento monacense mi piacque, tra l'altro, che il regista avesse ambientato l'azione in un periodo storicamente riconoscibile e che la versione scelta per la rappresentazione fosse quella in cinque atti, quindi anche con il cosiddetto "atto di Fontainebleau". Nel periodo trascorso a Monaco, anche Verdi venne assunto nell'Olimpo dei musicisti, accanto alle divinità locali già affermate, ossia Wagner, Strauss e Mozart.

A Monaco ho potuto festeggiare altre due prime personali, con due opere verdiane: *Falstaff* e *Rigoletto*. Devo precisare, perché non sorgano equivoci, che anche prima Verdi non mi era affatto sconosciuto: la mia conoscenza con lui era iniziata a Vienna, come tante altre cose. Ma poiché sono arrivato relativamente tardi alla direzione in senso proprio, è comprensibile che esistano tuttora opere di Verdi che non ho ancora diretto. Del resto non sono uno di quei direttori che vogliono assolutamente padroneggiare l'opera completa di un compositore. Le opere giovanili di Verdi in genere non le dirigo, con una eccezione: a Vienna ho diretto *Jérusalem*, il rifacimento in francese de *I Lombardi alla prima Crociata*, in un allestimento che ho portato poi in tournée con i Wiener alla Scala di Milano, durante l'anno verdiano 2001. Si tratta di un'opera che può essere cantata solo in francese, altrimenti non avrebbe senso, e questo è anche il motivo per cui non la si può inserire in repertorio: se uno dei cantanti si ammalasse, si avrebbero di certo problemi enormi per trovare un sostituto. L'opera di Verdi che ancora mi manca e che vorrei assolutamente fare è il *Simon Boccanegra*.

E poi, naturalmente, ho diretto molte volte il *Requiem* di Verdi: rappresenta una sorta di filo rosso nella mia ormai quasi cinquantennale carriera. La prima volta fu a Montreal.

Ero stato molto contento all'idea di mettere in cartellone il nuovo *Ring* nell'allestimento di Herbert

Wernicke, ma a causa della morte improvvisa di quest'ultimo, il lavoro fu ripreso da David Alden. La *Valkiria* semicompletata venne messa in scena più che degnamente da Hans-Peter Lehmann, secondo l'idea generale di Wernicke, e un anno dopo venne ripresa in uno spettacolo completamente nuovo, con la regia di David Alden.

Nel 2004 vi fu finalmente un nuovo allestimento dei *Maestri cantori*; la vecchia versione era in repertorio da così tanto tempo, che era proprio arrivato il momento di fare qualcosa di radicalmente diverso. Con questo spettacolo il numero dei nuovi allestimenti wagneriani realizzati in pochi anni dalla Staatsoper di Monaco salì a otto – un risultato più che rispettabile da parte di tutti gli interessati.

Mi viene continuamente domandato quanto sia determinante la mia influenza sulle diverse concezioni di regia. Ritengo che il mio ruolo a questo proposito sia largamente sopravvalutato. All'inizio, è ovvio, si parla e si discute, si esaminano modellini, e il regista spiega che cosa ha in mente; i modellini sono piccoli e maneggevoli, nei discorsi preliminari si fanno tante sviolinate, ma spesso la realtà si presenta in modo completamente diverso. Sicuramente mi si reputa piuttosto conservatore, il che secondo me non è giusto, perché sono molto aperto nei confronti del nuovo; tuttavia, ci sono idee e concetti ai quali mi abituo solo con una certa difficoltà. Vorrei almeno ottenere che ciò che viene presentato al pubblico segua una certa logica. Nei miei anni monacensi, sono stato molto soddisfatto di alcune produzioni, mentre altre mi sono piaciute meno.

Avevo aspettato *Les Troyens* per una vita – sono sempre stato un sostenitore di Berlioz – e finalmente a Monaco si presentò l'opportunità. Prima della prima, il mio amico Barenboim mi aveva chiesto di dirigere l'opera a Chicago in una esecuzione in forma di concerto; probabilmente pensava che mi sarebbe stato utile esercitarmi – il che era anche vero.

Uno dei ricordi più belli che ho dei miei anni a Monaco è la prima rappresentazione dell'opera *Bernarda Albas Haus* di Aribert Reimann. Ci tengo moltissimo – come non mi stancherò mai di sottolineare – ad eseguire musica moderna. Conoscevo da tempo l'omonimo dramma di Lorca, che avevo visto in teatro a Londra, e già prima della firma del contratto con Monaco ero sicuro che mi sarei occupato volentieri dell'opera di Reimann.

Ho conosciuto personalmente Reimann solo all'inizio del lavoro sulla partitura, nel corso del quale ha ottenuto da parte mia la massima stima per la sua bravura e la sua competenza; è un musicista veramente completo, che "conosce" profondamente la musica che scrive. Non è detto che sia sempre così: mi è capitato di incontrare compositori che, prima di poter rispondere alle domande, dovevano sfogliare qua e là la loro partitura, pur avendo scritto brani difficili e molto complessi.

Ricevetti la partitura di Reimann sei mesi prima della prima rappresentazione, prevista a Monaco per il 30 ottobre 2000. Avevo dunque sei mesi per studiarla e lo feci, dove e quando potei; del resto, un lavoro del genere non si può fare tutto in una volta, e non si può neanche mettercisi giorno dopo giorno. Le singole parti devono depositarsi, ed eventuali blocchi di comprensione devono essere superati prima di affrontare il passo successivo. Lo studio di una partitura si può elaborare solo lentamente; bisogna continuamente fermarsi a ricapitolare che cosa vuole davvero il compositore, e dove intende portare i suoi ascoltatori. In questo senso, soprattutto, erano diretti i miei sforzi – nonché a uno studio approfondito e accurato del testo. Infatti, è di fondamentale importanza capire in che modo il compositore abbia concepito il suo testo in termini di suono, per penetrare la nuova opera nella sua totalità e poterla infine presentare a un pubblico in modo comprensibile e credibile. Alcuni dettagli, addirittura, si colgono solo nel corso delle prove, e non prima.

Questa partitura è in parte così dissonante che io non sono in grado – e suppongo che nessun altro lo sia – di sentire la musica nella mia testa unicamente guardando le note; solo con i musicisti è possibile ascoltarla veramente com'è. A dire il vero, una musica tanto nuova anche come direttore mi presenta dei problemi, e devo risolverli per conto mio prima di poterci lavorare insieme all'orchestra. Del resto, può capitare che nello studio teorico si prenda a tratti la direzione sbagliata e poi si debbano cambiare dei punti che sembravano già chiariti.

L'orchestra che Reimann aveva messo insieme era molto inusuale. C'erano quattro pianoforti, di cui due preparati apposta: in uno, suonando una nota, si sentiva solo un semitono, nell'altro tra le corde era stata inserita della carta, per produrre un suono simile a quello del clavicembalo. Ogni tanto il pianista doveva anche alzarsi e pizzicare una corda. Poi c'erano dodici violoncelli, un gruppo di legni, ottoni, batteria – ma né violini, né viole, né contrabbassi. I quattro pianisti erano Klaus Sallmann, Massimiliano Murrali, Donald Wages e Nobuko Nishimura-Finkentey. Poiché Reimann è anche un eccellente pianista, ci aiutò moltissimo. Ho fatto una quantità di prove con i pianoforti o i violoncelli da soli, prima di suonare con l'intera orchestra.

È stato un lavoro straordinariamente appassionante; Reimann ha destato davvero il mio entusiasmo. Ma anche la collaborazione con Harry Kupfer, il regista, è stata fantastica; mi ha subito convinto con le sue idee, soprattutto con la scena unica, simile a una prigione. Le parti vocali sono terribilmente difficili, non avrei voluto trovarmi al posto dei cantanti. La prima venne accolta favorevolmente e non fu fischiata, malgrado richiedesse un impegno inconsueto da parte del pubblico. Del resto, al giorno d'oggi, in genere la musica non viene quasi più fischiata, com'era abituale ancora ai tempi di Stravinskij, che fu bersagliato di pomodori alla prima di *Le sacre du Printemps*.

Come ultimo nuovo allestimento del mio incarico di *Generalmusikdirektor* della Staatsoper di Monaco, scelsi *Moses und Aron* di Arnold Schönberg: quest'opera immensa, messa in scena da David Pountney, costituì l'addio alla Bayerische Staatsoper da parte mia e di Sir Peter Jonas. Schönberg aveva cominciato a confrontarsi con il materiale biblico già molto prima di iniziare effettivamente nel 1930 la composizione, che terminò due anni dopo con la conclusione del secondo atto. Si sa che aveva in mente di mettere in musica anche il terzo atto, di cui in effetti esiste il testo, ma l'opera è rimasta incompleta; la prima esecuzione scenica ebbe luogo sei anni dopo la morte di Schönberg, nel 1957. L'allestimento di quest'opera è legato, ancora una volta, a un sentimento di riconoscenza per il mio maestro Hans Swarowsky, che mi ha fatto conoscere Schönberg molto presto. Con essa ho descritto un arco simbolico dalla Seconda Scuola Viennese a Monaco: è stato un modo felice di concludere il mio incarico. Spero di avere in futuro altre occasioni di tornare a Monaco; nel corso della nostra lunga collaborazione musicale, ho costruito uno stretto rapporto di fiducia con la Bayerisches Staatsorchester, sicché provo una certa malinconia pensando al mio congedo da quel teatro e dai suoi musicisti. Abbiamo fatto insieme quattro grandi tournée, due in Giappone e due attraverso l'Europa; non c'è nulla che rinsaldi l'affiatamento più di simili viaggi, in cui si dipende gli uni dagli altri molto più che nella normale routine quotidiana di lavoro, e si passa molto tempo insieme in uno spazio relativamente ristretto. Anche se l'ultimo viaggio collettivo – nel dicembre 2005 in India – è durato solo quattro giorni, resterà per tutti noi un ricordo indelebile, non solo in senso musicale. Certo, è stata una strapazzata spaventosa fare tante cose in così poco tempo, ma tra di noi si è creato un profondo attaccamento dal punto di vista umano. Mia moglie e io siamo stati felici di aver offerto un piccolo assaggio dell'India a tutti i musicisti e colleghi.

I legami con Monaco sono di vario genere, sia con la Staatsoper che con i Münchner Philharmoniker, i quali nel 2004 mi hanno nominato direttore onorario: è stato veramente un onore grandissimo, che mi ha reso molto contento.

Devo parlare di altre onorificenze? A questo punto sembrerebbe un po' un riepilogo, e in questa sede non vorrei proprio mettermi a enumerarle. Forse dovrei però menzionare, ora che la mia collaborazione con la Staatsoper di Monaco è giunta al termine, che nell'autunno 2005 il primo ministro mi ha insignito dell'Ordine al Merito della Baviera.

Ho molti progetti; intanto continuerò la mia attività nei punti fissi che da decenni determinano la mia vita – Israele, Firenze, Vienna e ora anche Valencia. E malgrado la malinconia che mi assale pensando al congedo e la mia agenda stracolma di impegni per i prossimi anni, ora posso dire con riconoscenza: «Sono di nuovo libero di volare!».

Referenze fotografiche

pagina 58: David Weiss Photography, Los Angeles

pagina 152: David Weiss Photography, Los Angeles

pagina 206: Gianluca Moggi/New Press Photo/Archivio Stampa Teatro del Maggio Musicale Fiorentino

pagina 248: Gianluca Moggi/New Press Photo/Archivio Stampa Teatro del Maggio Musicale Fiorentino

pagina 296: Armando Rotoletti/Grazia Neri s.r.l.

pagina 322: Gianluca Moggi/New Press Photo/Archivio Stampa Teatro del Maggio Musicale Fiorentino

Indice

QUESTO VOLUME A CURA DI EXCELSIOR 1881
È STATO STAMPATO A MILANO
DA INGRAF - INDUSTRIA GRAFICA
IL 29 APRILE 2007